# Fabulae Ab Urbe Condita

## Latin Text with Facing Vocabulary and Commentary

2nd Edition

Geoffrey Steadman

Fabulae Ab Urbe Condita
Latin Text with Facing Vocabulary and Commentary

2$^{nd}$ edition

© 2017 by Geoffrey Steadman

ISBN-13:  978-0-9913860-2-4


Published by Geoffrey Steadman
Cover Design: David Steadman

Fonts: Times New Roman

geoffreysteadman@gmail.com

# Table of Contents


Pages

Introduction to *Fabulae Ab Urbe Condita*....................v-vi
How to Use This Commentary....................vii
Running Core Vocabulary List....................viii-xv
Abbreviations....................xvi
Nouns, Pronouns, and Adjectives....................130-31
Verb Synopses....................132-39
Subjunctives....................140
Alphabetized Core Vocabulary List....................141-47


## Facilies Ab Urbe Condita

### Part I


1. Aeneas....................1
2. The Founding of Alba Longa....................4
3. Romulus and Remus....................5
4. The Founding of Rome....................8
5. The Sabine Women....................10
6. Numa Pompilius....................15
7. Tullus Hostilius....................18
8. Ancus Marcius....................21
9. Tarquinius Priscus....................24
10. Servius Tullius....................29
11. Tarquinius Superbus....................33
12. The Banishment of Tarquinius......42
13. Horatius Cocles....................46
14. Mucius Scaevola....................49
15. Cloelia....................51
16. The Secession of the Plebs..........52
17. Menenius Agrippa....................54
18. Cincinnatus....................55
19. The Gallic Invasion of 390 BC......58


### Part II


20. Pyrrhus and Fabricius....................65
21. Regulus and the 1st Punic War.....69
22. Hannibal and the 2nd Punic War.....74
23. Quintus Fabius Maximus............77
24. Publius Cornelius Scipio Africanus.79
25. Tiberius Gracchus and 133 BCE....88
26. Gaius Marius....................91
27. Lucius Cornelius Sulla....................96
28. Gnaeus Pompeius Magnus..........102
29. Gaius Julius Caesar....................107
30. Marcus Tullius Cicero..............121

# Introduction to *Fabulae Ab Urbe Condita*

This book, just as its counterpart *Ritchie's Fabulae Faciles*, should be on the bedstand of every intermediate Latin student. This volume is a graded reader of Roman legends and biographies, which the modern authors Frederick Sanford and Harry Scott heavily adapted in part from Livy's *Ab Urbe Condita* Books 1 and 2 and in part from Charles Lhomond's 1779 De *viris illustibus urbis Romae a Romulo ad Augustum.* The purpose of the stories is to give students who have already completed their study of elementary grammar additional practice before reading authentic Latin in Caesar's *Gallic War.* Sanford and Scott's book begins with the travels of Aeneas, continues with accounts of the seven kings and the heroics of the early Republic, traces the main figures of the Punic wars, and finishes with several short biographies including those of Caesar and Cicero.

The Latin stories in this commentary were first published in 1919 by Sandford and Scott in a volume called *A Junior Latin Reader*, which contained just the Latin text with a complete vocabulary in the glossary. In 1922, the authors greatly expanded the volume to include brief grammatical notes and vocabulary on the same page as the Latin text. The book was republished once again in 1929 under a new title, *A Second-Year Latin Reader.* In 1992 Gilbert Lawall and David Perry copied these same stories verbatim and added their own vocabulary and grammatical notes in a textbook entitled *Fabulae Romanae.* To my knowledge, the authors of *Fabulae Romanae* do not credit Sandford and Scott or their textbook as the source of the Latin stories.

The aim of this current edition is to make Sandford and Scott's stories even more accessible to intermediate-level Latin readers. To accomplish this goal, I have adopted the best features of Clyde Pharr's *Aeneid.* Below the ten lines of Latin text on each page is a commentary divided into halves. The top half includes all of the corresponding vocabulary that occur four or fewer times in the book, arranged alphabetically in two columns. The bottom half is devoted to grammatical notes, which are organized according to line numbers and arranged in two columns. One of the advantages of this format is that it allows me to include as much information as possible on a page and at the same time ensure that the commentary entries are distinct and immediately accessible to readers.

To complement the vocabulary within the commentary, I have added a running core word list at the beginning of this book that includes all words occurring five or more times. An alphabetized form of this same list can be found in the glossary. Together, this book has been designed in such a way that, once readers have mastered the running core list, they will be able to rely solely on the Latin text and facing notes and not need to turn a page or consult outside dictionaries.

Although this volume may be used as a supplement in the classroom, I hope that teachers will encourage students to keep a copy by their bedsides for casual reading and rereading during the summer months and winter breaks. While there is no substitute for meaningful classical and medieval Latin texts, much authentic Latin prose still remains beyond the reach for intermediate level students. This current commentary is made in the hopes that the short sections of connected prose will help readers of varying abilities develop reading proficiency and provide them with the knowledge and confidence necessary to read authentic Latin authors.

Geoffrey Steadman, Ph.D.
geoffreysteadman@gmail.com
geoffreysteadman.com

# How to Use this Commentary

Research shows that, as we learn how to read in a second language, a combination of reading and direct vocabulary instruction is statistically superior to reading alone. One of the purposes of this book is to encourage active acquisition of vocabulary.

**1. Master the core vocabulary list as soon as possible.**

**Develop a daily regimen for memorizing vocabulary and forms before you begin reading.** Start with an intensive review of the running core list on the next page. Although a substantial number of core vocabulary words come within the first few lessons of the commentary, readers have encountered most of these words in first-year Latin and should be able to master the list quickly. Once readers have reviewed these words, I recommend that they consult and memorize slightly less frequent words in *Fabulae Faciles* as they encounter them.

**2. Read actively.**

**Read in Latin word order.** Initially, readers have a tendency both (a) to scan through the entire Latin sentence quickly to order to attain a sense of the constructions and (b) to treat the sentence as a puzzle and jump around the passage from subject to verb to object and so on. As you acquire more vocabulary and your comfort with the Latin increases, make reading in Latin word order your primary method. It is a lot of fun and with persistence very satisfying as well.

**Develop the habit of making educated guesses as you read.** The purpose of the graded reader to provide you with an opportunity to encounter difficult constructions, particularly subjunctive clauses and indirect discourse, so frequently that you cannot help but to develop proficiency identifying and translating them. Make educated guests as you read. If you guess correctly, the commentary will reaffirm your knowledge of the Latin. If you answer incorrectly, you will become more aware of your weaknesses and therefore more capable of correcting them.

**3. Reread a passage immediately after you have completed it.**

Repeated readings not only help you commit Latin to memory but also increase your ability to read the Latin as Latin. Always read the words out loud (or at least whisper them to yourself). While you may be inclined to translate the text into English as you reread, develop the habit of reading Latin as Latin.

**4. Reread the most recent passage immediately before you begin a new one.**

This additional repetition will strengthen your ability to recognize vocabulary, forms, and syntax quickly, bolster your confidence, and most importantly provide you with much-needed context as you begin the next selection in the text.

# Running Core Vocabulary
# (Words 8 or More Times)

The following running core vocabulary list includes all words that occur eight or more times in *Fabulae Ab Urbe Condita*. These dictionary entries are not included in the commentary itself and therefore must be learned as soon as possible. The number in the left column indicates the page where the word first occurs. The number at the end of each entry indicates the frequency of the word in the commentary. For an alphabetized list, please consult the glossary.

page

1  **Aenēās, -ae m.**: Aeneas, 7

1  **ager, agrī m.**: land, field, territory, 19

1  **agō, agere, ēgī, āctum**: drive, lead, spend, 26

1  **annus, -ī m.**: year, 36

1  **appellō (1)**: call (by name), name, 17

1  **Asia, -ae f.**: Asia Minor, 9

1  **atque**: and, and also, and even, 43

1  **capiō, -ere, cēpī, captum**: to take, seize, 25

1  **clārus, -a, -um**: clear, distinguished, famous 8

1  **constituō, -ere, -uī, -ūtum**: decide, establish, 13

1  **cum**: with (+ abl.); when, since, although, 127

1  **dux, ducis m./f.**: leader, guide, chieftain, 28

1  **et**: and, also, even, 179

1  **ē, ex**: out from, from, out of (+ abl.), 58

1  **fīlius, -iī m.**: son, child, 22

1  **ibi**: there, in that place, 13

1  **in**: in (+ abl.) , into (+ acc.), 256

1  **inter**: between, among (+ acc.), 27

1  **interficiō, -ere, -fēcī, -fectum**: kill, slay, 26

1  **is, ea, id**: this, that; he, she, it, 167

1  **Ītalia, -ae f.**: Italy, 17

1  **Latīnus, -a, -um**: Latin (people); or King Latīnus 20

1  **locus -ī m. (pl. loca)**: place, region, situation 16

1  **multitūdō, -tūdinis f.**: multitude, 10

1  **omnis, omne**: every, all, 59

1  **parō (1)**: prepare, make (ready), 13

1  **pars, partis, f.**: part; direction; faction, 26

1  **paucī, -ae, -a**: little, few, scanty, 10

1  **post**: after, behind (+ acc.); afterward, next, 15

1 **que**: and, 149

1 **quī, quae, quod (quis? quid?)**: who, which, that, 253

1 **rēx, rēgis m.**: king; *adj.* ruling, royal, 83

1 **sed**: but, moreover, however, 46

1 **sum, esse, fuī, futūrum**: to be, 412

1 **teneō, tenēre, tenuī, tentum**: to hold, keep, 8

1 **ubi**: where, when, 17

1 **urbs, urbis, f.**: city, 59

1 **veniō, -īre, vēnī, ventum**: come, go, 29

2 **ā, ab, abs**: (away) from, out of, 87

2 **ante**: before, in front of ; adv. before, 8

2 **auxilium, -ī n.**: help, aid, assistance, 11

2 **bellum, -ī, n.**: war, 53

2 **condō, -ere, condidī, -ditum**: to found, store away, hide, 6

2 **deinde**: then, thereupon, 31

2 **dō, dare, dedī, datum**: give, put; grant, 36

2 **duo, duae, duo**: two, 19

2 **Etrūscus, -a, -um**: Etruscan, 13

2 **faciō, -ere, fēcī, factum**: make, do, 67

2 **ferō, ferre, tulī, lātum**: carry, bear, endure, 22

2 **fīlia, -iae f.**: daughter, child, 12

2 **habeō, -ēre, habuī, -itum**: have, hold, 26

2 **īdem, eadem, idem**: the same, 8

2 **ille, illa, illud**: that (famous); he, she, it, 32

2 **inde**: from there, then, afterward, 30

2 **iūs, iūris n.**: justice, law, right, 20

2 **māter, mātris f.**: mother, 11

2 **nōmen, nōminis, n.**: name, 19

2 **novus, -a, -um**: new, 19

2 **pāx, pācis f.**: peace, 31

2 **petō, -ere, -īvī, petītum**: to seek, head for, 20

2 **posteā**: after this, afterwards, 26

2 **sub**: under, 8

2 **suus, -a, -um**: his, her, its, their (own), 38

2 **tantus, -a, -um**: so great, so much, so large, 14

2 **tōtus -a, -um**: whole, entire, 12

2   **Turnus, -ī m.**: Turnus, 9

2   **ut**: as, when (+ ind.); so that, in order that, 76

2   **uxor, uxōris f.**: wife, spouse, 10

2   **victor, -ōris m.**: conquerer, vanquisher, 9

2   **vincō, -ere, vīcī, victum**: conquer, defeat, 19

3   **ad**: to, toward; near, 108

3   **adversus, -a, -um**: opposite, facing (acc) 13

3   **anteā**: before, earlier, formerly, previously, 9

3   **arma, -ōrum n.**: arms, equipment, tools, 14

3   **deus, -ī m.**: god, divinity, deity, 10

3   **enim**: for, indeed, in truth, 24

3   **gēns, gentis** *f.*: clan, race, nation, herd, 9

3   **igitur**: therefore, then, accordingly, 14

3   **multus, -a, -um**: much, many, abundant, 24

3   **nōn**: not, by no means, not at all, 47

3   **possum, posse, potuī**: be able, can, avail, 33

3   **pugna, -ae f.**: fight, 10

3   **sē**: himself, herself, itself, themselves, 89

3   **tamen**: nevertheless, however, 22

3   **trānseō, -īre, -iī (īvī), -itum**: pass (by), 14

4   **Albānus, -a, -um**: of Alba Longa, Albans, 10

4   **alius, -a, -ud**: other, another, else, 29

4   **frāter, -tris m.**: brother, 10

4   **gerō, -ere, gessī, gestum**: carry (on), wage, 15

4   **hic, haec, hoc**: this, that; he, she, it, 62

4   **honor, -ōris m.**: honor; offering, sacrifice, 8

4   **imperium, -iī n.**: power to command, rule, 23

4   **ipse, ipsa, ipsum**: -self; the very, 29

4   **legō, -ere, lēgī, lectum**: read, choose, 7

4   **mons, montis m.**: mountain, mount, 11

4   **per**: through, over, across, 28

4   **propter**: on account of, because of, 8

4   **quīdam, quaedam, quoddam**: certain, 22

4   **rēgnō (1)**: to rule, reign, 17

4   **rēgnum, -ī n.**: kingdom, realm, power, 21

4   **relinquō, -ere, -līquī, -lictum**: leave behind, 10

4   **tum**: then, at that time, 34

5   **forte**: by chance, 11

5   **itaque**: and so, 12

5   **iubeō, iubēre, iussī, iussum**: to order, command, 36

5   **nascor, nascī, nātus**: be born, grow, 14

5   **nec**: and not, nor; nec...nec (neither...nor), 16

5   **neque:** and not; neither...nor, 14

5   **pater, patris, m.**: father, 40

5   **pōnō, -ere, posuī, positum**: put, place, 9

5   **prīmus -a -um**: first, 30

5   **puer, puerī, m.**: boy, 15

5   **Remus, -ī m.**: Remus, 12

5   **Rōmulus, -ī m.**: Romulus, 22

5   **Tiberis, is m.**: Tiber, 13

6   **apud**: among, in the presence of , 9

6   **audiō, -īre, -īvī, audītum**: to hear, listen to, 10

6   **coepī, coepisse, coeptum**: begin, 13

6   **impetus, -ūs m.**: attack, onset, assault, 8

6   **perīculum, -ī n.**: risk, danger, peril, 8

6   **quoque**: also, 18

6   **rēs, reī, f.**: thing, matter, affair, business, 55

7   **animus, -ī m.**: soul, spirit, breath; pride, 17

7   **ita**: so, thus, 33

7   **iuvenis, -is m.**: youth, young man, 11

7   **nōbilis, -e**: noble, 10

7   **restituō, -ere, -uī, -ūtum**: replace, restore, 9

8   **cupiō, -ere, -īvī, -ītum**: desire, long for, 8

8   **dum**: while, as long as, until, 16

8   **sōlus, -a, -um**: alone, only, lone, sole, 13

8   **verbum, -ī n.**: word, speech, 8

9   **causa, -ae f.**: reason, legal case; causā, for the sake of, 8

9   **creō (1)**: to create, 21

9   **etiam**: besides, also, even, 29

9   **fīnitimus, -a, -um**: neighboring, bordering, 10

9   **Rōma, -ae f.**: Rome, 54

9   **populus, -ī m.**: people; population, 35

9   **profugiō, -īre, -īvī, -ītum**: flee, escape, 8

9   **vocō (1)**: call, name; invite, summon, 9

10  **ac**: and, and also, 17

10  **cīvitās. cīvitātis f.**: city-state; citizenship, 16

10  **coniūnx, -iugis m/f**: husband, wife, spouse, 9

10  **iam**: now, already, soon, 28

10  **lēgātus, -ī m.**: ambassador, envoy, legate, 21

10  **līberī, -ōrum m.**: children, 9

10  **medius, -a, -um**: middle of, 8

10  **mittō, -ere, mīsī, missum**: to send, let go, 26

10  **nam**: for, 12

10  **pār, paris**: equal, similar, even, 8

10  **Rōmānus, -a, -um**: Roman, 91

10  **Sabīnus, -a, -um**: Sabine, 6

10  **statuō, -ere, -uī, -ūtum**: decide, establish, set up, 8

10  **videō, vidēre, vīdī, vīsum**: to see, 27

10  **vīs, vīs, f.**: force, power; *pl.* **vīrēs**, strength, 13

11  **at**: but; mind you; but, you say, 9

11  **aut**: or , 17

11  **dē**: (down) from, about, concerning (abl.), 29

11  **inquam, inquis, inquit**: to say, 19

11  **spēs, -eī f.**: hope, 8

11  **tempus, -poris n.**: time, 17

11  **quamquam**: although, 8

11  **virgō, virginis f.**: maiden, virgin, 11

12  **diēs, -ēī m./f.**: day, time, season, 24

12  **exercitus, -ūs m.**: army, 37

12  **hostis, -is m./f.**: stranger, enemy, foe, 26

12  **maximus, -a, -um**: greatest; especially 15

12  **orior, orīrī, ortus sum**: arise, spring up, 8

12  **vir, virī m.**: man, male, 20

12  **volō, velle, voluī**: will, wish, be willing, 18

13  **caput, capitis, n.**: head; life, 18

13  **dīcō, -ere, dīxī, dictum**: say, speak, tell, 37

13  **sequor, -ī, secūtus sum**: follow, attend, pursue, 17

13  **ūnus, -a, -um**: one, 18

14 **cīvis, -is m/f**: citizen, fellow citizen, 12

15 **lēx, lēgis f.**: law, regulation, decree, 11

14 **nūllus, -a, -um**: none, no, not any, 12

15 **plebs, plēbis, f.**: common people, masses, 31

15 **prō**: before, in front of, for, 11

15 **senātus, -ūs f.**: senate, 38

16 **īnstituō, -ere, -uī, -ūtum**: set up, establish, 12

16 **sacer, sacra, sacrum**: sacred, holy, 8

17 **trēs, tria**: three, 12

18 **ferōx, -ōcis**: fierce, savage, 8

18 **morior, morī, mortuum**: to die; *mortuus*, dead 13

18 **proelium, -iī n.**: battle, 19

19 **conficiō, -ere**: to finish (off), accomplish, 10

19 **fugiō, -ere, fūgī**: to flee, hurry away, 11

19 **magnus, -a, -um**: great, large; important, 27

19 **mīlēs, mīlitis m.**: soldier, 16

20 **victoria, -ae f.**: victory, 9

22 **accipiō -ere -cēpī -ceptum**: receive, accept, 12

22 **cōnsilium, -iī n.**: plan, advice; council, 14

22 **dūcō, -ere, dūxī, ductus**: lead, draw, 10

22 **iter, itineris n.**: way, road, journey, 11

22 **L.**: Lucius, 13

22 **persuādeō, -ēre, -suāsī, -suāsum**: persuade, 9

22 **Tarquinius, -ī m.**: Tarquinius, 46

24 **forum, -ī n.**: forum, 8

24 **opus, -eris n.**: work, deed, toil, 9

24 **pūblicus, -a, -um**: public, of the people 19

25 **aqua, -ae f.**: water, 8

25 **proficīscor, -ī, profectus sum**: set out, depart, 16

25 **rēgia, -ae f.**: palace, 9

25 **Servius, -ī m.**: Servius, 13

25 **tam**: so, so much, so very, such, 8

25 **vērus, -a, -um**: true, real, 8

27 **sī**: if (only), whether, in case that, 18

28 **gravis, -e**: heavy, serious, severe; venerable, 8

28 **redeō, -īre, -īvī**: go back, return, come back, 22

29 **princēps, -cipis m.**: leader; foremost, first 9

30 **conciliō (1):** win over, unite, 9

30 **domus, -ī f.:** house, home, dwelling, 9

31 **ego**: I, 14

32 **bonus, -a, -um**: good, kind, useful, 9

32 **corpus, corporis, n.**: body, 10

32 **via, -ae, f.:** way, road, 9

34 **nox, noctis, f.:** night, 10

34 **quidem:** indeed, in fact, assuredly, certainly, 10

36 **Sex.**: Sextus, 5

36 **Sextus, -ī m.**: Sextus, 4

37 **nihil:** nothing, 12

37 **summus, -a, -um**: highest, greatest, top of, 8

39 **Brūtus, -ī m.**: Brutus, 13

44 **castra, -ōrum n.**: camp, 12

45 **cōnsul, -is m.**: consul, 33

46 **flūmen, -inis n.:** river, stream, 12

46 **nē**: lest, that not, no, not, 12

46 **Porsena, -ae m.**: Lars Porsena, 8

48 **virtūs, -ūtis f.:** valor, manhood, excellence, 12

49 **contrā**: against , 11

49 **adulēscens, -ntis m./f.:** youth, 9

53 **concordia, -ae f.:** harmony, agreement, 8

53 **pecūnia, -ae f.:** money, 8

54 **tribūnus, -ī m.:** tribune, officer, 11

54 **voluptās, -tātis f.:** pleasure, delight, 8

56 **dictātor, -oris m.**: dictator, 16

58 **Gallus, -a, -um**: Gallic; Gaul, 17

58 **superō (1):** to overcome, defeat, 12

60 **imperātor, -ōris m.**: commander, 10

61 **autem:** however, moreover, 16

63 **patria, -ae f.:** fatherland, country, 9

65 **captīvus, -ī m.**: captive, 10

65 **Fabricius, -ī m.:** Fabricius, 10

65 **Pyrrhus, -ī m.:** Pyrrhus (King of Epirus), 8

67 **vīta, -ae f.:** life; livelihood, 9

69 **Carthāginiēnsis, -is m.**: Carthaginian, 14

69 **Āfrica, -ae f.**: Africa, 12

69 **Rēgulus, -ī m.**: Regulus, 9

70 **Carthāgō, Carthāginis f.**: Carthage, 12

74 **Hispānia, -ae f.**: Hispania, 16

74 **Hannibal, -is m.**: Hannibal, 10

77 **Fabius, -ī m.**: Fabius, 9

79 **Scīpiō, Scīpiōnis m.**: Scipio, 27

84 **ingēns (1)**: huge, immense, vast, 8

91 **Marius, -ī m.**: Marius, 24

92 **Sulla, -ae m.**: Sulla, 23

93 **cīvilis, -e**: civil, of a citizen, 10

102 **Pompeius, -ī m.**: Pompey, 26

105 **Caesar, -is m.**: Caesar, 31

111 **Cicerō, Cicerōnis m.**: Cicero. 19

# Abbreviations

| | | | |
|---|---|---|---|
| 1s, 1p | 1st person singular, 1st plural | ll. | lines |
| abs. | absolute | m. | masculine |
| acc. | accusative | n. | neuter |
| act. | active | nom. | nominative |
| adj. | adjective | obj. | object |
| adv. | adverb | p. pl. | plural |
| app. | appositive | PPP | perfect passive participle |
| comp. | comparative | pple. | participle |
| dat. | dative | pass | passive |
| dep. | deponent | pf. | perfect |
| d.o. | direct object | plpf. | pluperfect |
| f. | feminine | pred. | predicate |
| fut. | future | prep. | preposition |
| gen. | genitive | pres. | present |
| imp. | imperative | pron. | pronoun |
| impf. | imperfect | reflex. | reflexive |
| imper. | imperative | rel. | relative |
| indic. | indicative | s, sg. | singular |
| i.o. | indirect object | seq. | sequence |
| inf. | infinitive | subj. | subject or subjunctive |
| inter. | interrogative | superl. | superlative |
| l. | line | voc. | vocative |

"There is properly no history, only biography."

-Ralph Waldo Emerson


"To make the ancients speak, we must feed them with our own blood."

-von Wilamowitz-Moellendorff

## Three Period of Roman History

| | |
|---|---|
| 753 – 509 | Roman Kings |
| 509 – 31 | Roman Republic |
| 31 – AD 476 | Imperial Period |

## Seven Legendary Kings of Rome

| | |
|---|---|
| 753 – 715 | Romulus |
| 715 – 673 | Numa Pompilius |
| 673 – 642 | Tullus Hostilius |
| 641 – 617 | Ancus Martius |
| 617 – 579 | Lucius Tarquinius Priscus |
| 578 – 535 | Servius Tullius |
| 535 – 509 | Lucius Tarquinius Superbus |

## Early Roman Republic

| | |
|---|---|
| 509 | First Consuls, Lucius Junius Brutus and Collatinus |
| 508 | King Porsenna beseiges Rome for Tarquinius Superbus |
| | Horatius Cocles |
| | Mucius Scaevola |
| | Cloelia |
| 494 | First Secession of the Plebs and Menenius Agrippa |
| 458 | Cincinnatus as Dictator |
| 390 | Gauls sack Rome |

# 1a. Aeneas

Ōlim in Asiā erat urbs antīqua, quae Troia appellāta est. Eam 1
urbem Graecī decem annōs obsēdērunt tandemque cēpērunt.
Priamō rēge filiīsque interfectīs, urbem dēlēvērunt. Sed Aenēās,
quī inter clārissimōs dēfensōrēs urbis fuerat, cum paucīs comitibus
ex urbe effūgit; cum profugōs ex omnibus partibus coēgisset, in 5
Italiam migrāre constituit.

Post septem annōs vēnit in eam partem Italiae ubi erat urbs
Laurentum. Ibi cum Troiānī praedam ex agrīs agerent, Latīnus rēx
Aborīginēsque, quī ea loca tenēbant, agrōs dēfendere parāvērunt.
Sed Latīnus, postquam in colloquiō orīginem multitūdinis ducisque 10

| | |
|---|---|
| **Aborīginēs, -um m.**: Aborigines, 2 | **migrō (1)**: travel, migrate, 3 |
| **Aenēās, -ae m.**: Aeneas, 7 | **obsideō, -ēre, -sēdī, -sessum**: beset, besiege 5 |
| **antīquus, -a, -um**: ancient | **ōlim**: once, formerly, 3 |
| **cōgō, -ere, -ēgī, -āctum**: collect, compel, 6 | **orīgō, orīginis f.**: origin |
| **colloquium, -ī n.**: conversation, conference, 4 | **postquam**: after, when, 6 |
| **comes, -itis m. f.**: companion, comrade, 3 | **praeda, -ae f.**: plunder, spoils, 7 |
| **decem**: ten, 2 | **Priamus, -ī m.**: Priam |
| **dēfendō, -ere, -ndī, -nsum**: defend, 6 | **profugus, -ī m.**: a fugitive, refugee, 2 |
| **dēfensor, -ōris m.**: defender | **septem**: seven, 4 |
| **deleō, -ēre, -ēvī, delētum**: destroy | **tandem**: finally, at last, at length, in the end, 6 |
| **effugiō, -ere, -fūgī**: flee away, escape, 2 | **Troia, -ae f.**: Troy |
| **Graecus, -a, -um**: Greek, 4 | **Troiānī, -ōrum m.**: Trojans, 4 |
| **Laurentēs, -um m.**: Laurentines, 2 | |

1 **Troia**: nom. pred.
  **eam urbem**: *this city*; is, ea, id before a noun that it modifies is a demonstrative adj. and may be translated as 'this,' or 'that' in the sg. and 'these' or 'those' in the plural.

2 **decem annōs**: *for*…; acc. duration of time
  **tandemque**: enclitic -*que*, 'and,' attaches to the end of a word and is equivalent to the word 'et' preceding the word: 'et tandem'

3 **Priamō rēge…interfectīs**: abl. absolute with the PPP of interficiō; note how the enclitic –que joins the two subjects of the abl. abs.: 'Priamō rege et fīliīs'

4 **inter**: *among*…; translate as 'between' with two items or as 'among' with more than two
  **clārissimōs**: superlative degree, clārus
  **fuerat**: plpf. sum

5 **cum…coēgisset**: *when*…; plpf. subjunctive of cōgō, cōgere: translate this verb as one

would a plpf. indicative
  **post**: *after*…; a preposition governing an acc., while postquam, 'after,' in line 10 is a conjunction introducing a temporal clause

7 **eam partem**: see note regarding eam urbem in line 1

8 **Laurentum**: in apposition to urbs
  **cum…agerent**: *while…drove*; impf. subj.
  agō: translate the verb in the impf. tense. We may imagine praeda, 'loot,' as a treasure chest of gold or silver, but in the ancient world 'cattle' was a moveable form of wealth and often the source of plunder, as it is in the passage above. The idiom praedam agere is 'to drive away the cattle,'

9 **ea loca**: *these*…; neut. pl. see note for line 1

10 **ducisque**: et ducis

1

## 1b. Aeneas

cognōvit, pācem cum Aenēā fēcit atque posteā eī Lāvīniam fīliam
in mātrimōnium dedit. Troiānī urbem condidērunt, quam Aenēās
ab nōmine uxōris Lāvīnium appellāvit. Deinde Turnus, rēx
Rutulōrum, cui Lāvīnia ante adventum Aenēae dēspōnsa erat, bellō
Latīnum Troiānōsque aggressus est.                                        15
  Victī sunt Rutulī, sed victōrēs ducem Latīnum āmīsērunt. Inde
Turnus auxilium petiit ab Etrūscīs, quī tōtam Italiam fāmā nōminis
suī implēverant; illī metuentēs novam urbem multitūdine et opibus
crescentem laetī auxilium tulērunt. Aenēās in tantō discrīmine, ut
Aborīginēs Troiānōsque sub eōdem iūre atque nōmine habēret,   20

---

**Aborīginēs, -um m.**: Aborigines, 2
**adventus, -ūs m.**: arrival, approach, 2
**Aenēās, -ae m.**: Aeneas, 7
**aggredior, -ī, -gressus sum**: go to, attack, 3
**āmittō, -ere, -mīsī, -missum**: lose, let go, 6
**cognōscō, -ere, -nōvī, -nitum**: learn, know, 4
**condō, -ere, condidī, -ditum**: found, store, 6
**crescō, -ere, crēvī, crētum**: grow, increase, 4
**dēspondō, -ere, -spondī**: betroth, 3
**discrīmen, -crīminis n.**: crisis, peril, 5

**fāma, -ae f.**: fame, report, rumor, reputation, 7
**impleō, -ēre, -ēvī, implētum**: fill, 3
**laetus, -a, -um**: happy, joyful, glad, 4
**Lāvīnia, -ae f.**: Lavinia, 3
**Lāvīnium, -ī n.**: Lavinium, 2
**mātrimōnium, -iī n.**: marriage, 7
**metuō, -ere, -uī**: fear, dread, 3
**ops, opis f.**: power; pl. resources, influence, 6
**Rutulus, -ī m.**: Rutulians, 3
**Troiānī, -ōrum m.**: Trojans, 4

11 **Aenēā**: abl., Aenēās is 1st decl. masc.
  **eī**: *to him*; dat. sg. is, ea, id; although the placement at the beginning of the clause suggests that eī is nom. pl., this pronoun is a dat. sg.; see pg. 130 for the forms
  **posteā**: an adv., compare post, postquam
12 **quam…Lāvīnium appellāvit**: *called (x) (y)*; this verb governs a double accusative construction (acc. dir. object and acc. pred.)
13 **uxōris**: i.e. Lavinia, mentioned in line 11; Aeneas' first wife and mother to the son Ascanius was Creusa, who was killed as the family escaped the fall of Troy
14 **cui**: *to whom*; dat. sg.; note that pronouns very often have an '-i' in the dat.
15 **Latīnum**: i.e. Latinus, king of the Latins
  **aggressus est**: pf. aggredior: the passive endings in the dictionary entry indicates that this verb is deponent and therefore should be translated as pf. active with acc. object
16 **victī sunt**: pf. pass. vincō; Rutulī is subject

17 **ducem Latīnum**: acc. sg. Latinus
18 **suī**: gen. sg. of the reflexive possessive adj. suus, -a, -um modifying nōminis; since the antecedent of a reflexive is always the subject, translate this adj. as 'their own'
  **illī**: nom. pl. ille; i.e. Etruscans
  **metuentēs**: pres. pple metuō
  **multitūdine et opibus**: *in (respect to)…and in (respect to)…*; abl. of respect qualifies and clarifies the meaning of an adjective, in this case, the pres. pple crescentem
19 **laetī**: *happily*; 'happy,' adjectives in the nom. are often translated as adverbs
  **tulērunt**: 3p pf. ferō, ferre, tulī, lātum
  **ut**: *so that…might….*; purpose + impf. subj.
20 **Aborīginēs**: i.e. the native inhabitants; in this case, the Latin people
  **eō-dem**: abl. sg., īdem, eadem, idem (is, ea, id + indeclinable –dem)
  **atque**: 'and,' or, as often, it can emphasize the second term: 'and even' or 'and also'

## 1c. Aeneas

Latīnōs utramque gentem appellāvit. Cum adversus Etrūscōs sē
moenibus dēfendere posset, tamen in aciem copiās ēdūxit. Etrūscī
victī sunt; victōrēs tamen ducem ut anteā āmīsērunt; post pugnam
enim Aenēam reperīre nōn potuērunt; multī igitur eum ad deōs
trānsīsse crēdidērunt.                                         25

---

aciēs, -ēī f.: sharp edge, battle line, army, 6
āmittō, -ere, -mīsī, -missum: lose, let go, 6
cōpia, -ae f.: abundance, supply; troops, 5
crēdō, -ere, -didī, -ditum: believe, trust, 7
dēfendō, -ere, -ndī, dēfēnsum: defend, 6

ēdūcō, -ere, -dūxī, -ductum: lead out, draw
moenia, -ōrum n.: walls, 2
reperiō -īre -pperī -pertum: find, discover, 3
uterque, utraque, utrumque: each, both, 6

21 **utramque**: acc. sg., uterque
   **appellāvit**: governs a double acc. (acc. dir.
   obj. and acc. pred.), see note for line 11
   **cum...posset, tamen...**: *although...*; cum
   clause + impf. subj. possum. When a cum-
   clause is followed by the word 'tamen' in
   the main clause, clause is concessive in
   sense and cum should be translated as
   'although'
   **sē**: *himself*; reflexive, the antecedent is the
   subject, Aeneas
23 **victī sunt**: 3p pf. pass. vincō

   **ut anteā**: *as before*; ut introduces a clause
   of comparison
24 **enim**: *for*...; or 'indeed;'enim is a
   postpositive (placed second) but should be
   translated first in English
   **potuērunt**: 3p pf. ind. possum
   **multī**: a substantive, an adjective which
   functions as a noun: if masculine, add the
   word 'men' or 'people,' if feminine, add
   'women,' if neuter, add 'things'
   **eum...trānsīsse**: *that he...*; ind. disc., eum
   is acc. subject; pf. inf. of trānseō

3

## 2. The Founding of Alba Longa

Lāvīnia inde rēgnāvit, quoad Ascānius, Aenēae fīlius, adolēvit.  1
Tum ille propter abundantem Lāvīniī multitūdinem mātrī urbem
relīquit; ipse novam aliam urbem sub Albānō monte condidit, quae
Alba Longa appellāta est. Multī rēgēs post Ascānium imperium
Albānum gessērunt. Quīdam ex hīs, cui nōmen Proca erat, duōs  5
fīliōs, Numitōrem atque Amūlium, habuit. Numitōrī, quī māior erat,
rēgnum relīquit. Pulsō tamen fratre, Amūlius rēgnāvit. Fīlium fratris
necāvit; fīliam Rhēam Silviam per speciem honōris sacerdōtem
Vestae lēgit.  9

---

**abundō**: overflow, 2
**adolescō, -ere, adolevī**: grow up, 3
**Aenēās, -ae m.**: Aeneas, 7
**Alba Longa, -ae f.**: Alba Longa
**Amūlius, -iī m.**: Amulius, 4
**Ascānius, -iī m.**: Ascanius, 2
**condō, -ere, condidī, -ditum**: found, store, 6
**Lāvīnia, -ae f.**: Lavinia, 3
**Lāvīnium, -ī n.**: Lavinium, 2
**legō, -ere, lēgī, lectum**: read, choose, 7

**maior, maius**: greater, larger; older, 4
**necō (1)**: kill, slay, put to death, 6
**Numitor, -ōris, m.**: Numitor, 7
**pellō, -ere, pepulī, pulsum**: drive, beat, 6
**Proca, -ae m.**: Proca
**quoad**: how far, as far as, as long as, 2
**Rhea, -ae f.**: Rhea
**sacerdōs, -dōtis m. f.**: priest, 4
**species, -ēi f.**: sight, look, appearance, 3
**Vesta, -ae f.**: Vesta

2 **ille**: *that one*; i.e. Ascanius
**propter…multitūdinem**: abundantem is a
pres. pple modifying multitūdinem, which
in turn is the obj. of the preposition propter
**mātrī**: *to…*; dat. ind. object
3 **ipse**: *(he) himself*; nom. sg. intensive
pronoun; as often, the noun is missing but
can be inferred from masc. sg. ipse
**sub…**: i.e. at the foot of Mt. Alba
4 **Alba Longa**: nom. pred., translate after
appellāta est, quae is fem. sg. nom. subject
5 **gessērunt**: *carried out*; pf. gerō
**Quīdam**: *a certain one*; quīdam, quaedam,
quoddam is a common indefinite pronoun,
which declines just as quī, quae, quod but
with minor variations; the ending '-dam,'
however, is indeclinable
5 **cui…erat**: *to whom was…*; dat. sg. relative
pronoun; a dat. of possession with the verb
sum, esse and may be translated three
different ways: (1) 'to whom…was,'
(2) 'whose…was,' or (3) 'who had…'
6 **Numitōrī**: *to…*; dat. ind. obj.
**māior (natū)**: *older*; this comparative adj.
of magnus is often translated as 'greater,'

but in the context of age is often translated
as 'greater (by birth)' or 'older.' The
Romans often used the plural form maiōrēs,
'the elders,' as a synonym for 'ancestors.'
7 **Pulsō…fratre**: abl. absolute; as so often,
translate the noun before the PPP, pellō
**tamen**: as a postpositive, this word is not
part of the abl. absolute and should be
translated first in the sentence
**fratris**: i.e of Numitor; Numiter had one
son and one daughter. Amulius kills the son
so that he cannot grow up to reclaim the
throne. The daughter is conveniently made a
Vestal Virgin, so that she may promise to
be celebate and not have children for 30
years.
8 **necāvit**: Amulius is the subject.
**Rhēam Silviam**: Rhea Silvia is her name,
here in apposition to fīliam
**per speciem honōris**: i.e. through the
pretence of honor; as mentioned above,
Amulius' real purpose is to keep his niece
from giving birth to heirs to the throne
**sacerdōtem Vestae**: *as…*; acc. predicate,
the verb governs a double acc

## 3a. Romulus and Remus

Ex hāc fīliā nātī sunt duo filiī, Rōmulus et Remus. Pater eōrum, 1
ut fāma est, Mars deus erat. Sed nec deī nec hominēs matrem et
puerōs ā crudelitāte regiā defendērunt. Sacerdōs in custōdiam data
est; puerōs rex in Tiberim inīcī iussit. Forte Tiberis abundāverat,
neque eī quī puerōs ferēbant adīre ad altam aquam poterant. Itaque 5
puerōs in alveō posuērunt atque in tenuī aquā reliquērunt.

Sed alveus in siccō sēdit. Deinde lupa sitiēns, sīc enim est
trāditum, ex montibus quī circā sunt ad puerōrum vāgītum cursum
flexit. Faustulus, pāstor rēgius, eam invēnit puerōs nūtrientem. Ab
eō atque Lārentiā uxōre puerī ēducātī sunt. Cum prīmum 10

---

abundō (1): overflow, 2
adeō: such a degree, so, 2
altus, -a, -um: high, lofty, tall, 2
alveus, -ī m.: basket, small vessel, 2
circā: about, around, 4
crūdēlitās, -tātis f.: cruelty, crudeness, 3
cursus, -ūs m.: course, running, haste, 6
custōdia, -ae f.: guard, watch
dēfendō, -ere, -ndī, dēfēnsum: defend, 6
ēducō (1): bring up, rear, train, 5
fāma, -ae f.: fame, report, rumor, reputation, 7
Faustulus, -ī m.: Faustulus
flectō, -ere, flexī, flectum: turn, bend, 3
homō, -inis m./f.: man, mortal, human, 4
iniciō, -ere, -iēcī, -iectum: throw in or upon

inveniō, -īre, -vēnī, -ventum: come upon, find, 5
Lārentia, -ae f.: Larentia
lupa, -ae n.: she-wolf
Mārs, Mārtis m.: Mars, 2
nūtriō, -īre, -īvī, -ītum: feed, nourish
pāstor, -ōris m.: shepherd, 4
rēgius, -a, -um: royal, of the king or queen, 6
sacerdōs, -dōtis m. f.: priest, 4
sedeō, sedēre, sēdī: sit, sit down; set, 7
sīc: thus, in this way, 6
siccum, -ī n.: dry land
sitiēns, sitientis: thirsty
trādō, -dere, -didī, -ditum: hand over, give, 7
vāgītus, -ūs m.: wailing, crying

1 **Ex hāc fīliā**: i.e. Rhea Silva,
**nātī sunt**: 3p pf. deponent nascor: translate as pf. active
2 **ut**: *as*; with indicative introducing a clause of comparison
**nec…nec**: *neither…nor*
4 **inīcī**: pass. inf. of iniciō (in + iaciō)
**iussit**: 3s pf., iubeō
**Forte**: *by chance*; abl. as adv. formed not from the adj. fortis, -e, 'brave,' but from the noun fors, fortis, 'luck'
5 **eī quī**: *those who…*; 'they who…' nom. pl. from is, ea, id and relative pronoun
**altam**: altus can mean 'high' or 'deep'
**poterant**: impf. possum

6 **posuērunt**: 3p pf. pōnō
**tenuī**: abl. sg., 3rd decl. i-stem adjectives will have an '-i' in the abl. sg.
7 **sīc enim…**: *for thus…*; or 'indeed' enim is a postpositive and should be translated first
**est trāditum**: *it…*; trāditum est, impersonal pf. passive trādō, hence the neuter -um
9 **eam**: i.e. the fem. sg. lupa
**nūtrientem**: pres. pple nūtriō
**Ab…**: *by…*; abl. of agent
10 **ēducātī sunt**: note that this 3p pf. passive comes from 1st conjugation ēducō, -āre and not 3rd conjugation ēdūcō, ēdūcere
**Cum prīmum**: *As soon as…*; 'When first...' prīmum is an adverbial acc.

## 3b. Romulus and Remus

adolēvērunt, venārī coepērunt et in latrōnēs praedā onustōs impetūs facere pāstōribusque praedam dīvidere.

    Dum quoddam lūdicrum celebrātur, latrōnēs īrātī ob praedam āmissam impetum in Rōmulum et Remum fēcērunt; captum Remum rēgī Amūliō trādidērunt. Puerōs praedam ex agrīs 15 Numitōris ēgisse incūsābant. Sīc ad supplicium Numitōrī Remus dēditur.

    Ab initiō Faustulus crēdiderat puerōs iussū rēgis expositōs apud sē ēducārī. Tum perīculō Remī mōtus rem Rōmulō aperit. Forte Numitor quoque audīverat frātrēs geminōs esse; tum comparāns et 20

---

**adolescō, -ere, adolevī, adultum**: grow up, 3
**āmittō, -ere, -mīsī, -missum**: lose, let go, 6
**Amūlius, -iī m.**: Amulius, 4
**aperiō, -īre, -uī, apertum**: open, disclose, 5
**celebrō (1)**: celebrate, visit frequently
**comparō (1)**: prepare, collect, 2
**crēdō, -ere, -didī, -ditum**: believe, trust, 7
**dēdō, -ere, dēdidī**: give up, surrender, 7
**dīvidō, -ere, -vīsī, -vīsum**: divide, separate, 7
**ēducō (1)**: bring up, rear, train, 5
**expōnō, -ere, -posuī, -positum**: set forth, 5
**Faustulus, -ī m.**: Faustulus
**geminī, -ae, -a**: twin, 3
**incūsō (1)**: accuse, complain of, 3
**initium, -ī n.**: beginning, initiation, entrance 2

**īrātus, -a, -um**: angry, 6
**iussus, -ūs m.**: order, iussū by order, 2
**latrō, -ōnis m.**: robber, 2
**lūdicrum, -ī n.**: game, play
**moveō, -ēre, -vī, mōtum**: move, arouse, 5
**Numitor, -ōris, m.**: Numitor, 7
**ob**: on account of, because of, 5
**onustus, -a, -um**: loaded, burdened
**pāstor, -ōris m.**: shepherd, 4
**praeda, -ae f.**: plunder, spoils, 7
**sīc**: thus, in this way, 6
**supplicium, -iī n.**: punishment, supplication, 5
**trādō, -dere, -didī, -ditum**: hand over, give, 7
**venor, -ārī, venātum**: hunt

---

11 **coepērunt**: 3p pf.; coepī is a defective verb and is used only in the pf. system
  **in**: *against…*
  **praedā**: the loot is often cattle, not treasure
  **impetūs facere**: *to make attacks*; a common idiom; impetūs is 4th decl. acc. pl.
12 **pāstoribusque**: *and among…*; dat. ind. object of dīvidere
13 **quoddam**: *a certain*; indefinite pronoun
14 **in**: *against…*
14 **captum…trādidērunt**: In English, we prefer to use two main verbs, 'cēpērunt et trādidērunt,' whereas in Latin, the Romans typically made the first action into a participle, here PPP, and employ one finite verb
  **Puerōs…ēgisse**: *that…*; ind. disc. with pf. inf. agō; since the praeda are cattle, it is sensible that the verb means 'drive'

  **ad**: *for…*; ad + acc. often expresses purpose
18 **puerōs…ēducārī**: *that…*; ind. disc., pres. pass. of 1st conj. ēducō, not 3rd conj. ēdūcō
  **apud**: *at the house of…*; + acc.
19 **sē**: reflexive, in ind. disc. the antecedent, as often, is the subject of the main clause and not the acc. subj. of the ind. disc.
  **perīculō**: *by…*; abl. of cause
  **mōtus**: *having been upset*; PPP, moveō very often denotes emotion rather than physical motion; Faustulus is the subject
  **Rōmulō**: *to…*; dat. ind. obj.
  **Forte**: *by chance*; ablative as adv., from fors, fortis and not fortis, forte
20 **frātrēs geminōs esse**: *that…*; ind. disc., with inf. sum, esse; the second acc. is an acc. predicative noun
  **comparāns**: nom. sg. pres. pple

## 3c. Romulus and Remus

aetātem eōrum et nōbilem animum Remī nepōtem agnōvit.
Rōmulus cum manū pāstōrum in rēgem Amūlium impetum facit;
Remus, aliā parātā manū, adiuvat. Ita rēx interfectus est. Imperium
Albānum Numitōrī avō ab iuvenibus restitūtum est. Deinde
Rōmulus et Remus in eīs locīs ubi expositī ubique ēducātī erant    25
urbem condere constituērunt.

---

**adiuvō (1)**: help, assist, 4
**aetās, aetātis f.**: age, lifetime, time, 7
**agnoscō, -ere, -nōvī, -nōtum**: recognize, 2
**Amūlius, -iī m.**: Amulius, 4
**avus, avī m.**: grandfather
**condō, -ere, condidī, -ditum**: found, store, 6

**ēdūcō, -ere, -dūxī, -ductum**: lead out, draw
**expōnō, -ere, -posuī, -positum**: set forth, 5
**manus, -ūs f.**: hand; group, 7
**nepōs, nepōtis m.**: grandson, decendent, 3
**Numitor, -ōris, m.**: Numitor, 7
**pāstor, -ōris m.**: shepherd, 4

21  **et aetātem…et nōbilem**: *both…and…*; all
    objects of the pple
    **e-ōrum**: gen. pl. of is, ea, id
    **Remī**: gen. possession with animum. The
    story assumes that admirable traits and a
    virtuous character found among the nobility
    are inheritable and therefore that Romulus
    and Remus can easily be distinguished from
    everyone else.
22  **manū**: *a group*; elsewhere 'hand'
    **in**: *against*...
    **impetum facit**: idiom
23  **aliā parātā manū**: abl. absolute, as often,

translate the noun 'aliā manū" first then the
PPP
24  **Albānum**: *Alban*; i.e. of Alba Longa
    **Numitōrī avō**: dat. of interest
25  **eīs**: *those*; a demonstrative adj., translate
    this form of is, ea, id as 'these' or 'those'
25  **ubi expositī (erant)**: *where…*; <u>ellipsis</u>, a
    relative clause; plpf. pass., supply 'erant'
    which is missing through ellipsis, a stylistic
    device where the author leaves out words
    that must be understood
    **ubique**: et ubi

## 4a. The Founding of Rome

Uterque iuvenis nōmen novae urbī dare eamque regere 1
cupiēbat. Sed quod geminī erant nec rēs aetāte dēcernī poterat,
auguriīs ūsī sunt. Ā Remō prius vīsī sunt sex vulturēs. Rōmulō
posteā duodecim sēsē ostendērunt. Uterque ab amīcīs rēx
appellātus est atque rēgnum postulābat. Cum īrātī arma rapuissent, 5
in pugnā Remus cecidit.

Ex aliā fāmā Remus illūdēns frātrem novōs mūrōs urbis
trānsiluit, inde interfectus est ab īrātō Rōmulō, quī haec verba
quoque addidit: "Sīc deinde pereat quīcumque alius trānsiliet
moenia mea." Ita sōlus potītus est imperiō Rōmulus; conditam 10

---

**addō, -ere, -didī, -ditum**: bring to, add, 7
**aetās, aetātis f.**: age, lifetime, time, 7
**amīcus, -ī m.**: friend, 4
**augurium, -ī n.**: augury, divination, 2
**cadō, -ere, cecidī, cāsum**: fall, 4
**condō, -ere, condidī, -ditum**: found, store, 6
**dēcernō, ere, crēvī, crētum**: decide, judge, 5
**duodecim**: twelve, 3
**fāma, -ae f.**: fame, report, rumor, reputation, 7
**geminī, -ae, -a**: twin, 3
**illūdō, -ere, -lūsī, -lūsum**: mock, ridicule
**īrātus, -a, -um**: angry, 6
**meus, -a, -um**: my, mine, 6
**moenia, -ium n.**: walls, 2
**mūrus, -ī m.**: wall, rampart, 3

**ostendō, -ere, ostendī**: show, display, 7
**pereō, -īre, periī**: pass away, perish, 3
**postulō (1)**: demand, claim, request, ask, 5
**potior, -īrī, potītum**: possess
**prior, prius**: before, first. previous, sooner, 5
**quīcumque, quae-, quod-**: whosoever
**rapiō, -ere, rapuī, raptum**: seize, snatch, 6
**regō, regere, rēxī, rectum**: rule, be king
**sex**: six, 2
**sīc**: thus, in this way, 6
**trānsiliō, -īre, -uī**: jump across or over, 2
**uterque, utraque, utrumque**: each, both, 6
**ūtor, ūtī, ūsus sum**: use, employ, enjoy, 5
**vultur, -is, m.**: vulture

1 **Uterque**: nom. sg. adj. with iuvenis
  **eamque**: et eam; et joins the two infs. and eam refers to the fem. sg. urbs
2 **quod**: *because…;* causal quod clause
  **rēs**: nom. sg., the noun is 5th decl.
  **dēcernī**: pres. pass. inf.
3 **ūsī sunt**: 3p pf. ūtor, translate this deponent in the active voice and governs an ablative
  **prius**: comparative adverb
  **vīsī sunt**: 3p pf. pass. videō
  **Rōmulō**: dat. ind. obj.
4 **duodecim (vultūrēs)**: nom. subj.; ellipsis, supply the missing noun
  **sēsē**: emphatic form of the reflexive sē
  **uterque**: *each (one)*
  **rēx**: nom. pred. following pf. pass. appellātus est
5 **rēgnum**: this word may mean 'kingship,' or

'kingdom' depending on the context
  **cum…rapuissent**: *when…;* plpf. subj.; translate as you would an plpf. indicative
  **īrātī**: *they angerly…;* nom. adjectives are often translated as adverbs in English
7 **ex aliā fāmā**: i.e. in another version of the story
  **illūdēns frātrem**: nom. sg. pres. pple
9 **pereat**: *May…perish;* optative subj. (subj. of wish), 3s pres. subj. pereō.
  **quīcumque**: *whosoever…;* or 'anyone who;' a relative pronoun introducing a relative clause that ends with mea. The missing antecedent is subject of pereat.
  **trānsiliet**: 3s fut.
10 **potītus est**: 3s pf. potior: translate in the active voice. Just as ūtor in line 3, this verb governs an abl. object.

## 4b. The Founding of Rome

urbem ā suō nōmine Rōmam appellāvit.
Palātium prīmum, in quō ipse erat ēducātus, mūnīvit. Vocātā
ad concilium multitūdine, iūra dedit. Īnsignia quoque imperiī,
sellam curūlem togamque praetextam, duodecim līctōrēs sūmpsit.
Asylum aperuit in monte Capitōlinō, quō multī ex finitimīs populīs    15
profūgērunt. Creāvit etiam centum senātōrēs, quī honōris causā
patrēs appellātī sunt.

---

aperiō, -īre, -uī, apertum: open, disclose, 5
Asylum, Asylī n.: Asylum; refuge
Capitōlīnus, -a, -um: Capitoline, 4
centum: hundred
concilium, -iī n.: meeting, rendezvous, 3
curūlis, -e: curule
duodecim: twelve, 3
ēdūcō, -ere, -dūxī, -ductum: lead out, draw
īnsigne, -is n.: badge, decoration, mark

līctor, līctōris m.: lictor (bodyguard), 5
mūniō, -īre, -īvī, -ītum: fortify, build, 5
Palātium, -iī n.: Palatine hill
praetextus, -a, -um: bordered
sella, -ae f.: chair, 2
senātor, -ōris m.: senator
sumō, sumere, sumpsī, -ptum: take (up), 5
toga, -ae f.: toga, 5

11  **urbem...Rōmam appellāvit:** *called (x)
(y)*; this verb governs a double accusative
(acc. obj. and acc. pred.)
**suō**: a reflexive possessive adjective, the
antecedent is the subject
12  **prīmum:** *first (of all)*; an adverbial acc.
**ipse:** *he himself*; intensive pronoun,
**Vocātā...multitūdine:** abl. absolute, as
always, translate the noun first
13  **iūra:** neuter acc. pl., iūs, iūris
14  **sellam...togam...līctōrēs:** all three are
in apposition to acc. plural īnsignia; the
curule chair is a specially designed chair,
the toga praetexta has a purple-dyed border
worn later by senator and equestrian class,
and the lictors are bodyguards who
accompany the king
**sūmpsit:** i.e. adopted

15  **Asylum:** acc. obj.; his is the proper name
for the ridge located between the two peaks
of the Capitoline Hill; our word for 'refuge'
is derived from Romulus'use of the location
in this passage
**in monte Capitōlīnō:** *on the Captioline
hill*; Although described as a mountain, the
Capitoline is actually a large hill
15  **quō:** *to where*; a relative adverb, not a
relative pronoun: quō is often employed to
express place to which
16  **causā:** *for the sake of...*; + preceding gen.;
causā is a preposition
17  **patrēs:** a predicate nom.; translate after
appellātī sunt; the senators were likely the
patres familias, leading fathers, of the
most powerful families in Rome

## 5a. The Sabine Women

Iam rēs Rōmāna firma et finitimīs cīvitātibus bellō pār erat. Sed 1
Rōmānī neque uxōrēs neque cum finitimīs iūs cōnūbiī habēbant.
Tum Romulus quōsdam ex patribus lēgātōs in vīcīnās gentēs mīsit
quī societātem cōnūbiumque novō populō peterent. Nusquam
benignē lēgātī audītī sunt; nam finitimī nōn sōlum Rōmānōs 5
spernēbant, sed etiam tantam in mediō crescentem urbem
metuēbant. Itaque īrātī Rōmānī vī ūtī statuērunt.

Ad eam rem Rōmulus, lūdīs parātīs, finitimōs ad spectāculum
invītāvit. Multī convēnērunt ut lūdōs spectārent et novam urbem
vidērent. Sabīnōrum omnis multitudō cum līberīs ac coniugibus 10

---

benignus, -a, -um: kind, kindly, 3
cōnūbium, -ī n.: marriage
conveniō -īre -vēnī: come together, 6
crescō, -ere, crēvī, crētum: grow, increase, 4
firmus, -a, -um: strong, steadfast, 3
invītō (1): invite, summon, 2
īrātus, -a, -um: angry, 6
lūdus, -ī m.: game, sport; school, 6
metuō, -ere, -uī: fear, dread, 3

nusquam: nowhere
Sabīnus, -a, -um: Sabine, 6
societās, -tātis f.: association, alliance, 5
spectāculum, -ī n.: spectacle, 3
spectō (1): watch, look at, 2
spernō, -ere, sprēvī, sprētum: spurn, reject, 3
ūtor, ūtī, ūsum: use, employ, enjoy, 5
vīcīnus, -a, -um: neighboring, 3

1 **rēs Rōmāna**: *the Roman state*
   **finitimīs cīvitātibus**: dat. of special adj. **pār**
   **bellō**: *in (respect to)*…; abl. of respect often qualifies or clarifies an adjective
2 **neque…neque**: *neither…nor*
   **finitimīs**: *neighbors*; a substantive (adj. used as a noun)
   **iūs**: *the right*; elsewhere 'law;' neut. acc. sg.
3 **quōsdam…lēgātōs**: *certain*…; indefinite adj., **quīdam**
4 **quī…peterent**: *who would*…; a relative clause of purpose (quī = ut eī) with impf. subj. **petō**
   **novō populō**: *for*…; dat. of interest
5 **benignē…audītī sunt**: i.e. the neighbors did not respond positively to the envoys requests; benignē is an adverb
   **finitimī**: see line 2
   **nōn sōlum…sed etiam**: *not only…but also*;

sōlum is an adv. (adverbial acc.)
7 **vī**: abl. obj. of inf. **ūtī**;. the irregular abl. of vīs
   **ūtī**: pres. inf. ūtor. Although passive in form, translate this deponent in the active. Ūtor governs an ablative object.
8 **Ad…**: *For*…; as often, expressing purpose
   **eam**: *this*; a demonstrative adj.; translate this form of is, ea, id as 'this' or 'that'
   **lūdīs parātīs**: ablative absolute with PPP
9 **ut…spectārent…vidērent**: *so that…might*; purpose clause governing impf. subj.
10 **Sabīnōrum**: a partitive gen. governed by the nom. sg. multitudō
   **omnis**: *entire*
   **līberīs**: *children*; līberī can easily be confused with the adj. līber, lībera, līberum, therefore readers must often use context to determine which word is intended

## 5b. The Sabine Women

vēnit. Ubi spectāculī tempus vēnit omnēsque intentī in lūdōs erant, tum, signō datō, Rōmānī rapere virginēs coepērunt. Parentēs virginum profūgērunt clāmantēs Rōmānōs hospitium violāvisse. Nec raptae virginēs aut spem dē sē meliōrem aut indignātiōnem minōrem habēbant. Sed ipse Rōmulus circumībat ostendēbatque id   15 patrum virginum superbiā factum esse. "Quamquam vī captae estis," inquit, "omnia iūra Rōmānōrum habēbitis."

Iam multō minus perturbātī animī raptārum erant. At parentēs eārum cīvitātēs fīnitimās, ad quās eius iniūriae pars pertinēbat, ad arma concitābant. Hae cīvitātēs omnēs ā Rōmulō victae sunt.   20

---

circumeō, -īre, -iī: go around
clāmō (1): cry, shout out, 6
concitō (1): stir up, incite, impel, 3
hospitium, ī n.: (rules of) hospitality, 2
indignātiō, -tiōnis f.: indignity, outrage, 4
iniūria, -ae f.: wrong, insult, injustice, 5
intentus, -a, -um: attentive, intent, 3
lūdus, -ī m.: game, sport; school, 6
melior, melius: better, 4
minor, minus: smaller, less, 6

ostendō, -ere, ostendī: show, display, 7
parēns, parentis m.: parent, ancestor, 4
pertineō, -ēre, -tinuī: pertain to; reach
perturbō (1): disturb, throw into confusion, 3
rapiō, -ere, rapuī, raptum: seize, snatch, 6
signum, -ī n.: sign, signal; standard, 6
spectāculum, -ī n.: spectacle, 3
superbia, -ae f.: arrogance, pride 2
violō (1): violate, commit outrage, 4

11 **intentī**: i.e. focused; a pred. after erant
**in**: *upon...*
12 **signō datō**: abl. abs. with PPP dō, dare
**rapere**: *to kidnap*; or 'to snatch,' Although the derivative denotes sexual assault, the Latin verb rapiō denotes the act of grabbing or stealing
**virginēs**: *maidens*; a common term for an unmarried young woman
13 **clāmantēs**: pres. pple. modifying parentēs
**Rōmānōs...violāvisse**: *that...*; ind. disc. with pf. inf. governed by clāmantēs
**hospitium**: i.e. the rules of hospitality: a guest should not steal from his host
14 **nec...habēbant**: *and...did not have*; apply the negative to the main verb
**raptae**: PPP, rapiō, see note 12 above
**aut...aut**: *either...or*
**dē**: *concerning...*; abl. of respect
**meliōrem**: *more*; elsewhere 'better,' the comparative of bonus, -a, -um
**indignātiōnem**: this word describes the resentment of being treated in a manner not (in-) worthy (dignus-a-um) of one's status

15 **minōrem**: comparative parvus
**ipse**: *he himself*; intense
**id...factum esse**: *that it had been...*; ind. disc. with pf. pass. inf.; id refers to the kidnapping; The ind. disc. is in secondary sequence (main verb past), translate inf. as plpf. pass.
16 **superbiā**: *because of...*; abl. of cause
**vī**: abl. means, from the irregular noun vīs,
**captae estis**: 2p pf. pass., Romulus speaks directly to the kidnapped women
17 **inquit**: *he says*; this verb of speaking always indicates direct discourse
**iūra**: *rights*; neuter acc. pl. iūs
18 **multō**: *much*; 'by much,' abl. degree of difference often with comparative degree
**minus**: comparative adverb
**perturbātī**: PPP as a predicate nom.; animī is nom. subject
**raptārum**: *of (the girls)...*; PPP rapiō
19 **ad quās**: relative, cīvitātēs is antecedent
**eius iniūriae**: *of this...*; partitive gen.
20 **victae sunt**: pf. pass. vincō

11

## 5c. The Sabine Women

Novissimum bellum ab Sabīnīs ortum est, quod multō maximum
fuit. Sabīnī arcem Rōmānam in monte Capitōlīnō dolō cēpērunt.
Rōmānī posterō diē arcem recipere cōnātī sunt. Ubi Hostius
Hostīlius, dux exercitūs Rōmānī, cecidit, cōnfestim aciēs Rōmāna
pulsa est. At Rōmulus templum vōvit Iovī Statōrī ōrāvitque        25
auxilium. Tum crēdēns precēs suās audītās esse "hinc," inquit,
"Rōmānī, Juppiter optimus maximus nōs resistere ac renovāre
pugnam iubet." Resistērunt Rōmānī tamquam caelestī vōce iussī.

Tum Sabīnae mulierēs ausae sunt sē inter tēla volantia inferre,
ut pācem ā patribus virīsque implōrārent. Ducēs eā rē mōtī nōn    30

---

**aciēs, -ēī f.**: sharp edge, battle line, army, 6
**arx, arcis f.**: citadel, hilltop, 5
**audeō, -ēre, ausus sum**: dare, venture, 5
**cadō, -ere, cecidī, cāsum**: fall, 4
**caelestis, -e**: celestial, heavenly; subs. gods, 2
**Capitōlīnus, -a, -um**: Capitoline, 4
**cōnfestim**: at once, immediately, 3
**cōnor, cōnārī, cōnātus sum**: try, attempt, 7
**crēdō, -ere, -didī, -ditum**: believe, trust, 7
**dolus, -ī m.**: trick, deceit, 2
**hinc**: from here, hence, 3
**Hostīlius, -ī m.**: Hostilius, 2
**Hostius, -ī m.**: Hostius
**implōrō (1)**: implore, beg, beseech
**inferō, -ferre, -tulī, -lātum**: bring in, wage, 5
**Iuppiter, Iovis m.**: Jupiter, 4
**moveō, -ēre, -vī, mōtum**: move, arouse, 5

**mulier, mulieris f.**: woman, 5
**nōs**: we, us, 3
**optimus, -a, -um**: best, noblest, finest, 6
**ōrō (1)**: pray, entreat, beseech, 3
**pellō, -ere, pepulī, pulsum**: drive, beat, 6
**posterus, -a, -um**: following, next, 2
**prex, precis f.**: prayer, entreaty
**recipiō, -ere, -cēpī, -ceptum**: accept, take, 4
**renovō (1)**: renew, make new, 2
**resistō, -ere, -stitī**: stand still, halt; oppose, 7
**Sabīnus, -a, -um**: Sabine, 6
**Stator, -ōris m.**: the Stayer
**tamquam**: as if, as much as, so to speak, 6
**tēlum, -ī n.**: projectile, arrow, spear, 6
**templum, -ī n.**: temple, 5
**voveō, -ēre, vōvī, vōtum**: vow, swear, 2
**vōx, vōcis f.**: voice, 7

21 **novissimum**: *the last*; or 'most recent,' superlative adj.
   **ab Sabīnīs**: *from the Sabines*
   **ortum est**: pf. dep. orior: translate active
   **quod**: relative pronoun
   **multō**: *far*; 'by much,' abl. of degree of difference, often with comparative degree
   **dolō**: abl. of means
23 **posterō diē**: *on…*; abl. of time when
   **cōnātī sunt**: pf. dep. cōnor, make active
24 **exercitūs**: gen. sg. 4th decl. noun
   **cecidit**: 3s pf. cadō; a euphemism for dying
25 **Iovī Statōrī**: *to…*; dat. ind. obj., Jupiter has an irregular declension: nom. Jupiter, gen. Iōvis, dat. Iōvī, acc. Iōvem, abl. Iōve
26 **crēdēns**: nom. sg. pres. pple crēdō
   **precēs suās…audītās esse**: *that…*; ind.

   disc. with pf. pass. inf.; suās is a possessive reflexive adj. (his own, her own, etc.)
   **inquit**: *he says*; indicating direct discourse
   **Rōmānī**: voc. direct address
27 **optimus (et) maximus**: supply 'et'
28 **tamquam**: *as if*; formed from correlative adverbs tam, 'so,' and quam, 'as'
   **caelestī**: abl. sg. 3rd decl. adj. are i-stem
   **iussī**: PPP iubeō
29 **mulierēs**: i.e. the women once kidnapped
   **ausae sunt**: 3p pf. of semi-deponent audeō
   **sē…inferre**: *that…*; ind. disc.
   **volantia**: pres. pple, neuter pl.
30 **ut…implōrārent**: *so that…might*; purpose
   **virīsque**: *and husbands*
   **eā rē**: *by…*; abl. of cause
   **mōtī**: *having been moved*; i.e. emotionally

## 5d. The Sabine Women

modo pācem sed etiam cīvitātem ūnam ex duābus faciunt; rēgnum
quoque cōnsociant atque Rōmam faciunt sēdem imperiī. Multitūdō
ita aucta novō nōmine Quirītēs appellāta est ex Curibus, quae urbs
caput Sabīnōrum erat.

Deinde Rōmulus, populō in cūriās trīgintā dīvīsō, nōmina    35
mulierum raptārum cūriīs dedit. Post aliquot annōs Tatius ab
Laurentibus interfectus est. Rōmulus posteā sōlus rēgnāvit. Annīs
sequentibus bella secunda cum Fidēnātibus Veientibusque, populīs
Etrūscīs, gesta sunt.

Dum Rōmulus quōdam tempore exercitum in Campō Mārtiō    40

---

aliquot: several, 5
augeō, -ēre, auxī, auctum: increase, enrich, 6
campus, -ī m.: plain, field
cōnsociō (1): associate, unite
Curēs, ium m.: Cures, 2
cūria, ae f.: curia, ward, 2
dīvidō, -ere, -vīsī, -vīsum: divide, separate, 7
Fidēnātēs, -ium m.: people of Fidenae
Laurentēs, -um m.: Laurentines, 2
Mārtius, -a, -um: of Mars, 4

modo: only, merely, simply; just now, 3
mulier, mulieris f.: woman, 5
Quirītēs, -ium m.: Quirites (Romans), 2
rapiō, -ere, rapuī, raptum: to seize, snatch, 6
Sabīnus, -a, -um: Sabine, 6
secundus, -a, -um: following, favorable, 3
sēdes, sēdis f.: seat; abode, home, 6
Tatius, -ī m.: Tatius
trīginta: thirty, 3
Veiēns, -entis m.: Veientian

31  nōn modo...sed etiam: *not only...but also*
    modo, 'just' or 'only,' is an adverb distinct
    from the noun modus, modī
    duābus: abl. pl., duo, duae, duo is a 1st/2nd
    decl. adj. whose abl. and dat. forms are
    -ōbus (masc.) and -ābus (fem.)
32  faciunt: *make (x) (y)*; governs a double
    acc. the first acc. is a dir. obj. while the
    second is an acc. pred.
    Multitūdō: fem. nom. sg.
33  Quirītēs: nom. predicate, following
    appellata est
    Curibus: Cures; a single city with a plural
    name, just as Athens and Los Angeles
    quae urbs: *which city...*; a relative adj.
35  populō...dīvīsō: abl. abs. with PPP
    in: *into*
    trīgintā: indeclinable trīgintā modifies

cūriās; numbers
above trēs are indeclinable
36  raptārum: PPP rapiō with mulier-um
    cūriīs: *to...*; dat. ind. obj.; tradition claims
    that each curia was named after one of the
    Sabine women kidnapped by the Romans
    aliquot: an indeclinable adj. with annōs
    Tatius: Although not mentioned earlier,
    Tatius was a Sabine king and was ruling
    jointly with Romulus.
37  Annīs sequentibus: abl. abs. with a pres.
    pple sequor
38  secunda: *favorable*
40  quōdam tempore: *at...*; abl. of time when,
    again, the indefinite pronoun quīdam
    Campō Mārtiō: a plain in the northwest
    beyond the walls of Rome, where the
    army trained.

## 5e. The Sabine Women

recēnset, tempestās subitō coörta eum nimbō operuit. Patrēs quī
proximī steterant dīxērunt rēgem sublīmem raptum esse. Deinde
ūniversī clāmant: "Salvē, deus deō nāte." Rōmulus dīcitur posteā
cuidam cīvī sē ostendisse et eum hīs verbīs allocūtus esse: "Nuntiā
Rōmānīs deōs velle meam Rōmam caput orbis terrārum esse;      45
proinde rēs mīlitāris colenda est; nam nūllae opēs hūmānae armīs
Rōmānīs resistere possunt." Posteā nōmen Quirīnus Rōmulō
additum est. Rēgnāvit septem et trīgintā annōs.                      48

---

**addō, -ere, -didī, -ditum**: bring to, add, 7
**alloquor, loquī, -cūtus sum**: speak, address, 3
**clāmō (1)**: cry, shout out, 6
**colō, -ere, coluī, cultum**: cultivate; worship, 3
**coörior, -orīrī, -ortus sum**: arise, 2
**hūmānus, -a, -um**: human, humane, 3
**meus, -a, -um**: my, mine, 6
**mīlitāris, -e**: military, warlike, 2
**nimbus, -ī m.**: thundercloud, rainstorm
**nuntiō (1)**: announce, report, 7
**operiō, -īre, -uī, opertum**: cover, conceal
**ops, opis f.**: power; pl. resources, influence, 6
**orbis, -is m.**: sphere, orb, 2
**ostendō, -ere, ostendī**: show, display, 7
**proinde**: then, therefore, consequently, 2

**proximus, -a, -um**: nearest, next, 5
**Quirīnus, -ī m.**: Quirinus
**rapiō, -ere, rapuī, raptum**: seize, snatch, 6
**recēnseō, -ēre, -uī**: number, reckon, review 1
**resistō, -ere, -stitī**: stand still, halt; oppose, 7
**salveō, -ēre**: be well, be in good health
**septem**: seven, 4
**stō, stāre, stetī, stātum**: stand, 3
**subitō**: immediately, straightaway, 3
**sublīmis, -e**: on high, aloft, uplifted
**tempestās, -tātis f.**: weather; storm, 2
**terra, -ae f.**: land, earth, 7
**trīgintā**: thirty, 3
**ūniversus, -a, -um**: entire, whole, 2

41 **coörta**: pf. dep. pple is often translated
'having Xed,' coörior
**Patrēs**: i.e. the senators
42 **rēgem...raptum esse**: *that...*; ind. disc.
with pf. pass. inf. rapiō; the senators suggest
that the gods raised him up into the sky
43 **ūniversī**: *(they) one and all*
**Salvē**: sg. imperative, a common greeting
**deus**: voc., direct address; the word 'deus'
does not assume the -e vocative ending
**deō**: *from...*; abl. of source
**nāte**: vocative sg. of nātus, the pf. pple of
deponent nascor
44 **cuidam cīvī**: *to a certain citizen*; ind. obj.
**ostendisse**: pf. inf. following dīcitur
**eum**: *him*; i.e. the quīdam cīvis, the lack of
a reflexive pronoun is a clear indicator that
this pronoun does not refer to the subject
**allocūtus esse**: pf. dep. inf.: translate as
active; the -us ending is nom. sg. because
it refers ultimately to the subject Rōmulus

**Nuntiā**: sg. imperative, nuntiō
45 **deōs velle...esse**: *that...*; ind. disc. with
an irregular pres. inf. of volō, velle; esse is a
complementary inf. governed by velle
**orbis terrārum**: *of the world*; 'of the
sphere of lands,' gen. sg.; a common
expression for the earth or world
**esse**: inf. sum
46 **rēs mīlitāris**: *military affairs*; or 'military
science,' nom. sg.
**colenda est**: *must be...*; 'is (going) to be
cultivated;' a passive periphrastic (
gerundive + sum) expresses necessity
**armīs Rōmānīs**: dat. obj. of compound
verb resistere; a common method of
translation is to remove the prefix (here, re-)
and make the dat. the object: 'against
Roman arms'
47 **Rōmulō**: dat. ind. obj.
48 **septem...annōs**: *for...*; acc. of duration of
time

## 6a. Numa Pompilius

Certāmen inde dē rēgnō inter factiōnēs ortum est. Sabīnī rēgem   1
suae factiōnis creārī cupiēbant. Rōmānī veterēs peregrīnum rēgem
recūsābant. Interrēgnō secūtō, senātus imperium gessit. Deinde
plēbs clāmāre coepit multōs dominōs prō ūnō factōs esse.
Optimum igitur vīsum est sine morā rēgem creāre.   5
Habitābat eō tempore Curibus Numa Pompilius, vir iūstissimus
perītusque omnis dīvīnī atque hūmānī iūris. Rēgnum eī omnium
cōnsēnsū dēlātum est. Is urbem novam quae ā Rōmulō armīs
condita erat, iūre lēgibusque firmāvit. Arcum portīs īnstructum
fēcit, quī arcus Iānī appellātus est; apertus bellī index erat, clausus   10

---

**aperiō, -īre, -uī, apertum**: open, disclose, 5
**arcus, -ī m.**: arch; bow, 2
**certāmen, -minis n.**: struggle, contest, 4
**clāmō (1)**: cry, shout out, 6
**claudō, -ere, -dī, -sum**: close, enclose, 6
**condō, -ere, condidī, -ditum**: found, store, 6
**consensus, -ūs m.**: agreement, consent, 5
**Curēs, ium m.**: Cures, 2
**dēferō, -ferre, -tulī, -lātum**: offer, give over 6
**dīvīnus, -a, -um**: divine, 2
**dominus, -ī m.**: master, 2
**factiō, factiōnis f.**: faction, party, 6
**firmō (1)**: make strong, strengthen, support, 3
**habitō (1)**: inhabit, dwell, live, 2
**hūmānus, -a, -um**: human, humane, 3
**Iānus, -ī m.**: Janus

**index, indicis m/f**: sign, indicator
**īnstuō, -ere, -ūxī, -uctum**: draw up, arrange
**interrēgnum, -ī n.**: interregnum
**iūstus, -a, -um**: just
**mora, -ae f.**: delay, hesitation, hindrance
**Numa, -ae m.**: Numa, 6
**optimus, -a, -um**: best, noblest, finest, 6
**peregrīnus, -a, -um**: foreign; foreigner, 5
**perītus, -a, -um**: experienced, 4
**Pompilius, -ī m.**: Pompilius, 2
**porta, -ae f.**: gate, 3
**recūsō (1)**: refuse, give a reason against, 5
**Sabīnus, -a, -um**: Sabine, 6
**sine**: without, 5
**vetus, veteris**: old, experienced, 2

1 **ortum est**: pf. dep. orior: translate as active
  **factiōnēs**: *factions*; The Romans did not
  have political parties in the modern sense.
2 **suae factiōnis**: *of their own...*; gen.
3 **interregnō secūtō**: abl. abs., The pf. pple
  for a deponent verb, here sequor, is often
  translated 'having Xed.' An interregnum is
  a period of time between (inter) kingships
  (regnum) when a new king is selected.
  **gessit**: *possessed, carried on*; pf. gerō
4 **multōs...factōs esse**: *that...had been...*;
  ind. disc. with pf. pass. inf.; in secondary
  sequence: translate as plpf. pass.
  **prō**: *in place of...*
5 **vīsum est**: *it seemed*; pf. pass. videor,
  'seem,' and governing a nom. pred.
6 **eō tempore**: *at that...*; abl. of time when
  **Curibus**: *in...*; locative, place where

  **iūstissimus**: superlative adj. iūstus
7 **perītus**: an adj. that governs a gen. object
  **iūris**: of law; elsewhere 'right' gen. sg. iūs,
  **eī**: *to him*; dat. ind. obj.
  **omnium**: subjective gen. pl. modifying
  cōnsēnsū
8 **Is**: i.e. Numa
9 **iūre lēgibusque**: abl. of means, here iūre
  means 'rights' to set it apart from lēgibus
  **Arcum**: this arch was simply a large
  doorway (two posts and a horizontal lintel)
  with two gates (portae) in the center
  **instructum**: PPP
10 **arcus Iānī**: predicate nom. following
  appellātus est
  **(arcus) apertus**: *(when) opened, the gate...*;
  supply the missing nominative 'arcus'
  **(arcus) clausus**: again, supply the noun

## 6b. Numa Pompilius

pācis. Per omne rēgnum Numae clausus fuit. Pāx cum cīvitātibus fīnitimīs societāte ac foederibus facta est.

Rēx inde ad mōrēs populī cultumque deōrum animum convertit. Ut populī fīdem conciliāret, simulāvit sē cum deā Ēgeriā congressūs habēre et monitū eius sacra īnstituere sacerdōtēsque   15 legere. Annum ad cursum lūnae in duodecim mensēs discrīpsit. Quōsdam diēs nefāstōs fēcit, per quōs diēs comitia nōn habēbantur. Virginēs Vestālēs lēgit, quās caerimōniīs quibusdam sanctās fēcit.

Multa etiam alia ā rēge īnstitūta sunt, rītūs, caerimōniae,   20

---

caerimōnia, -ae f.: ceremony, rite, 3
claudō, -ere, -dī, -sum: close, enclose, 6
comitia, -ōrum, n.: assembly, elections 1
conciliō (1): reconcile, win over, 2
congressus, -ūs m.: meeting, assembly, 2
convertō, -ere, -ī, -rsum: turn, reverse, 6
cultus, -ūs m.: culture, refinement, 3
cursus, -ūs m.: course, running, haste, 6
discrībō, -ere, -scrīpsī: distribute, divide, 2
duodecim: twelve, 3
Ēgeria, -ae f.: Egeria
fīdēs, eī f.: faith, trust, 7
foedus, -eris n.: treaty, alliance, 5

legō, -ere, lēgī, lectum: read, choose, 7
lūna, -ae n.: moon, 3
mensis, -is m.: month, 2
monitus, -ūs m.: warning, admonition
mōs, mōris m.: custom, manner, law, 3
nefāstus, -a, -um: unholy, unhallowed
Numa, -ae m.: Numa, 6
rītus, -ūs m.: rite, ceremony
sacerdōs, -dōtis m. f.: priest, 4
sanctus, -a, -um: sacred, holy, 2
simulō (1): feign, pretend, make like, 2
societās, -tātis f.: association, alliance, 5
Vestālis, -e: Vestal, of Vesta

11 **pācis (index erat)**: ellipsis; gen. sg., add a predicate nom. and verb from the previous clause
   **fuit**: *it was…*; i.e. the arch was…; the PPP clausus is a predicate adj.
12 **societāte ac foederibus**: abl. of means
13 **mōrēs**: the pl. of mōs may mean 'habits,' 'customs' or 'character
   **animum**: *his attention*
14 **Ut…conciliāret**: *so that…might…*; a purpose clause with impf. subj
   **sē…habēre…īnstituere…legere**: *that he…*; ind. disc. with one acc. subject and three infinitives; the reflexive sē does not need to retain the ending '-self' as acc. subj.

15 **congressūs**: acc. pl. 4th decl. noun
   **eius**: *her*; i.e Egeria's, gen. sg.
   **sacra**: *sacred (rites)*; neut. pl.
16 **ad**: *according to…*
17 **fēcit**: *made (x) (y)*; governs a double acc.: (acc. obj. and acc. pred.)
   **per quōs diēs**: *over which days*; relative adjective
   **comitia…habēbantur**: plural in form but singular in translation
18 **lēgit**: pf., not 'read' but 'choose' or 'pick'
19 **fēcit**: see note on line 17
20 **rītus, caerimōniae…**: nom. in apposition to the pl. subject, multa alia

## 6c. Numa Pompilius

sacerdōtia. Multitūdō, hīs rēbus ā vī et armīs conversa, rēgis mōrēs imitābātur. Fīnitimī populī cīvitātem Rōmānam tōtam, in cultum deōrum versam, violāre nōlēbant. Ita duo deinceps rēgēs, Rōmulus bellō, Numa pāce, cīvitātem auxērunt. Numa annōs trēs et quadrāgintā rēgnāvit.                                                                                     25

---

augeō, -ēre, auxī, auctum: increase, enrich, 6
convertō, -ere, -ī, -versum: turn, reverse, 6
cultus, -ūs m.: culture, refinement, 3
deinceps: one after another, successively
imitor, imitārī, imitātum: imitate, copy, 3
mōs, mōris m.: custom, manner, law, 3

nōlō, nōlle, nōluī: not…wish, be unwilling, 4
Numa, -ae m.: Numa, 6
quadrāgintā: forty, 5
sacerdōtium, -ī n.: priesthood
vertō, -ere, -sī, -rsum: turn, change
violō (1): violate, commit outrage, 4

21 **Multitūdō**: nom. subject
   **hīs rēbus**: *because of…;* abl. of cause
   **ā**: *away from…*; abl. of separation, with an
   irreg. abl. of vīs
   **conversa**: PPP, convertō
   **mōrēs**: acc. pl., mōs
22 **in**: *toward…*

   **versam**: PPP, vertō
   **Rōmulus…(et) Numa…auxērunt**: equiv.
   to Rōmulus bellō (cīvitātem auxit et) Numa
   pace cīvitātem auxit; bellō and pāce are
   both abl. of means
24 **annōs…quadrāgintā**: *for…*; acc. duration

## 7a. Tullus Hostilius

Numā mortuō, Tullus Hostīlius rēx creātus est. Hic ferōcior     1
etiam quam Rōmulus fuit. Bellum cum Albānīs prīmum ortum est.
Albānī et Rōmānī certāmen dē imperiō proeliō paucōrum virōrum
dēcernere cupīvērunt. Forte in utrōque exercitū erant trigeminī frātrēs, nec aetāte nec   5
vīribus dispārēs, Horātiī et Cūriātiī. Hī Albānī erant, illī Rōmānī.
Trigeminī ad hanc pugnam dēlēctī arma capiunt et in medium inter
duās aciēs prōcēdunt. Duo exercitūs, ērectī ānxiiīque, in
spectāculum animōs intendunt. Signō datō, ternī iuvenēs
concurrunt.     10

---

aciēs, -ēī f.: sharp edge, battle line, army, 6
aetās, aetātis f.: age, lifetime, time, 7
ānxius, -a, -um: anxious, 2
certāmen, -minis n.: struggle, contest, 4
concurrō, -ere, -currī: assemble, fight with
Cūriātius, -ī m.: Curiatius, 7
dēcernō, ere, crēvī, crētum: decide, judge, 5
dēligō, -ere, -lēgī, -lectum: choose, select, 3
dispār, dispāris: unequal, unlike, 3
ērigō, -ere, -rēxī, -rectum: raise up, lift, 2

Horātius, -ī m.: Horatius, 4
intendō, -ere, -tendī, -tentum: stretch, aim
Numa, -ae m.: Numa, 6
prōcēdō, -ere, -cessī, -cessum: proceed, 4
signum, -ī n.: sign, signal; standard, 6
spectāculum, -ī n.: spectacle, 3
ternī, -ae, -a: three each
trigeminus, -a, -um: triplets, 2
Tullus, -ī m.: Tullus, 2
uterque, utraque, utrumque: each, both, 6

1  **Numā mortuō**: Numa having died; abl.
   abs.; pf. dep. pple morior, often translated
   as 'having Xed'
   **Hic**: *this (one)*
   **ferōcior**: comparative adj.
2  **quam**: *than*…; introducing a clause of
   comparison
   **prīmum**: *first, first of all*; adverbial acc.
   **ortum est**: pf. deponent orior
3  **proeliō**: abl. of means. Instead of fighting
   the entire army, both sides chose to have
   a few soldiers on each side fight and decide
   the outcome of the war.
5  **Forte**: *by chance*; abl. as adverb from fors,
   fortis
   **utrōque**: abl. uterque
   **nec…nec**: *neither…nor*
   **aetāte…vīribus**: *in…in*…; 'in respect to'
   abl. of respect often qualifies and clarifies

   an adjective.
6  **vīribus**: *strength*; abl. pl. from 3rd decl.
   vīrēs, the pl. of the irregular vīs, vīs
   **Horātiī et Cūriātiī**: in apposition to frātrēs
   **Hī…illī**: *these…those*…; hī refers to the
   Cūriātiī, and illī refes to the Horātiī
   **Albānī**: i.e. from Alba Longa; nom. pred.
7  **ad**: *for*…; ad + acc. often expresses purpose
   **capiunt**: i.e. take up
   **in medium**: *into*…
8  **aciēs**: *armies*; or 'battle lines.' This word
   describes the long line of troops stretching
   horizontally when an army fights.
   **ērectī**: *having raised themselves*; PPP ērigō,
   middle in sense; i.e. standing up
9  **animōs**: *their attention*; English prefers sg.
   while Latin prefers the more specific pl.
   **signō datō**: abl. abs., PPP dō, dare

## 7b. Tullus Hostilius

Prīmō congressū duo Rōmānī interfectī sunt et trēs Albānī
vulnerātī. Eum quī integer fuit trēs Cūriātiī circumsistere cōnātī
sunt. Cum iam Rōmānus paulum fūgisset, respexit atque vīdit trēs
Cūriātōs magnīs intervallīs sequentēs. Subitō constitit et in
proximum Cūriātium impetum facit; dum exercitus Cūriātiōs      15
obsecrant ut frātrī auxilium ferant, Horātius eum interfēcit.

Tum magnō clāmōre Rōmānī adiuvant mīlitem suum, et ille
cōnficere proelium properat. Priusquam cōnsecūtus est tertius,
Horātius alterum Cūriātium cōnficit. Iamque singulī supererant,
sed nec spē nec vīribus parēs; Alter integer et ferōx superiōribus   20

---

**adiuvō** (1): help, assist, 4
**alter, -era, -erum**: other, second, 7
**circumsistō, -ere, -stetī**: surround
**clāmor, clāmōris m.**: cry, shout, 3
**congressus, -ūs m.**: meeting, assembly, 2
**cōnor, cōnārī, cōnātus sum**: try, attempt, 7
**cōnsequor, -ī, -secūtus sum**: follow, go after
**constō, -stāre, -stitī**: stand firm; is agreed, 5
**Cūriātius, -ī m.**: Curiatius, 7
**Horātius, -ī m.**: Horatius, 4
**integer, -gra, -grum**: untouched, unhurt, 3
**intervallum, -ī n.**: distance, interval
**obsecrō** (1): beseech, implore, entreat

**paulus, -a, -um**: little, small, 6
**priusquam**: before than, sooner than, 2
**properō** (1): hasten, 3
**proximus, -a, -um**: nearest, next, 5
**respiciō, -ere, -spexī, -spectum**: look to, 3
**secundus, -a, -um**: following, favorable, 3
**singulus, -a, -um**: one by one, separate, 2
**subitō**: immediately, straightaway, 3
**superior, -ius**: higher, upper, previous, 6
**supersum, -esse, -fuī**: survive, be left, over; 2
**tertius, -a, -um**: third, 2
**vulnerō** (1): wound, injure, 3

---

11  **prīmō congressū**: *at…*; or '*in…*' abl. of
time when
**vulnerātī (sunt)**: ellipsis; 3p pf. pass.
12  **Eum quī**: *this one who…*; i.e. the sole
remaining Roman. is, ea, id is often
translated as a demonstrative
**cōnātī sunt**: pf. dep. cōnor: translate active
13  **Cum…fūgisset**: plpf. subj., as often,
translate the verb in the same tense
**paulum**: *a little*; adverbial acc.
14  **magnīs intervallīs**: *with…*; abl. of manner
with adj. often omits the preposition 'cum'
**sequentēs**: pres. pple sequor
**constitit**: pf.; 'to stand (still)' often means
'to stop'
**in…**: *against…, upon…*
**Cūriātiōs**: i.e. the two brothers still running
at a distance toward the first

16  **ut…ferant**: *that…*; an indirect command
with pres. subj. ferō
17  **magnō clāmore**: *with…*; abl. of manner
**ille**: *that one*; i.e. the remaining Horātiī
18  **tertius (Cūriātius)**: the 3rd brother
19  **alterum**: *the other*; i.e. one of the two
**cōnficit**: *finishes off*; i.e. kills
**super-erant**: impf. supersum
**nec…nec**: *neither…nor*
20  **spē…vīribus**: *in (respect to)…in (respect
to)…;* abl. of respect often qualifies and
clarifies an adjective.
**vīribus**: abl. pl vīrēs (not vir, virī), the pl. of
the irregular vīs, vīs
**Alter**: *One man…*
**superiōribus victōriīs**: *because of…*; abl.
of cause

## 7c. Tullus Hostilius

victoriīs erat; alter dēfessus vulnere, animō fractus, in certāmen
vēnit. Nec illud proelium fuit. Cūriātium vix sustinentem arma
Horātius caedit et iacentem spoliat.                                    23

---

alter, -era, -erum: other, second, 7
caedō, -ere, cecīdī, caesum: kill, cut down, 4
certāmen, -minis n.: struggle, contest, 4
Cūriātius, -ī m.: Curiatius, 7
dēfessus, -a, -um: wearied, exhausted, worn 2
frangō, -ere, frēgī, frāctum: break, shatter, 3

Horātius, -ī m.: Horatius, 4
iaceō, -ēre, -uī: lie, lie low, 2
spoliō (1): despoil, plunder, 5
sustineō, -ēre, uī, -tentum: hold up, endure, 5
vix: with difficulty, with effort, scarcely, 4
vulnus, -eris n.: wound, blow, 4

21 **alter**: *the other man*; 'alter...alter'
   is often translated 'the one...the other'
   **vulnere**: *because of...*; abl. of cause
   **animō**: *in spirit*; abl. of respect
22 **proelium**: nom. pred.; illud is nom. subj.

   pred. respectively
22 **sustinentem**: pres. pple
23 **iacentem**: *(him)....*; i.e. Cūriātius, as he
   was lying on the ground. Horātius takes the
   armor.

## 8a. Ancus Marcius

Ancus Mārcius, nepōs Numae Pompiliī, quārtus rēx creātus est.   1
Ut Numa in pāce religiōnēs īnstituerat, sīc Ancus caerimōniās
īnstituit, quibus bella posteā indicta sunt. Sacerdōtēs, quibus id
negōtium mandātum est, fētiālēs appellāvit.
Bellīs cum urbibus Latīnōrum gestīs, cīvēs Rōmam trādūxit.   5
Iāniculum, quī collis trāns Tiberim est, cum urbe Ponte Subliciō
coniūnxit. Carcer, quī etiam nunc exstat, sub monte Capitōlīnō
aedificātus est. Imperium usque ad mare prōlātum est, et in ōre
Tiberis Ōstia urbs condita est.
Ancō rēgnante, vir quīdam, nōmine Lucumō, habitābat   10

---

aedificō (1): make a building, build, 2
Ancus, -ī m.: Ancus, 6
caerimōnia, -ae f.: ceremony, rite, 3
Capitōlīnus, -a, -um: Capitoline, 4
carcer, -eris m.: prison, 2
collis, -is m.: hill, 3
condō, -ere, condidī, -ditum: found, store, 6
coniungō, -ere, -iunxī, -iunctum: join, 2
exstō (1): stand forth; exist
fētiālis, -e: fetial; diplomatic
habitō (1): inhabit, dwell, live, 2
Iāniculum, -ī n.: Janiculum hill, 3
indīcō, -ere, -dīxī, -dictum: declare, appoint 3
Lucumō, Lucumōnis m.: Lucumo, 5
mandō (1): entrust, give, commit, 5
Mārcius, -ī n.: Marcius, Ancus Marcius
mare, maris n.: sea, 6

negōtium, iī n.: task, business, occupation, 2
nepōs, nepōtis m.: grandson, decendent, 3
Numa, -ae m.: Numa, 6
nunc: now, at present, 3
ōs, ōris n.: face, mouth, 4
Ōstia, -ae f.: Ostia
Pompilius, -ī m.: Pompilius, 2
pōns, pontis m.: bridge, 7
prōferō, -ferre, -tulī, -lātum: carry forward 4
quārtus, -a, -um: fourth, 2
religiō, -nis f.: spiritual practice, rites
sacerdōs, -dōtis m. f.: priest, 4
sīc: thus, in this way, 6
sublicius, -a, -um: on wooden piles
trādūcō, -ere, -duxī, -ductum: lead over, 3
trāns: across, over, 3
usque: up to, until; all the way, 3

2 **Ut...īnstituerat**: *As...*; or 'just as,' ut + ind.
  introducing a clause of comparison
  **sīc**: *so...*; correlative, corresponding to ut
3 **quibus bella...**: *by which*; abl. means
  **quibus id...**: *to...*; dat. ind. obj.
  **id**: *this*; demonstrative adj. is, ea, id
  **appellāvit**: governs a double acc.
5 **Bellīs...gestīs**: abl. abs., PPP gerō
  **cīvēs**: i.e. the Latins
  **Rōmam**: *to Rome*; acc. place to which
  towns, cities, small islands do not use the
  preposition 'ad' to express place to which
6 **quī**: *which...*; relative
  **Ponte Subliciō**: *with the Pons Sublicius*;

this is the proper name for the wooden
bridge that crosses the Tiber river
7 **etiam**: *even*
  **sub**: *at the foot of...*
8 **imperium**: just as rēgnum, imperium can
  refer to power or, as here, to the physical
  extent of the power: 'rule' or 'power'
  **usque ad**: *up to..., right up to...*; note that
  mare is neuter 3$^{rd}$ decl. acc., not abl.
10 **Ancō rēgnante**: abl. abs.
   **vir quīdam**: *a certain man*
   **nōmine**: *by name*; a popular abl. of respect
   Lucumō is nom. in apposition to vir

## 8b. Ancus Marcius

Tarquiniīs, quae urbs Etrūsca erat. Pater eius erat Dēmarātus, profugus Corinthius. Lucumō in mātrimōnium Tanaquīlem, mulierem nōbilem, dūxerat. Etrūscī spernēbant Lucumōnem, exulis fīlium. Tanaquil, quae ferre indignitātem nōn poterat, cōnsilium migrandī Rōmam cēpit. Facile coniugī persuādet.                    15
  Dum iter faciunt, aquila dīcitur pilleum ab capite Lucumōnis abstulisse et rursus reposuisse. Laeta Tanaquil accēpit id augurium potentiae futūrae. Etrūscī enim caelestium prōdigiōrum perītī erant. Postquam Rōmam vēnērunt, Lucumō nōmen L. Tarquinium Prīscum sibi sūmpsit. Ibi paulātim īnsignis factus est dīvitiīs    20

---

**aquila, -ae f.**: eagle, eagle standard
**auferō, auferre, abstulī, ablātum**: take away, carry away, 5
**augurium, -ī n.**: augury, divination, 2
**caelestis, -e**: celestial, heavenly; subs. gods, 2
**Corinthius, -ī m.**: Corinth, 2
**Dēmarātus, -ī m.**: Demaratus
**dīvitiae, -ārum f.**: riches, wealth
**exul, exulis m.**: exile, 2
**facilis, -e**: easy, 4
**indignitās, -tātis f.**: indignity, outrage, 2
**īnsignis, -e**: distinguished, noted, 2
**laetus, -a, -um**: happy, joyful, glad, 4
**Lucumō, Lucumōnis m.**: Lucumo, 5
**mātrimōnium, -iī n.**: marriage, 7

**migrō (1)**: travel, migrate, 3
**mulier, mulieris f.**: woman, 5
**paulātim**: gradually, little by little, 2
**perītus, -a, -um**: experienced, 4
**pilleus, -ī m.**: cap
**postquam**: after, when, 6
**potentia, -ae f.**: power, might, strength, 3
**Prīscus, -ī m.**: Priscus, 3
**prōdigium, -ī n.**: omen, portent, 3
**profugus, -ī m.**: a fugitive, refugee, 2
**repōnō, -ere, -posuī**: place or put back, 2
**rūrsus**: again, backward, back, 2
**spernō, -ere, sprēvī, sprētum**: spurn, reject, 3
**sumō, sumere, sumpsī, -mptum**: take (up), 5
**Tanaquil, -is f.**: Tanaquil, 6

11 **Tarquiniīs**: *in Tarquiniī*; locative, place where; this Etruscan city is plural in form; Lucumo will take his name from the city and be called Tarquinius, 'from Tarquiniī' **quae urbs**: *which city*
12 **in mātrimōnium...dūxerat**: plpf. dūcō; a common way to express that a male is marrying a female
13 **Lucumōnem**: acc. sg. Lucumo
14 **ferre**: *to endure, to bear*; irregular inf. ferō
15 **migrandī**: *of...*; gen. sg., a gerund (-ing) is a verbal noun (stem + nd + 2nd decl. sg. endings). In English, it is commonly formed with the ending –ing: e.g. Running is fun.. **Rōmam**: *to...*; acc. place to which **Facile**: *easily*; irregular adv. **coniugī**: dat. ind. obj.
17 **Laeta**: *happily, joyously*; adj. in the nom. often may be translated as adverbs

**abstulisse, reposuisse**: pf. inf. auferō, reponō
18 **futūrae**: *future*; 'going to be,' fut. act. pple of sum, esse modifying potentiae **enim**: *for...*; postpositive, translate first in the sentence **perītī**: nom. predicate governing a gen. obj.
19 **Rōmam**: *to...*; acc. place to which **L. Tarquinium Prīscum**: *Lucius Tarquinius Priscus*; the cognomen 'Priscus' means 'elder' and was added much later to distinguish this Tarquinius from his descedent, the 7th and last king of Rome, L. Tarquinius Superbus
20 **sibi**: *for himself*; dat. of interest **factus est**: *he was made*; īnsignis is nom. pred. **dīvitiīs**: *in...*; abl. of respect with īnsignis

22

## 8c. Ancus Marcius

aliīsque rēbus. Postrēmō in amīcitiam rēgis receptus tūtor
līberōrum rēgis testāmentō īnstitūtus est. Ancus annōs quattuor et
vīgintī rēgnāvit.                                                    23

---

amīcitia, -ae, f.: friendship, 5
Ancus, -ī m.: Ancus, 6
postrēmus, -a, -um: last, 3
quattuor: four, 5

21 aliīsque rēbus: *in...*; abl. of respect
   in amīcitiam...receptus: for this participial
   phrase, assume Tarquinius as the subject
   tūtor: predicate nom. after īnstitūtus est

recipiō, -ere, -cēpī, -ceptum: accept, take, 4
testāmentum, -ī n.: a will
tūtor, -ōris m.: guardian; defender, 2
vīgintī: twenty, 6

22 īnstitūtus est: *was appointed*
   annōs...vīgintī: *for...*; acc. of duration of
   time

## 9a. Tarquinius Priscus

Iam fīliī Ancī prope adultī erant. Sed Tarquinius ipse rēx creārī   1
cupiēbat. Is prīmus palam rēgnum petiit, memorāns officia prīvāta
ac pūblica et benignitātem in omnēs. Magnō cōnsēnsū populus
Rōmānus eum rēgnāre iussit.

Tarquinius, Latīnīs bellō victīs, lūdōs magnificōs fēcit. Tum   5
prīmum locus circō, quī Maximus dīcitur, dēsignātus est. Lūdī
sollemnēs mānsērunt, Rōmānī aut Magnī appellātī. Magna quoque
opera ā rēge incepta sunt, ut populus nōn quiētior in pāce quam in
bellō esset. Mūrō lapideō urbem cingere parāvit, et loca circā
forum aliāsque convallēs cloācīs siccāvit. Fundāmenta aedis Iovis   10
in Capitōliō iēcit.

---

adolescō, -ere, adolevī, adultum: grow up, 3
aedis, -is f.: temple, pl. house, 2
Ancus, -ī m.: Ancus, 6
benignitās, -tātis f.: kindness
Capitōlium, -ī n.: Capitolium, 5
cingō, -ere, cinxī, cinctum: surround, gird, 1.
circā: about, around, 4
circus, -ī m.: racetrack, circuit, 3
cloāca, -ae f.: sewer, 2
consensus, -ūs m.: agreement, consent, 5
convallis, -is m: valley, deep lowland
dēsignō (1): mark out, assign
fundāmentum, -ī n.: foundation
iaciō, -ere, iēcī, iactum: throw, cast, 2
incipiō, -ere, incēpī, inceptum: begin, 5

Iuppiter, Iovis m.: Jupiter, 4
lapideus, -a, -um: of stone
lūdus, -ī m.: game, sport; school, 6
magnificus, -a, -um: splendid, magnificent
maneō, -ēre, mansī: stay, wait, wait for, 7
memorō (1): recall, mention
mūrus, -ī m.: wall, rampart, 3
officium, -iī, n.: duty, 4
palam: openly, publicly, 3
prīvō (1): deprive of, rob, strip from, 3
prope: nearly almost; near, 5
quiētus, -a, -um: resting, calm, undisturbed, 4
siccō (1): dry, 2
sollemnis, -e: customary; sollemn

1  prope: *nearly*; here as an adv.
   rēx: predicate nom. after pass. inf. creārī
2  Is prīmus: *he first...*
   memorāns: nom. sg. pple
3  in...: *toward..., upon...*
   magnō cōnsēnsū: *with...*; abl. of manner
5  Latīnīs...victīs: abl. abs., PPP vincō
   fēcit: *produced, created*
6  prīmum: adverbial acc.
   circō: *for...*; dat. of purpose
   Maximus: i.e. the Circus Maximus
   dīcitur: *is called*; + nom. pred.
7  Rōmānī aut Magnī: i.e. the Roman Games
   or Great Games; nom. pred. after the PPP
   appellātī: PPP modifying lūdī
8  opera: i.e. building projects
   ut...esset: *so that... might...*; purpose +

impf. subj. of sum, esse
quam: *than...*; adverbial conjunction
introducing a clause of comparison
9  Mūrō lapideō: abl. of means
10  forum: i.e. the Forum Rōmānum in a
   lowland at the base of the Capitoline and
   Palatine hills; Rome would later have
   numerous fora, 'markets,' in the city
   cloācīs: abl. means; These were likely open
   ditches that were later covered. The use of
   cloācae was likely adapted from irrigation
   ditches employed by farmers.
   Iovis: gen. Jupiter (Iovis, Iovī, Iovem, Iove)
11  in: *on...*; the Capitoline hill has two peaks:
   one peak holds the temple of Jupiter;
   the other peak, the temple of Juno Moneta
   iēcit: *laid*; 'threw down'

## 9b. Tarquinius Priscus

*At about that time* (handwritten)

Eō ferē tempore in rēgiā prōdigium mīrabile fuit. Caput puerī 12
dormientis, cui Servius Tullius fuit nōmen, multōrum in cōnspectū
ārsit. Servī, quī aquam ad restinguendam flammam ferēbant, ab
rēgīnā retentī sunt. Mox cum puer ē somnō excitātus esset, flamma 15
abiit. Tum, abductō in sēcrētum virō, Tanaquil, "Vidēsne tū hunc *yes/no*
puerum," inquit, "quem tam humilī cultū ēducāmus? Lūmen *question*
profectō portendit eum aliquandō nōbīs praesidiō futūrum esse. *do you*
Proinde artibus līberālibus ērudiendus est." Ingenium iuvenis vērē
rēgium erat. Tarquinius igitur eī fīliam suam dēspondit. 20

---

abducō, -ere, dūxī, ductum: lead/take away
abeō, -īre, -iī: go away, depart
aliquandō: sometimes, at some time, 3
ardeō, -ēre, arsī, arsum: be on fire, burn
ars, artis f.: skill, craft, art, 7
conspectus, -ūs, f.: look, sight, view
cultus, -ūs m.: culture, refinement, 3
dēspondō, -ere, -spondī: betroth, 3
dormiō, -īre, -īvī: sleep
ēdūcō, -ere, -dūxī, -ductum: lead out, draw
ērudiō, -īre, -īvī, -ītum: educate, instruct, 2
excitō (1): rouse, stir up; awaken, 6
ferē: almost, nearly, closely, 7
flamma, -ae f.: flame, fire, torch, love, 3
humilis, -e: on the ground, low; humble, 2
ingenium, -ī n.: intellect, talent; character, 5
līberālis, -e: of or befitting a free man, 2
lūmen, lūminis n.: light

mīrābilis, -e: amazing, wonderful
mox: soon, 4
nōs: we, us, 3
portendō, -ere, -tendī, -tentum: foretell
praesidium, -iī n.: garrison, protection, 5
prōdigium, -ī n.: omen, portent, 3
profectō: surely, of course, indeed
proinde: then, therefore, consequently, 2
rēgīna, -ae f.: queen, 2
rēgius, -a, -um: royal, of the king or queen, 6
restinguō, -ere, restinxī: put out, quench, 2
retineō, -ēre, -uī, -tentum: hold back, 3
sēcrētus, -a, -um: secret, private
servus, -ī, m.: slave, 6
somnus, -ī m.: sleep, 2
Tanaquil, -is f.: Tanaquil, 6
tū: you, 6
Tullius, -ī m.: Tullius, 5

12 **Eō...tempore**: *at...*; abl. of time when
  **in rēgiā**: *in the royal house*; rēgius-a-um is
  an adj, but rēgia, -ae f. is a noun
13 **dormientis**: *(while)...*; pres. pple
  **cui...fuit**: *to whom...was*; dat. of possession
  with sum may be translated one of three
  ways: (1) 'to whom... was,' (2) 'whose...
  was,' or (3) 'who had...'
  **ārsit**: *burst into flames*; inceptive pf. tense
14 **ad restinguendam flammam**: *for putting
  out the flame*; 'for the flame (going) to be
  put out,' ad + noun + gerundive (fut. pass.
  pple) expresses purpose. Perform a 'gerund-
  gerundive flip' and translate the noun +

  gerundive as a gerund (-ing) + object
15 **Cum...excitātus esset**: plpf. pass. subj.
16 **abductō...virō**: abl. abs., PPP abdūcō;
  Translate the noun virō, 'husband,' first.
  **vidēs-ne**: -ne is an enclitic introducing a
  yes/no question, leave -ne untranslated
17 **tam humilī cultū**: *from...*; abl. of source;
  humilī is a 3rd decl. i-stem adj., abl. sg.
18 **eum...futūrum esse**: *that...*; ind. disc.
  with a fut. inf. of sum, esse
  **nōbīs praesidiō**: *as protection for us*; or
  'serves as protection for us;' a double dative
  construction (dat. of interest + dat. of
  purpose)

25

## 9c. Tarquinius Priscus

Etsī Ancī fīliī duo anteā īrātī fuerant, quod peregrīnus Rōmae
rēgnābat, tum maior erat indignātiō, quoniam servō iam rēgnum
patēre vidēbātur. Rēgem igitur interfīcere rēgnumque occupāre
constituērunt. Ex pāstōribus duo ferōcissimī ad facinus dēlēctī in
vestibulō rēgiae speciē rixae in sē omnēs appāritōrēs rēgiōs    25
convertērunt. Inde vocātī ad rēgem dīcere in vicem iussī sunt. Ūnus
rem expōnit. Dum intentus in eum sē rēx tōtus āvertit, alter ēlātam
secūrim in caput rēgis dēiēcit; relictō in vulnere tēlō, ambō forās
fugiunt. Tarquinium moribundum appāritōrēs excipiunt; illōs
fugientēs līctōrēs comprehendunt.    30

---

alter, -era, -erum: other, second, 7
ambō: both, two together, 3
Ancus, -ī m.: Ancus, 6
appāritor, -ōris f.: servant, 3
āvertō, -ere, -vertī: turn aside, turn away, 3
comprehendō, -ere, -ī, -prehensum: grasp, seize, 5
convertō, -ere, -ī, -rsum: turn, reverse, 6
dēiciō, -ere, -iēcī, -iectum: throw/cast down 4
dēligō, -ere, -lēgī, -lectum: choose, select, 3
ēfferō, -ere, -tulī, -lātum: carry out, lift, 2
etsī: even if, although, though, 3
excipiō, -ere, -cēpī, -ceptum: take out, receive, 5
expōnō, -ere, -posuī, -positum: set forth, 5
facinus, -noris n.: deed, action; crime, 3
forās: out of doors
indignātiō, -tiōnis f.: indignity, outrage, 4
intentus, -a, -um: attentive, intent, 3

īrātus, -a, -um: angry, 6
līctor, līctōris m.: lictor (bodyguard), 5
maior, maius: greater, larger; older, 4
moribundus, -a, -um: dying
occupō (1): seize, occupy, 5
pāstor, -is m.: shepherd, 4
pateō, -ēre, -uī: lie open, extend, 2
peregrīnus, -a, -um: foreign; foreigner, 5
quoniam: since now, seeing that
rēgius, -a, -um: royal, of the king or queen, 6
rixa, -ae f.: quarrel, dispute
secūris, -is f.: axe
servus, -ī, m.: slave, 6
species, -ēi f.: sight, look, appearance, 3
tēlum, -ī n.: projectile, arrow, spear, 6
vestibulum, -ī n.: entrance, vestibule, 2
vicem: in turn
vulnus, -eris n.: wound, blow, 4

21 Etsī: *although...*; 'even if,' the clause is concessive
 Ancī: gen. sg.
 fuerant: 3p plpf. sum
 quod: *because...*; causal quod clause
 Rōmae: *at...*; locative, place where
22 servō: *for...*; dat of interest
23 vidēbātur: *seemed*; common translation for the passive videor
24 ad: *for...*; + acc. expressing purpose
25 speciē rixae: *under the pretext of a quarrel*; 'with the appearance of a quarrel'

 in sē: *to them*; 'into themselves'
26 vocātī: modifying pāstōrēs, the missing subject of the sentence, PPP vocō
 in vicem: *in turn*; i.e. one after the other
27 in eum: *upon him*; i.e. on the one talking
 tōtus: *entirely*; an adj. in the nom. may be translated as an adv.
 ēlātum: PPP from ēf-ferō
28 relictō...tēlō: abl. abs., PPP relinquō
30 līctōrēs: nom. pl., illōs fugientēs is acc. pl. the lictors are the bodyguards of the king

## 9d. Tarquinius Priscus

Magnus sequitur populī tumultus, inter quem Tanaquil claudī
rēgiam iubet. Serviō inde celeriter ad sē vocātō, auxilium ōrāvit.
"Tuum est rēgnum," inquit, "Servī, sī vir es, nōn eōrum quī aliēnīs
manibus pessimum facinus fēcērunt. Ērige tē deōsque ducēs
sequere, quī dīvīnā flammā hoc caput clārum futūrum esse          35
portendērunt. Nōlī perturbārī quod peregrīnus es. Etiam nōs
peregrīnī rēgnāvimus. Sī propter subitam rem cōnsilia fingere nōn
potes, mea tamen cōnsilia sequere."
   Cum iam clāmor multitūdinis vix sustinērī posset, Tanaquil ex
superiōre parte rēgiae populum ita allocūta est: "Cum vulnus rēgis   40

---

**aliēnus, -a, -um**: of another, foreign, 5
**alloquor, loquī, -cūtus sum**: speak, address, 3
**celeriter**: swiftly, quickly, 5
**clāmor, clāmōris m.**: cry, shout, 3
**claudō, -ere, -dī, -sum**: close, enclose, 6
**dīvīnus, -a, -um**: divine, 2
**ērigō, -ere, -rēxī, -rectum**: raise up, lift, 2
**facinus, -noris n.**: deed, action; crime, 3
**fingō, -ere, finxī, fictum**: make up, imagine
**flamma, -ae f.**: flame, fire, torch, love, 3
**manus, -ūs f.**: hand; group, 7
**meus, -a, -um**: my, mine, 6
**nōlō, nōlle, nōluī**: not…wish, be unwilling, 4
**nōs**: we, us, 3

**ōrō (1)**: pray, entreat, beseech, 3
**peregrīnus, -a, -um**: foreign; foreigner, 5
**perturbō (1)**: disturb, throw into confusion, 3
**pessimus, -a, -um**: worst, very bad
**portendō, -ere, -tendī, -tentum**: foretell
**servus, -ī, m.**: slave, 6
**subitus, -a, -um**: sudden
**superior, -ius**: higher, upper, previous, 6
**sustineō, -ēre, uī, -tentum**: hold up, endure, 5
**Tanaquil, -is f.**: Tanaquil, 6
**tumultus, -ūs m.**: uproar, tumult, confusion, 4
**tuus, -a, -um**: your, yours, 2
**vix**: with difficulty, with effort, scarcely, 4
**vulnus, -eris n.**: wound, blow, 4

31 **sequitur**: 3s pres. dep. sequor; translate
   in the active voice
   **inter quem**: *in the midst of whom*; 'among
   whom'
   **claudī**: pass. inf.
32 **Serviō…vocātō**: abl. abs.
   **ad sē**: Ths reflexive pronoun refers to the
   subject of the main clause,Tanaquil
33 **Servī**: *Servius*; voc. direct address; nom.
   forms with –ius become –ī in the vocative
   **nōn eōrum**: *not theirs*; This predicate gen.
   is parallel to the predicate tuum
   **aliēnīs manibus**: abl. means, the sons of
   Ancus did not perform courageous actions
   but instead hired assasions to kill Tarquin
34 **Ērige**: sg. imperative
   **ducēs**: *as guides, as leaders*; in apposition
35 **sequere**: sg. dep. imperative, sequor
   **hoc caput…futūrum esse**: *that…*; ind. disc.

with fut. inf. sum.
   **clārum**: acc. predicate following futūrum
   esse. Since clārus means 'bright' or
   'distinguished,' Tanaquil invokes both
   meanings and suggests that the bright
   flames foretell a time when Servius' life
   will be clārus, 'famous' and 'distinguished.'
36 **Nōlī perturbārī**: *don't be troubled*; 'be
   unwilling to be troubled,' neg. imperative
   formed by the irreg. imperative nōlō + inf.
   **quod**: *because…*; causal quod clause
38 **potes**: 2s pres. possum
   **sequere**: sg. dep. imperative, sequor
39 **Cum…posset**: *when…*; impf. subj. possum
40 **superiōre parte**: *upper floor*
   **Cum…**: *although…*; the tamen that follows
   in the main clause indicates that this cum
   introduces a concessive clause

## 9e. Tarquinius Priscus

grave sit, iam tamen ad sē redit; brevī tempore rēgem ipsum vidēbitis. Interim vult Servium Tullium rem pūblicam administrāre." Itaque Servius per aliquot diēs, cum Tarquinius iam mortuus esset, suās opēs firmāvit. Tum dēmum mors rēgis nuntiāta est. Servius, praesidiō firmō mūnītus, prīmus iniussū populī 35 voluntāte patrum rēgnāvit.

---

**administrō (1)**: manage, direct; help, 3
**aliquot**: several, 5
**brevis, -e**: short, brief, 5
**dēmum**: at length, finally
**firmō (1)**: make strong, strengthen, support, 3
**iniussū**: without orders, 3
**interim**: meanwhile, in the meantime, 4

**mors, mortis, f.**: death, 6
**mūniō, -īre, -īvī, -ītum**: fortify, build, 5
**nuntius, -iī m.**: messenger; message, news, 3
**ops, opis f.**: power; pl. resources, influence, 6
**praesidium, -iī n.**: garrison, protection, 5
**Tullius, -ī m.**: Tullius, 5
**voluntās, -tātis f.**: will, wish, permission, 2

31 **grave**: neuter nom. sg., 3rd decl. adj.
  **sit**: 3s pres. subj. of sum in a cum clause; translate as you would an indicative
  **tamen**: as often, indicates that the preceding cum-clause is concessive in sense
  **redit**: 3s pres. redeō
  **brevī tempore**: *in...*; abl. time when
32 **vult**: 3s pres., irregular volō, velle
  **rem pūblicam**: *the republic*; i.e. public affairs
33 **per**: *over*

  **aliquot**: indeclinable adj.
  **cum...mortuus esset**: *since...*; causal in sense, plpf. deponent subj. morior
34 **opēs**: acc. pl. from ops, opis
35 **Servius...prīmus**: i.e. Servius was the first to....
35 **mūnītus**: PPP mūniō
  **iniussū...voluntāte**: *without...(but) with...*; abl. means
36 **patrum**: i.e. senators; gen. pl.

28

# 10a. Servius Tullius

Servius prīmum cēnsum īnstituit et populum in classēs prō
opibus discrīpsit. Ex cēnsū posteā officia bellī pācisque tribūta
sunt. Ad multitūdinem crēscentem duo collēs, Quirīnālis
Vīminālisque, ad urbem additī sunt. Imperium quoque hōc cōnsiliō
auctum est. Fānum erat nōbile Diānae Ephesiae, quod commūniter   5
ā cīvitātibus Asiae factum esse dīcēbātur. Servius per principēs
Latīnōrum, eō cōnsēnsū cīvitātum Asiāticārum vehementer
laudātō, tandem populīs Latīnīs persuāsit ut Rōmae cum populō
Rōmānō fānum Diānae facerent. Ea erat cōnfessiō caput rērum
Rōmam esse, dē quō totiēns certātum erat.                        10

---

**addō, -ere, -didī, -ditum:** bring to, add, 7
**Asiāticus, -a, -um:** Asian, of Asia
**augeō, -ēre, auxī, auctum:** increase, enrich, 6
**cēnsus, -ūs m.:** census, registration, 3
**certō (1):** contend, strive, 2
**classis, -is f.:** fleet, 4
**collis, -is m.:** hill, 3
**commūnis, -e:** common, 2
**cōnfessiō, -iōnis f.:** confession
**consensus, -ūs m.:** agreement, consent, 5
**crescō, -ere, crēvī, crētum:** grow, increase, 4
**Diāna, -ae f.:** Diana, 2

**discrībō, -ere, -scrīpsī:** distribute, divide, 2
**Ephesius, -a, -um:** of Ephesus, Ephesian
**fānum, -ī n.:** shrine, temple, 2
**laudō (1):** praise, glorify, 5
**officium, -iī, n.:** duty, 4
**ops, opis f.:** power; pl. resources, influence, 6
**Quirīnālis, -e:** Quirinal Hill
**tandem:** finally, at last, at length, in the end, 6
**totiēns:** so often, so many times, 3
**tribō, -ere, -uī, tribūtum:** assign, bestow, 3
**vehementer:** vehemently, violently, 2
**Vīminālis, -e:** Viminal

1  **prō opibus:** *according to wealth*; abl. ops
2  **ad:** *for…*; expressing purpose
3  **Quirīnālis Vīminālisque:** nom. sg. in
   apposition to duo collēs; two of the seven
   hills of Rome
4  **hōc cōnsiliō:** *by this plan*
5  **Fānum erat nōbile:** *there was…*; nōbile is
   3rd decl. neut. sg. with nom. subject fānum
   **Diānae Ephesiae:** *for…*; dat. of interest
   **quod…:** relative clause
   **commūniter:** adv.
6  **factum esse:** *to…*; pf. pass. inf. faciō
7  **eō cōnsēnsū…laudātō:** *this consensus…*;

   abl. abs.; eō is a demonstrative adj.
8  **populīs Latīnīs:** dat. ind. object of verb
   **ut…facerent:** *that…*; indirect command
   with impf. subj. in secondary sequence
   **Rōmae:** *at Rome*; locative, place where
9  **Diānae:** *for…*; dat. of interest
   **Ea:** *this…*; a demonstrative
   **caput…esse:** *(namely) that…*; ind. disc.
   in apposition to cōnfessiō
10 **dē:** *about…*; relative clause
   **certātum erat:** *it had…*; i.e. 'they had
   contested,' an impersonal use of the plpf.
   pass. that may often be translated as active

29

## 10b. Servius Tullius

*(handwritten annotations: "sometimes" above "interdum"; "complained" above "querēbātur"; "rule" above "rēgnāret"; "to" near "iniussū")*

Lūcius Tarquinius, Prīscī filius, interdum querēbātur quod
Servius iniussū populī rēgnāret. Servius igitur agrum prius captum
ex hostibus virītim dīvīsit; hōc modō voluntātem plebis conciliāvit.
Populus deinde maximō cōnsēnsū eum rēgnāre iussit.
Rēx duās fīliās Lūciō atque Arruntī Tarquiniīs, Prīscī fīliīs, in        15
mātrimōnium dederat. Mōrēs hōrum disparēs erant. Nam Arrūns
Tarquinius mītis erat, L. Tarquinius ferōx et cupidus rēgnī. Duae
Tulliae item disparēs erant. Forte Arrūns ferōcem in mātrimōnium
dūxerat. Similitūdō celeriter L. Tarquinium et ferōcem Tulliam
contrahit. Cum prope continuīs caedibus domōs vacuās fēcissent,        20

---

**Arrūns, Arruntis m.**: Arruns, 4
**caedēs, -is f.**: slaughter, killing, 4
**celeriter**: swiftly, quickly, 5
**consensus, -ūs m.**: agreement, consent, 5
**continuus, -a, -um**: continuous, successive, 3
**contrahō, -ere, -trāxī**: draw together, 2
**cupidus, -a, -um**: desirous, eager, keen, 3
**dispār, dispāris**: unequal, unlike, 3
**dīvidō, -ere, -vīsī, -vīsum**: divide, separate, 7
**iniussū**: without orders, 3
**interdum**: sometimes, from time to time
**item**: also, likewise, in like manner, 2
**Lūcius, -ī m.**: Lucius, 3

**mātrimōnium, -iī n.**: marriage, 7
**mītis, -e**: mild, gentle
**modus, ī n.**: manner, form; measure, 6
**mōs, mōris m.**: custom, manner, law, 3
**prior, prius**: before, first. previous, sooner, 5
**Prīscus, -ī m.**: Priscus, 3
**prope**: nearly almost; near, 5
**queror, -ī, questus sum**: complain, lament, 3
**similitūdō, -inis f.**: likeness, resemblance
**Tullia, -ae f.**: Tullia, 4
**vacuus, -a, -um**: empty, fear, vacant
**virītim**: man by man, to each man
**voluntās, -tātis f.**: will, wish, permission, 2

11 **Prīscī**: *of (Lucius Tarquinius) Priscus*; the
   5<sup>th</sup> king of Rome
   **quod…rēgnāret**: *on the grounds that…*;
   'because,' causal quod clause; quod + subj.
   suggests an alleged cause from a character's
   --rather than narrator's—point of view:
   'because (as he claims) Servius ruled…'
12 **agrum**: *farmland*; not 'field'
   **prius**: comparative adv., prior
13 **hōc modō**: *in…*; abl. of manner
15 **Lūciō…Arruntī**: dat. indirect object
   **Tarquiniīs**: *the Tarquins*; dat. referring to
   Lucius Tarquinius and Arruns Tarquinius
   **Prīscī**: see linex 11
16 **mōrēs**: *characters*; elsewhere 'habits,'

   **L. Tarquinius (erat)**: add linking verb
17 **rēgnī**: *for…*; objective gen.
   **Duae Tulliae**: *The two Tullias*; Daughters
   are all named from the feminine form of the
   family name: hence, Servius Tullius has
   two daughters named Tullia.
18 **Forte**: *by chance*; abl. as adverb, from
   fors, fortis
19 **ferōcem**: the fierce one of the two Tullias
20 **Cum…fēcissent**: *after…*; plpf. subj., the
   verb governs a double accusative: direct
   obj. and acc. predicate
   **domōs**: fem. acc. pl.
   **prope**: *nearly*; adverb

iunguntur nūptiīs. Paulātim inde mulier coniugem ad caedem Servī
excitat. Itaque Tarquinius prius omnibus rēbus cīvēs et maximē
patrēs conciliāvit.

Postrēmō, ubi iam tempus agendī vīsum est, stīpātus armātīs in
forum irrūpit. Inde in rēgiā sēde prō Cūriā sedēns patrēs in Cūriam    25
per praecōnem ad rēgem Tarquinium vocārī iussit. Ibi incūsābat
rēgem, quod rēgnum muliebrī dōnō occupāvisset; querēbātur item
dē cōnsiliīs populāribus, dē agrō plēbī dīvisō, dē cēnsū īnstitūtō.

Dum loquitur, Servius intervēnit et ā vestibulō Cūriae magnā
vōce, "Quid tibi vīs," inquit,"Tarquinī? Quā audāciā tū, mē vīvō,    30

---

**armātus, -a, -um**: armed, 5
**audācia, -ae f.**: boldness, audacity, 2
**caedēs, -is f.**: slaughter, killing, 4
**cēnsus, -ūs m.**: census, registration, 3
**Cūria, -ae f.**: senate house, Curia, 8
**dīvidō, -ere, -vīdī, -vīsum**: divide, separate, 7
**dōnum, -ī n.**: gift, 4
**excitō (1)**: rouse, stir up; awaken, 6
**incūsō (1)**: accuse, complain of, 3
**interveniō -īre -vēnī**: come upon, intervene
**irrumpō, -ere, -rupī, -ruptum**: burst in, 2
**item**: also, likewise, in like manner, 2
**iungō, -ere, iunxī, -iunctum**: join, 2
**loquor, loquī, locūtus sum**: speak, address
**muliebris, -e**: womanly, of a woman
**mulier, mulieris f.**: woman, 5

**nūptiae, -ārum, f.**: marriage, wedding
**occupō (1)**: seize, occupy, 5
**paulātim**: gradually, little by little, 2
**populāris, -e**: of the people, popular, 4
**postrēmus, -a, -um**: last, 3
**praecō, praecōnis m.**: herald
**prior, prius**: before, first. previous, sooner, 5
**queror, -ī, questus sum**: complain, lament, 3
**sedeō, sedēre, sēdī**: sit, sit down; set, 7
**sēdes, sēdis f.**: seat; abode, home, 6
**servus, -ī, m.**: slave, 6
**stīpō (1)**: crowd together, stuff, pack
**tū**: you, 6
**vestibulum, -ī n.**: entrance, vestibule, 2
**vīvus, -a, -um**: alive, living, 3
**vōx, vōcis, f.**: voice, 7

21  **nūptiīs**: abl. of means
22  **prius**: *first*; comparative adv., prior
    **omnibus rēbus**: *in*...; abl. of respect
    **maximē**: *especially*; or 'in particular' are
    usual translations for this superlative adv.
24  **ubi**: *when*
    **agendī**: *for*...; gen. sg. of a gerund (-ing)
    **armātīs**: *with armed (men)*; substantive
    (adj. as noun) formed from the PPP
25  **irrūpit**: the fierce L. Tarquinius is subj.
    **in rēgiā sēde**: i.e. on the throne
    **prō**: *in front of*...; abl. of place where
    **patrēs**: i.e. senators
    **iussit**: 3s pf. iubeō
27  **quod...occupāvisset**: *on the grounds
    that*...; 'because,' causal quod clause with
    plpf. subj.; quod + subj. suggests an alleged

cause from a character's point of view
    **muliebrī dōnō**: abl. of means, 3rd decl. i-
    stem adj.
28  **agrō**: *farmland*
    **plēbī**: *among*...; or 'for...' dat. of interest
29  **loquitur**: 3s pres. dep., loquor
    **ā**: *from*...; Servius speaks from the
    entranceway
    **magnā vōce**: *with*...; dat. of manner
30  **tibi**: *for yourself*; dat. of interest
    **vīs**: 2s pres. volō, velle
    **Tarquinī**: *Tarquinius*; voc. direct address;
    nom. with –ius become –ī in the vocative
    **Quā audāciā**: *by what*...; interrogative adj.
    **mē vīvō**: abl. abs.; subject and predicate in
    the abl. Supply 'being' in the translation.

vocāre patrēs aut in sēde meā cōnsīdere ausus es?" Tarquinius ferōciter respondit sē sēdem patris suī tenēre, sē rēgnī hērēdem esse. Tum medium arripit Servium, ēlātumque ē Cūriā per gradūs dēicit; inde in Cūriam redit. Appāritōrēs rēgis fugiunt. Rēx ipse ā servīs Tarquiniī interficitur. Tullia, carpentō in forum invecta,   35 coniugem ēvocāvit rēgemque prīma appellāvit. Dum domum redit, dīcitur patrem in viā iacentem invēnisse et per corpus carpentum ēgisse. Hic locus posteā "scelerātus" vocātus est. Servius Tullius rēgnāvit annōs quattuor et quadrāgintā.       39

---

**appāritor, -ōris f.**: servant, 3
**arripiō, -ere, -uī, -reptum**: snatch, grab, 2
**audeō, -ēre, ausus sum**: dare, venture, 5
**carpentum, -ī n.**: carriage
**cōnsīdō, -ere, -sēdī**: sit, settle, encamp
**Cūria, -ae f.**: senate house, Curia, 8
**dēiciō, -ere, -iēcī, -iectum**: throw/cast down 4
**efferō, -ere, -tulī, -lātum**: carry out, lift, 2
**ēvocō (1)**: call out, challenge
**gradus, -ūs m.**: step, pace; stairs
**hērēs, hērēdis, m./f.**: heir, heiress, 2
**iaceō, -ēre, -uī**: lie, lie low, 2

**invehō, -ere, -vexī, -ctum**: convey/ride into, 3
**inveniō, -īre, -vēnī, -ventum**: come upon, find, 5
**meus, -a, -um**: my, mine, 6
**quadrāgintā**: forty, 5
**quattuor**: four, 5
**respondeō, -ēre, -dī, -nsum**: answer, reply, 4
**scelerātus, -a, -um**: wicked, profane, guilty 1
**sēdes, sēdis f.**: seat; abode, home, 6
**servus, -ī, m.**: slave, 6
**Tullia, -ae f.**: Tullia, 4
**Tullius, -ī m.**: Tullius, 5

31 **ausus es**: 2s pf. of semi-deponent audeō: translate as active
32 **sē...tenēre...(et) sē...esse**: *that he...(and) that he...*; ind. disc. The lack of a conjunction (asyndeton) suggests that Tarquinius was speaking quickly and listing one charge after another.
**suī**: gen. sg. suus, reflexive possessive adj.
33 **medium Servium**: *the waist of Servius*; 'the middle of Servius'
**ēlātum...dēicit**: In cases where English prefers to have two main verbs, e.g. carried off and threw down, Latin often prefers to make the first action a PPP (pf. pass. pple) and the second action the finite verb.

**ēlātum** is PPP of efferō and modifies the missing acc. direct object, i.e. 'servum'
**per gradūs**: *over...*
34 **redit**: pres. redeō
**ā...**: *by...*; abl. of agent
36 **(eum) appellāvit**: *called (him)...*; this verb governs a double acc.; supply eum
**prīma**: i.e. she was the first to...
**domum**: *(to) home*; acc. place to which
37 **dīcitur**: *(she) is said to...*
**invēnisse...ēgisse**: pf. inf. inveniō, agō
38 **"scelerātus"**: The road was called the Via Scelerata, the 'Wicked Way'
39 **annōs...quadrāgintā**: *for...*; acc. of duration of time

## 11a. Tarquinius Superbus

Inde L. Tarquinius rēgnāre coepit, cui propter facta cognōmen   1
"Superbus" datum est. Prīncipēs patrum, quī Servium dīlēxerant,
interfēcit. Suum corpus armātīs circumsaepsit. Iūdicia capitālium
rērum sine cōnsiliīs per sē sōlus exercēbat. Ita poterat occīdere, in
exsilium agere, bonīs spoliāre omnēs quōs cupiēbat.   5
Etsī rēgēs superiōrēs senātum dē omnibus rēbus cōnsulere solitī
erant, Tarquinius domesticīs cōnsiliīs rem pūblicam administrāvit.
Bellum, pācem, foedera, societātēs per sē ipse fēcit. Latīnōrum
gentem sibi maximē conciliābat. Octāviō Mamiliō Tusculānō—is
longē nōbilissimus Latīnōrum erat—fīliam in mātrimōnium dat.   10

---

**administrō** (1): manage, direct; help, 3
**armātus, -a, -um**: armed, 5
**capitālis, -e**: capital, of the head
**circumsaepiō -īre -saepsī**: hedge around
**cognōmen, -minis n.**: cognomen, nickname, 6
**cōnsulō, -ere, -uī, consultum**: consult, 3
**dīligō, -ere, -lēxī, -lēctum**: love, esteem
**domesticus, -a, -um**: of a house
**etsī**: even if, although, though, 3
**exerceō, -ēre, -uī, exercitum**: exercise, train
**exsilium, -iī n.**: exile, 5
**foedus, -eris n.**: treaty, alliance, 5
**iūdicium, -ī n.**: decision, judgment; trial, 3

**longē**: far, 4
**Mamilius, -ī m.**: Mamilius
**mātrimōnium, -iī n.**: marriage, 7
**occīdō, -ere, -cīdī, -cīsum**: kill, cut down, 7
**Octāvius, -iī m.**: Octavius
**sine**: without, 5
**societās, -tātis f.**: association, alliance, 5
**soleō, -ēre, -itus sum**: be accustomed, 4
**spoliō** (1): despoil, plunder, 5
**superbus, -a, -um**: arrogant, proud, haughty 3
**superior, -ius**: higher, upper, previous, 6
**Tusculānus, -a, -um**: of Tusculum

1 **cui**: *to whom*; dat. ind. obj.
   **cognōmen**: the third name of a Roman male
   **"Superbus"**: thus, the full name Lucius
   Tarquinius Superbus, whom we often call
   in translation 'Tarquin the Proud'
2 **patrum**: i.e. of the senators, gen. pl.
   **suum corpus**: neuter acc. sg.
3 **armātīs**: *with armed men*
   **iūdicia capitālium rērum**: *the judgments
   in capital cases*; i.e. legal decisions in
   cases involving life or death
4 **per sē**: *by himself*
   **occīdere…agere…spoliāre**: all three
   complementary infs. of poterat (possum)
   govern omnēs as their object; supply the
   missing conjunction 'et' (asyndeton)
   between the infinitives
5 **bonīs**: *from…*; abl. separation; neut. bona
   is a substantive (adj. functioning as a noun)

   and denotes goods, property, or possessions
6 **Etsī**: *even if*; introducing a concessive
   clause
   **superiōrēs**: *previous*; comparative adj.
   **solitī erant**: *had been accustomed*; plpf. of
   semi-deponent soleō
7 **domesticīs cōnsiliīs**: i.e. from the house or
   court of the king
   **rem pūblicam**: *public affairs*; i.e. the
   government
8 **per sē**: *by himself*
   **ipse**: *(he) himself*; intensive
9 **maximē**: *especially, in particular*; a
   common translation for the superlative
   **Octāviō…Tusculānō**: Octavius Mamilius
   Tusculanus; dat. ind. obj.
   **is…erat**: parenthetical clause,, is refers to
   Octavius

## 11b. Tarquinius Superbus

Cum iam magna Tarquiniī auctōritās inter Latīnōrum principēs esset, concilium in certam diem convocāvit. Conveniunt frequentēs prīmā lūce. Ipse Tarquinius diem quidem servāvit, sed paulō ante sōlis occāsum vēnit. Turnus Herdonius Arīcīnius ferōciter absentem Tarquinium accūsāverat. Dīxit Tarquinium patientiam 15 Latīnōrum temptāre et affectāre imperium in eōs. Rēx, hōc cognitō, quia prō imperiō palam Turnum interficere nōn poterat, cōnfestim statuit falsō crīmine eum opprimere. Proxīmā igitur nocte auctōre Tarquiniō quīdam Arīcīnī, Turnō inimīcī, in dēversōrium eius magnum numerum gladiōrum clam intulērunt.  20

---

absēns, absentis (1): absent, 3
accūsō (1): accuse, blame, reprimand, 3
affectō (1): strive for, aim at
Arīcīnus, -a, -um: of Aricia
auctor, auctōris m.: agent, creator, 3
auctōritās, -tātis f.: authority, 4
certus, -a, -um: certain, reliable, sure, 6
clam: secretly, in secret
cognōscō, -ere, -nōvī, -nitum: learn, know, 4
concilium, -iī n.: meeting, rendezvous, 3
cōnfestim: at once, immediately, 3
conveniō -īre -vēnī: come together, 6
convocō (1): call together, 4
crīmen, crīminis n.: crime, 2
dēversōrium, -ī n.: lodging-place, inn, 3
fallō, -ere, fefellī, falsum: deceive, cheat, 3
frequēns, frequentis: crowded

gladius, -ī m.: sword, 6
Herdonius, -ī m.: Herdonius
inferō, -ferre, -tulī, -lātum: bring in, wage, 5
inimīcus, -a, -um: hostile, unfriendly, 6
lūx, lūcis m.: light, 2
numerus, -ī m.: number, multitude, 2
occāsus, occāsūs m.: falling, setting
opprimō, -ere, -pressī, -pressum: oppress, overwhelm, 5
palam: openly, publicly, 3
patientia, -ae f.: endurance, patience
paulus, -a, -um: little, small, 6
proximus, -a, -um: nearest, next, 5
quia: because, 2
servō (1): save, keep, preserve, 7
sōl, sōlis m.: sun, 3
temptō (1): attempt, test; attack, 2

11  cum...esset: *since...*; causal in sense; impf. subj. sum; magna is a predicate placed early in the line for emphasis
12  in certam diem: *for...*
13  prīmā lūce: *at...*; abl. time when, a common expression for the dawn
    quidem: *in fact*; an adv.
    servāvit: *kept*; i.e. fulfilled the appointment
    paulō: *a little*; 'by a little,' dat. of degree of difference modifying the preposition ante
14  ferōciter: adv. from 3rd decl. adj. ferōx
16  Tarquinium...temptāre...affectāre: *that...*; ind. disc.
    in: *among*

Hōc cognitō: abl. abl., hōc refers to the accusation made in Tarquinius' absence
17  prō: *in return for...*
18  statuit: *decided*; 'took a stand'
    falsō: *false*
    eum: i.e. Turnus
    Proxīmā nocte: *on...*; abl. of time when
19  auctōre Tarquiniō: *Tarquinius (being) the agent*; abl. absolute, both subject and predicate are abl., supply pple 'being'
    quīdam Arīcīnī: *certain Aricini, certain inhabitants of Aricia*; an indefinite pronoun
    Turnō: *to...*; dat. of special adj. inimīcī
20  intulērunt: 3s pf. inferō

## 11c. Tarquinius Superbus

Tarquinius paulō ante lūcem ad sē principēs Latīnōrum vocāvit
certiōrēsque dē gladiīs cēlātīs fēcit: "Cognōvī," inquit, "Turnum
cupere Latīnōrum sōlum imperium tenēre et iam necem omnium
parāre." Dūxit deinde eōs ad dēversōrium. Ubi gladiī ex omnibus
locīs dēversōriī prōlātī sunt, manifesta vīsa est rēs, Turnusque in    25
catēnīs coniectus est.
    Cōnfestim concilium Latīnōrum convocātur. Ibi magna
indignātiō oritur, gladiīs in mediō positīs. Itaque Turnus, indictā
causā, in aquam Ferentīnam mersus est.   Rēx, auctōritāte inter
Latīnōs ita auctā, cum eīs renōvāvit foedus quod ā Tullō rēge anteā    30

---

**auctōritās, -tātis f.**: authority, 4
**augeō, -ēre, auxī, auctum**: increase, enrich, 6
**catēna, -ae f.**: chain, fetter, shackle, 2
**cēlō (1)**: hide, conceal
**certus, -a, -um**: certain, reliable, sure, 6
**cognōscō, -ere, -nōvī, -nitum**: learn, know, 4
**concilium, -iī n.**: meeting, rendezvous, 3
**cōnfestim**: at once, immediately, 3
**coniciō, -ere, -iēcī, -iectum**: throw, hurl, 5
**convocō (1)**: call together, 4
**dēversōrium, -ī n.**: lodging-place, inn, 3
**Ferentīna, -ae f.**: Ferentina

**foedus, -eris n.**: treaty, alliance, 5
**gladius, -ī m.**: sword, 6
**indīcō, -ere, -dīxī, -dictum**: declare, appoint 3
**indignātiō, -tiōnis f.**: indignity, outrage, 4
**lūx, lūcis m.**: light, 2
**manifestus, -a, -um**: clear, evident
**mergō, -ere, -rsī, mersum**: sink, drown
**nex, necis f.**: death, violent death, murder, 3
**paulus, -a, -um**: little, small, 6
**prōferō, -ferre, -tulī, -lātum**: carry forward 4
**renovō (1)**: renew, make new, 2
**Tullus, -ī m.**: Tullus, 2

21 **paulō**: *a little*; 'by a little,' dat. of degree
   of difference; lūcem refers to daybreak
22 **certiōrēs...fēcit**: *made (them) more*
   *certain*; i.e. informed them, a common
   idiom in Julius Caesar's work
   **Turnum...tenēre...parāre**: *that...*; ind.
   disc., one acc. subj.
   **cēlātīs**: PPP, cēlō
23 **sōlum**: modifying Turnum
   **Latīnōrum**: modifying imperium
24 **Ubi**: *when*
25 **dēversōriī**: *of (Turnus') lodging, of*

*(Turnus') room at the inn*
**prōlātī sunt**: 3p pf. pass. prōferō
**vīsa est**: *seemed*; 'was seen,' 'seem' is a
   common translation for the passive videor
28 **oritur**: 3s pres. dep. orior: translate as
   active
   **gladiīs...positīs**: abl. abs.
   **indictā causā**: *(his) legal case having been*
   *declared*; abl. abs., PPP indicō
29 **auctōritāte...auctā**: abl. abs.
30 **quod**: *which...*; relative clause

## 11d. Tarquinius Superbus

factum erat. Latīnī nōn repugnāvērunt, quamquam in eō foedere rēs Rōmāna superior erat. Mors enim Turnī docēbat potentiam Tarquiniī ac perīculum eōrum quī resistēbant.

Tarquinius, quamquam iniūstus in pāce rēx fuit, ducem bellī tamen nōn prāvum sē praebuit. Is prīmus cum Volscīs bellum    35 gessit et magnam praedam cēpit. In aliō bellō cum Gabiōs, vīcīnam urbem, vī capere nōn posset, fraude ac dolō per fīlium suum Sex. Tarquinium aggressus est.

Sextus enim, fīlius Tarquiniī, quī minimus ex tribus erat, trānsiit Gabiōs, crūdēlitātem intolerābilem patris vehementer quaerēns    40

---

aggredior, -ī, -gressus sum: go to, attack, 3
crūdēlitās, -tātis f.: cruelty, crudeness, 3
doceō, -ēre, docuī, doctum: teach, tell, 4
dolus, -ī m.: trick, deceit, 2
foedus, -eris n.: treaty, alliance, 5
fraus, fraudis f.: deceit, fraud, trickery, 3
Gabiī, -ōrum m.: Gabii, 6
iniūstus, -a, -um: unjust
intolerābilis, -e: unbearable, intolerable
minimus, -a, -um: very little
mors, mortis, f.: death, 6
potentia, -ae f.: power, might, strength, 3

praebeō, -ēre, -uī, -itum: present, put forth, 4
praeda, -ae f.: plunder, spoils, 7
prāvus, -a, -um: crooked, dishonest, bad
quaerō, -ere, quaesīvī, quaesītum: seek, ask, inquire, 6
repugnō (1): fight against, oppose, resist
resistō, -ere, -stitī: stand still, halt; oppose, 7
superior, -ius: higher, upper, previous, 6
vehementer: vehemently, violently, 2
vīcīnus, -a, -um: neighboring, 3
Volscī, -ōrum m.: Volscians, Volsci, 4

31 **factum erat**: pf. pass. faciō
    **eō**: *this*; a demonstrative adj.
32 **rēs Rōmāna**: *the Roman state*
33 **...nōn prāvum**: *not a bad leader*;
    i.e. a good leader;
35 **praebuit**: *showed (x) (y)*; governs a double
    acc., sē and ducem
    **Is prīmus**: i.e. he was the first to...
    **gessit**: pf. gerō
36 **Cum...posset**: *since...*; causal in sense,
    impf. subj. possum
    **Gabiōs**: *Gabii*; a single city with a plural
    name, just as Athens or Los Angeles

37 **vī**: irregular abl. of means, vīs
38 **aggressus est**: pf. deponent; supply a
    missing object eam, 'it.'
39 **enim**: *for...*; postpositive: translate first in
    the sentence
    **minimus (nātū)**: *youngest*; 'least (by
    birth),' the abl. of respect nātū, 'by birth,'
    is often missing but understood
    **tribus**: abl. of trēs; There were three sons.
    **trānsiit**: pf. trānseō
40 **Gabiōs**: *to Gabii*; acc. place to which
    **quaerēns**: nom. sg. pres. pple quaerō

## 11e. Tarquinius Superbus

atque adiuvāre Gabīnōs adversus eum pollicēns. Benignē ā Gabīnīs exceptus in cōnsilia pūblica adhibētur, et dēnique dux legitur. Proelia parva inter Rōmam Gabiōsque facta sunt, quibus Gabīnī superiōrēs erant. Gabīnī Sex. Tarquinium dōnō deōrum sibi missum esse ducem crēdidērunt.                                          45

Inde Sextus ūnum ex suīs Rōmam mīsit, quī mandāta patris peteret. Rēx nihil vōce respondit, sed tamquam rem dēlīberāns in hortum aedium trānsiit, sequente nūntiō fīliī; ibi inambulāns tacitus summa papāverum capita baculō dēiēcit. Nūntius, dēfessus interrogandō exspectandōque respōnsum, redit Gabiōs remque    50

---

adhibeō, -ēre, -buī: apply, admit, employ 1
adiuvō (1): help, assist, 4
aedis, -is f.: temple, pl. house, 2
baculum, -ī n.: staff, 3
benignus, -a, -um: kind, kindly, 3
crēdō, -ere, -didī, -ditum: believe, trust, 7
dēfessus, -a, -um: wearied, exhausted, worn 2
dēiciō, -ere, -iēcī, -iectum: throw/cast down 4
dēlīberō (1): ponder, meditate, 2
dēnique: lastly, finally, 7
dōnō (1): give, bestow, 5
excipiō, -ere, -cēpī, -ceptum: take out;
receive, welcome, 5
Gabiī, -ōrum m.: Gabii (town), 6

Gabīnus, -a, -um: (inhabitants) of Gabii, 6
hortus, -ī m.: garden
inambulō (1): walk back and forth
interrogō (1): ask, question
legō, -ere, lēgī, lectum: read, choose, 7
mandō (1): entrust, give, commit, 5
nuntius, -iī m.: messenger; message, news, 3
papāver, -is n.: a poppy
parvus, -a, -um: small, 4
polliceor, -cērī, -citus sum: promise, offer, 4
respōnsum, -ī n.: response, reply, 3
superior, -ius: higher, upper, previous, 6
tacitus, -a, -um: silent, still
tamquam: as if, as much as, so to speak, 6
vōx, vōcis f.: voice, 7

---

41 adiuvāre...pollicēns: a single participial phrase; the inf. is governed by the pres. pple
Gabīnōs: *the inhabitants of Gabii*
adversus eum: i.e. against the king
42 exceptus: *welcomed*; In Livy, Sextus wins sympathy by claiming to have been abused
dux: *as…*; a predicative nom.
legitur: *is chosen*
43 facta sunt: The king and Sextus secretly planned these battles so that Sextus could increase his standing among the Gabii.
quibus: *in…*; abl. of respect or place where
44 Sex(tum) Tarquinium...missum esse: *that…*; ind. disc. with pf. pass. inf.
dōnō...sibi: *as a gift...to them*; 'serves as a gift for them,' a double dative (dat. of purpose and dat. of interest)
ducem: *as a leader*
46 ex suīs: *from his own (men)*; ellipsis

Rōmam: locative, place to which
quī...peteret: *who would…*; a relative clause of purpose with impf. subj.
mandāta: *orders*; 'things ordered,' PPP
47 vōce: *by voice, by utterance*; i.e. outloud
48 aedium: gen. pl., but translate in the sg.
trānsiit: pf. trānseō
sequente nūntiō: abl. abs. with pres. pple
tacitus: *silently*; nom. adj. as adv.
49 summa capita: i.e. the poppy flowers at the top of the stems of the plants
dēiēcit: *cast off*; i.e. cut off
50 interrogandō exspectandōque: *by…*; abl. of means with two gerunds (-ing) + obj.
Gabiōs: *to…*; accusative, place to which

---

## 11f. Tarquinius Superbus

mīram refert. Sextus intellēxit quid pater fierī vellet. Prīncipēs igitur cīvitātis variīs crīminibus necāvit. Rēs Gabīna, ita spoliāta cōnsiliō auxiliōque, rēgī Rōmānō sine certāmine gravī trāditur. Gabiīs receptīs, Tarquinius ad negōtia urbāna animum convertit. Prīmum templum in monte Tarpeiō aedificāre tōtumque montem 55 Iovī dēdicāre constituit. Hoc templum pater iam anteā vōverat. Ad hoc opus fabrīs Etrūscīs et operāriīs ex plēbe Rōmānā ūsus est. Plēbs etiam ad alia opera trāducta forōs in Circō fēcit Cloācamque Maximam sub terram ēgit, quam etiam nunc vidēmus. Multī colōnī Signiam Circeiōsque missī sunt quī praesidia urbī essent. 60

---

**aedificō** (1): make a building, build, 2
**certāmen, -minis n.**: struggle, contest, 4
**Circeiī, -ōrum m.**: Circeii (town)
**circus, -ī m.**: racetrack, circuit 3
**cloāca, -ae f.**: sewer, 2
**colōnus, -ī m.**: settler, colonist, 2
**convertō, -ere, -ī, -rsum**: turn, reverse, 6
**crīmen, crīminis n.**: crime, 2
**dēdicō (1)**: dedicate, consecrate
**faber, fabrī m.**: engineer
**fīō, fierī, factus sum**: be made, occur, 3
**forus, -ī m.**: benches, seats, bleachers
**Gabiī, -ōrum m.**: Gabii, 6
**Gabīnus, -a, -um**: of Gabii, 6
**intellegō, -ere, -lēxī, -lēctum**: realize, understand, 2
**Iuppiter, Iovis m.**: Jupiter, 4
**mīrus, -a, -um**: amazing, wonderful, strange 3
**necō (1)**: kill, slay, put to death, 6

**negōtium, iī n.**: task, business, occupation, 2
**nunc**: now, at present, 3
**operārius, -iī m.**: laborer, worker
**praesidium, -iī n.**: garrison, protection, 5
**recipiō, -ere, -cēpī, -ceptum**: accept, take, 4
**referō, -ferre, -tulī**: report, bring back, 7
**sextus, -a, -um**: sixth, 2
**sine**: without, 5
**Signia, -ae f.**: Signia (town)
**spoliō (1)**: despoil, plunder, 5
**Tarpēius, -a, -um**: Tarpeian
**templum, -ī n.**: temple, 5
**terra, -ae f.**: land, earth, 7
**trādō, -dere, -didī, -ditum**: hand over, give, 7
**trādūcō, -ere, -duxī, -ductum**: lead over, 3
**urbānus, -a, -um**: of a city, urban, 2
**ūtor, ūtī, ūsus sum**: use, employ, enjoy, 5
**varius, -a, -um**: various, 3
**voveō, -ēre, vōvī, vōtum**: vow, swear, 2

51 **refert**: *reports*; 3s pres. referō is irregular and lacks a vowel before the 3s ending
  **quid...vellet**: *what...*; ind. question with impf. subj. volō, velle
  **fierī**: inf. of fīō, an irregular verb often used as the passive of faciō
52 **Rēs Gabīna**: *The state of Gabii*
53 **rēgī Rōmānō**: dat. ind. obj.
  **gravī**: abl. sg., 3rd decl. i-stem adj. has an '-ī' where most nouns have an '-e.'
54 **Gabiīs receptīs**: abl. abs., PPP recipiō
  **animum**: *his attention*
55 **prīmum**: *first of all*; adverbial acc.
  **in monte Tarpeiō**: A steep cliff face on the side of the Capitoline hill.

56 **Iovī**: *to...*; ind. obj., dat. sg. Iuppiter
  **Ad**: *for...*; + acc. expressing purpose
57 **ūsus est**: pf. dep. ūtor governs an abl. object (abl. of means)
58 **etiam**: *also*
  **trāducta**: PPP modifying fem. plēbs
59 **Cloācamque**: yes, they called this sewer the 'Greatest Sewer'
59 **ēgit**: *dug*; 'drove'
60 **Signiam Circeiōsque**: *to Signia and Circeii*; accusative, place to which
  **quī...essent**: *which would be...*; relative clause of purpose, impf. subj. sums
  **urbī**: *for...*; dat. of interest

## 11g. Tarquinius Superbus

Dum haec aguntur, portentum terribile vīsum est; anguis ex columnā ligneā ēlāpsus terrōrem fugamque in rēgiā fēcit atque ipsīus rēgis pectus ānxiīs cūrīs implēvit. Itaque Tarquinius fīliōs, Titum et Arruntem, Delphōs ad clārissimum in terrīs ōrāculum mittere statuit. 65

Comes eīs additus est L. Iūnius Brūtus, ex Tarquiniā, sorōre rēgis, nātus. Cognōmen eius hōc modō parātum erat; rēx eōs principēs cīvitātis quōs timēbat interficere solēbat, in quibus frātrem Brūtī interfēcit. Hic, ut crūdēlitātem rēgis vītāret, consultō 69

---

**addō, -ere, -didī, -ditum**: bring to, add, 7
**anguis, -is m. f.**: serpents, snakes
**ānxius, -a, -um**: anxious, 2
**Arrūns, Arruntis m.**: Arruns, 4
**cognōmen, -minis n.**: cognomen, nickname, 6
**columna, -ae f.**: pillar, column
**comes, -itis m. f.**: companion, comrade, 3
**cōnsultum, -ī n,**: resolution, 2
**crūdēlitās, -tātis f.**: cruelty, crudeness, 3
**cūra, -ae f.**: care, concern, worry, 5
**Delphī, -ōrum m.**: Delphi, oracle of Apollo, 3
**ēlābor, -lābī, -lapsum**: slip or slide away, 2
**fuga, -ae f.**: flight, haste, exile, speed, 2
**impleō, -ēre, -ēvī, implētum**: fill, 3
**Iūnius, -ī m.**: Junius, 2

**ligneus, -a, -um**: of wood
**modus, ī n.**: manner, form; measure, 6
**ōrāculum, -ī n.**: oracle, 3
**pectus, pectoris n.**: chest; heart
**portentum, -ī n.**: omen, portent
**soleō, -ēre, -itus sum**: be accustomed, 4
**soror, sorōris f.**: sister, 2
**Tarquinia, -ae f.**: Tarquinia
**terra, -ae f.**: land, earth, 7
**terribilis, -e**: terrible, dreadful
**terror, terrōris m.**: terror, fright, 4
**timeō, -ēre, -uī**: fear, dread, 2
**Titus, -ī m.**: Titus
**vītō (1)**: avoid, evade, shun, 3

61 **haec**: *these (things)*; neuter pl. hic
62 **ēlāpsus**: A pf. deponent pple is usually translated 'having Xed.'
   **In rēgiā**: *in the palace*
63 **ipsīus rēgis**: the –īus ending is a common gen. sg. ending for pronouns.
64 **Delphōs**: *to..*; acc., place to which; the singular town Delphi is pl. in name
65 **statuit**: *decided*; 'took a stand'
66 **comes**: nom. sg.

**eīs**: dat. ind. obj. is, ea, id; i.e. Titus and Arruns
67 **nātus**: PPP nascor
   **eius**: gen. sg. from is, ea, id
   **hōc modō**: *in this way*; abl. of manner
   **eōs principēs**: *those...*; demonstrative adj.
68 **in quibus**: *among....*; relative clause
69 **Hic**: *this one*; i.e. Brutus
   **ut...vītāret**: *so that...might*; purpose, impf. subj.

## 11h. Tarquinius Superbus

stultitiam imitātus bona sua rēgem spoliāre passus est neque 70
cognōmen Brūtī recūsāvit.

Is tum igitur ab Tarquiniīs ductus est Delphōs, lūdibrium vērius
quam comes. Tulit tamen dōnum Apollinī aureum baculum
inclūsum in baculō corneō, tamquam effigiem ingeniī suī.
Postquam iuvenēs Delphōs vēnērunt patrisque mandāta 75
cōnfēcērunt, statuērunt quaerere ex ōrāculō ad quem eōrum
rēgnum esset ventūrum.

Vōx reddita est: "Imperium summum Rōmae habēbit quī
vestrum prīmus, ō iuvenēs, mātrem ōsculābitur. Tarquiniī, Brūtum 79

---

**Apollo, -inis m.**: Apollo
**aureus, -a, -um**: gold, golden, 2
**baculum, -ī n.**: staff, 3
**cognōmen, -minis n.**: cognomen, nickname, 6
**comes, -itis m. f.**: companion, comrade, 3
**corneus, -a, -um**: of cornel wood, 2
**Delphī, -ōrum m.**: Delphi, oracle of Apollo, 3
**dōnum, -ī n.**: gift, 4
**effigiēs, -ēī f.**: likeness, effigy, statue
**imitor, imitārī, imitātum**: imitate, copy, 3
**inclūdō (1)**: shut up, enclose
**ingenium, -ī n.**: intellect, talent; character, 5
**lūdicrum, -ī n.**: game, sport, exhibition
**mandō (1)**: entrust, give, commit, 5

**ōrāculum, -ī n.**: oracle, 3
**ōsculor, -ārī, ōsculātus sum**: kiss, 3
**patior, -ī, passus sum**: suffer; allow (+ inf), 7
**postquam**: after, when, 6
**quaerō, -ere, quaesīvī, quaesītum**: seek, ask, inquire, 6
**recūsō (1)**: refuse, give a reason against, 5
**reddō -ere -didī -ditum**: give back, render, 5
**spoliō (1)**: despoil, plunder, 5
**stultitia, -ae f.**: foolishness, folly
**tamquam**: as if, as much as, so to speak, 6
**vōs**: you, you all, 5
**vōx, vōcis f.**: voice, 7

---

**70 stultitiam imitātus**: Brutus pretends that he is mentally slow and therefore is not a threat to the king. The nickname 'Brutus' means dull or dull-witted.
**bona**: The neuter pl. bona is a substantive and denotes goods, property, or possessions.
**passus est**: *allowed*; 'suffered,' pf. dep. patior
**72 Tarquiniīs**: i.e. by the two sons
**Delphōs**: *to...*, accusative, place to which a single town but the name is plural
**lūdibrium**: in apposition to is (Brutus)
**vērius**: comparative adverb: 'more Xly'
**73 quam**: *than...*; an adv. introducing a clause of comparison (verb is often missing)
**Tulit**: pf. from irregular ferō, ferre, tulī
**Aureum aureum**: in apposition to dōnum
**74 inclūsum**: PPP inclūdō
**tamquam**: *as if...*; 'so as,' from

correlatives tam, 'so,' and quam, 'as'
**ingeniī suī**: objective gen.
**75 Delphōs**: see line 72
**mandāta**: *orders*; 'things ordered,' PPP
**76 statuērunt**: *they decided*; 'took a stand'
**ad quem...ventūrum esset**: ind. question with subj.; here a periphastic fut. subj. (fut. pple + impf. subj. of sum) which one can translate "was going to ..." or 'would come'
**eōrum**: *of them*; i.e. the two sons; this partitive gen. modifies quem
**78 quī...**: *(he) who...*; the subject of the main clause is missing and must be supplied
**Rōmae**: *at Rome*; locative, or possibly a gen. sg.
**79 vestrum**: *of you, among you*; partitive gen. pl. of vōs (not the possessive vester)
**ō iuvenēs**: vocative, direct address
**Tarquiniī**: nom. subj.; i.e. the two sons of Tarquin

## 11i. Tarquinius Superbus

contemnentēs, ipsī inter sē iūs mātris ōsculandae Rōmae sortī 80
permittunt. Brūtus, quī aliō modō ōrāculum interpretātus erat,
cecidit terramque ōsculātus est, scīlicet quod ea commūnis māter
est omnium mortālium. Rediērunt inde iuvenēs Rōmam. 84

---

**cadō, -ere, cecidī, cāsum**: fall, 4
**commūnis, -e**: common, 2
**contemnō, -ere, -tempsī**: despise, scorn
**interpretor, -ārī, (1)**: translate, interpret
**modus, ī n.**: manner, form; measure, 6
**mortālis, -e**: mortal

**ōrāculum, -ī n.**: oracle, 3
**ōsculor, -ārī, ōsculātus sum**: kiss, 3
**permittō -ere -mīsī -missum**: send through, 3
**scīlicet**: of course, no doubt
**sors, sortis f.**: lot, casting of lots, 3
**terra, -ae f.**: land, earth, 7

80 **ipsī**: intensive modifying nom. Tarquiniī
**iūs**: *the right*; or 'privilege'
**mātris ōsculandae**: *of...*; 'of the mother
(going) to be kissed,' Perform a gerund-
gerundive flip and translate this gen. noun +
gerundive into a gerund (-ing) + dir. obj.
81 **Rōmae**: *at Rome*; locative, place where
**sortī**: *to fate*; dat. ind. obj., your lot is life

is your fate
**aliō modō**: *in...*; abl. of manner
**quod**: *because...*; causal quod clause
83 **ea**: *this (one)*; the subject, referring to
terra;commūnis māter is a predicate
84 **rediērunt**: 3p pf. redeō
**Rōmam**: *to...*; acc. place to which

## 12a. The Banishment of Tarquinius

Paulō post Rōmānī, quī iam dūdum superbiam Tarquiniī rēgis 1
atque fīliōrum aegrē ferēbant, ita scelere quōdam Sex. Tarquiniī
concitātī sunt ut rēgiam familiam in exsilium pellere statuerent.

Tarquinius Collātīnus, sorōre Tarquiniī Superbī nātus, in
contuberniō iuvenum rēgiōrum Ardeae erat; cum forte in līberiōre 5
conviviō coniugem suam ūnus quisque laudāret, placuit experīrī.
Itaque equīs Rōmam petunt. rēgiās nurūs in conviviō vel lūxū
dēprehendunt. Et inde Collātiam petunt. Lucrētiam, uxōrem
Collātīnī, inter ancillās in lanificiō offendunt; itaque ea
pudīcissima iūdicātur. Ad quam corrumpendam Sex. Tarquinius 10

---

**aegrē**: with difficulty, wearily
**ancilla, -ae f.**: attendant, handmaid
**Ardea, -ae f.**: Ardea, 4
**Collātia, -ae f.**: Collatia, 2
**Collātīnus, -ī m.**: Collatinus, 5
**concitō (1)**: stir up, incite, impel, 3
**contubernium, -ī n.**: group of tent-mates
**convivium, -ī n.**: banquet, feast, 2
**corrumpō, -ēre, -rūpī, -ruptum**: ruin, 4
**dēprehendō, -ere, -sī**: seize upon, discover, 2
**dūdum**: a short time ago; just now, once
**equus, -ī m.**: horse, 3
**experior, -īrī, expertus sum**: experience; test, prove, 2
**exsilium, -iī n.**: exile, 5
**familia, -ae f.**: family, household, 2
**iūdicō (1)**: judge, decide, assess, 3
**lanificium, -ī n.**: wool-making

**laudō (1)**: praise, glorify, 5
**līber, lībera, līberum**: free, 4
**Lucrētia, -iae f.**: Lucretia, 3
**lūxus, -ūs m.**: luxury, splendor, 2
**nurus, -ūs f.**: young married woman, daughter-in-law
**offendō, -ere, -dī, -sum**: meet; offend, 2
**paulus, -a, -um**: little, small, 6
**pellō, -ere, pepulī, pulsum**: drive, beat, 6
**placet**: it is pleasing, it is resolved, 2
**pudīcus, -a, -um**: modest, chaste, virtuous
**quisque, cuiusque**: each one, 3
**rēgius, -a, -um**: royal, of the king or queen, 6
**scelus, -eris n.**: wickedness, villainy, crime, 2
**soror, sorōris f.**: sister, 2
**superbia, -ae f.**: arrogance, pride 2
**superbus, -a, -um**: arrogant, proud, haughty 3
**vel**: or, either…or, 2

---

1 **Paulō**: *a little*; 'by a little,' dat. of degree of difference modifying post, 'afterwards'
**iam dūdum**: *long before*; often as one word: iamdūdum
2 **ferēbant**: ferō can mean 'carry' or 'endure'
**ita…concitātī sunt**: *were so stirred up…*; ita modifies the main verb
**scelere quōdam**: *by a certain crime*; abl. of means; indefinite pronoun quisdam
3 **ut…statuerent**: *that…*; a result clause with impf. subj. (translate as impf.)
4 **sorōre**: *from…*; abl. of source
**nātus**: pf. pple from nascor
5 **rēgiōrum**: *royal*; modifies gen. pl. iuvenum
**Ardeae**: *at Ardea*; locative, place where
**cum forte**: *when by chance*; ablative as adv.

**liberiōre**: *too free*; comparative can suggest excess: 'more free (than usual);' the tent-mates have had too much to drink.
6 **ūnus quisque**: subject
**placuit**: *it was…*; impersonal, pf. placet
7 **equīs**: *on horseback*; abl. means
**Rōmam**: accusative, place to which
8 **Collātiam**: accusative, place to which
9 **ea**: *she*; i.e. Lucretia
10 **pudīcissima**: predicate nom. a superlative following iūdicātur
**Ad quam corrumpendam**: *for…;* 'for this one (going) to be corrupted;' do a gerund-gerundive flip and translate the pronoun and gerundive as a gerund (-ing) + acc. object; translate the connective quam as 'this one'

42

## 12b. The Banishment of Tarquinius

nocte Collātiam rediit et iūre propinquitātis in domum Collātīnī vēnit et in cubiculum Lucrētiae irrūpit, pudīcitiam expugnāvit.

Illa posterō diē advocātīs patre et coniuge rem hīs verbīs exposuit: "Vestīgia virī aliēnī, Collātīne, in lectō sunt tuō; cēterum corpus est tantum violātum, animus īnsons; mors testis erit. Sed 15 date dexterās fīdemque haud impūne adulterō fore. Sex. est Tarquinius, quī hostis prō hospite priōre nocte vī armātus mihi sibique, sī vōs virī estis, pestiferum hinc abstulit gaudium."

Dant ōrdine omnēs fidem; cōnsolantur aegram animī āvertendō noxam ab coāctā in auctōrem dēlictī; mentem peccāre, nōn corpus, 20

---

**adulter, adulteris m.**: adulterer
**advocō (1)**: summon, call to
**aeger, -gra, -grum**: sick, weary
**aliēnus, -a, -um**: of another, foreign, 5
**armātus, -a, -um**: armed, 5
**auctor, auctōris m.**: agent, creator, 3
**auferō, auferre, abstulī, ablātum**: take away, carry away, 5
**āvertō, -ere, -vertī**: turn aside, turn away, 3
**cēterī, -ae, -a**: the remaining, rest, others, 4
**cōgō, -ere, -ēgī, -āctum**: collect, compel, 6
**Collātia, -ae f.**: Collatia, 2
**Collātīnus, -ī m.**: Collatinus, 5
**cōnsolor, -ārī, -ātus sum**: console, comfort
**cubiculum, -ī n.**: bedroom
**dēlictum, -ī n.**: crime, fault
**dexter, -ra, -rum**: right (hand); favorable, 3
**expōnō, -ere, -posuī, -positum**: set forth, 5
**expugnō (1)**: take by storm, capture, 2
**fīdēs, eī f.**: faith, trust, 7
**gaudium, -iī n.**: gladness, joy, 2
**haud**: by no means, not at all, 4

**hinc**: from here, hence, 3
**hospes, -pitis m.**: host, guest, guest-friend
**impūne**: with impunity
**īnsons, -sontis**: innocent, guiltless
**irrumpō, -ere, -rupī, -ruptum**: burst in, 2
**lectus, -ī m.**: couch, bed, 2
**Lucrētia, -iae f.**: Lucretia, 3
**mēns, mentis f.**: mind, intent, purpose, 2
**mors, mortis, f.**: death, 6
**noxa, -ae f.**: harm, injury, 2
**ōrdō, ōrdinis m.**: arrangement, order, rank, 3
**peccō (1)**: do wrong, transgress, offend, 2
**pestiferus, -a, -um**: plague-bearing
**posterus, -a, -um**: following, next, 2
**prior, prius**: before, first. previous, sooner, 5
**propinquitās, -tātis f.**: kindship, closeness
**pudīcitia, -ae f.**: modesty, chastity
**testis, -is m/f**: witness
**tuus, -a, -um**: your, yours, 2
**vēstīgium, -ī n.**: footstep; footprint, track, 2
**violō (1)**: violate, commit outrage, 4
**vōs**: you, you all, 5

11 **nocte**: *at...*; abl. of time when
   **iūre**: *by right of...*; abl. of cause
   **Collātīnī**: gen. sg., Sextus' cousin
12 **(et) pudīcitiam**: asyndeton, the lack of 'et' suggests abruptness or surprise
13 **posterō diē**: *on...*; abl. of time when
   **advocātīs patre et coniuge**: abl. abs.
14 **cēterum**: *but*; 'as for the rest,' adv. acc.
15 **tantum**: *only, alone*; adv. (adverbial acc.)
   **est...violātum**: pf. pass.
   **erit**: fut. sum, esse
16 **date**: pl. imperative, dō, dare

   **dexterās**: *pledges*; given with right hands
   **haud...fore**: *that it would be...*; ind. disc.; fore is equiv. to futūrum esse (fut. inf. sum); adulterō is dat. of interest: 'for...'
17 **hostis prō...**: *as a enemy in place of...*
   **priōre nocte**: *at...*; abl. of time when
   **mihi sibique**: *from me and (later) from himself*, dat. of compound verb abstulit
19 **āvertendō**: *by...*; gerund (-ing), abl. means
   **ōrdine**: *in order*; abl. of manner
20 **ab coāctā**: *from the one forced*; PPP
   **mentem peccāre...corpus**: *that..*; ind. disc.

## 12c. The Banishment of Tarquinius

et unde cōnsilium āfuerit, culpam abesse. "Vōs," inquit, "vīderitis quid illī dēbētur. Ego mē etsī peccātō absolvō, suppliciō nōn līberō; nec ūlla deinde impudīca Lucrētiae exemplō vīvet." Sē cultrō, quem veste texerat, occīdit. Illī in exitium rēgum coniūrāvērunt eōrumque exsiliō necem Lucrētiae vindicāvērunt.    25

Tum prīmum vērum ingenium Brūtī apertum est. Eō enim duce populus iūrāvit sē nec Tarquinium nec alium quemquam rēgnāre Rōmae passūrum esse. Brūtus inde in castra profectus est, ubi exercitus Rōmānus Ardeam, caput Rutulōrum, obsidēbat. Tulliam rēgīnam domō profugientem omnēs virī mulierēsque execrātī sunt.    30

---

**absolvō, -ere, -solvī**: set free, acquit
**absum, -esse, āfuī**: be away, be absent, 5
**aperiō, -īre, -uī, -ertum**: open, disclose, 5
**Ardea, -ae f.**: Ardea, 4
**coniūrō (1)**: swear together, conspire, 4
**culpa, -ae m.**: blame, fault; cause
**culter, cultrī m.**: knife
**dēbeō, -ēre, -uī, dēbitum**: owe, ought, 3
**etsī**: even if, although, though, 3
**execror, -ārī, execrātum**: curse
**exemplum, -ī n.**: example, 3
**exitium, -ī n.**: destruction, 2
**exsilium, -iī n.**: exile, 5
**impudīcus, -a, -um**: shameless; lewd
**ingenium, -ī n.**: intellect, talent; character, 5
**iūrō (1)**: swear, 3
**līberō (1)**: free, liberate, 5
**Lucrētia, -iae f.**: Lucretia, 3

**mulier, mulieris f.**: woman, 5
**nex, necis f.**: death, violent death, murder, 3
**obsideō, -ēre, -sēdī, -sessum**: beset, besiege 5
**occīdō, -ere, -cīdī, -cīsum**: kill, cut down, 7
**patior, -ī, passus sum**: suffer; allow (+ inf), 7
**peccō (1)**: do wrong, transgress, offend, 2
**quisquam, quidquam**: any one, any thing, 2
**rēgīna, -ae f.**: queen, 2
**Rutulus, -ī m.**: Rutulians, 3
**supplicium, -iī n.**: punishment, supplication, 5
**tegō, -ere, texī, tectum**: cover, conceal, 2
**Tullia, -ae f.**: Tullia, 4
**ūllus, -a, -um**: any, 4
**unde**: whence, from which source, 3
**vestis, -is f.**: clothing, 3
**vindicō (1)**: avenge, punish
**vīvō, -ere, vīxī, vīctum**: live, 4
**vōs**: you, you all, 5

21 **unde...āfuerit**: *where...*; relative clause pf. subj. absum; subjunctive of subordinate verb in ind. disc.: translate as pf. indicative
**culpam abesse**: *that...*; ind. disc.
**Vīderitis**: *May you...*; optative subjunctive (subj. of wish); 2p pf. subj. video
22 **illī**: *to that one*; dat. ind. obj., i.e. Sextus
**etsī...absolvō**: *although...*; 'even if,' begins a conessive clause
**peccātō**: *from the wrong, from blame*; abl. separation; a
**suppliciō**: *from...*; abl. of separation
23 **ūlla impudīca (fēmina)**: supply a subject
**vīvet**: fut.
**sē**: note the emphatic position; Lucretia is still the subject

24 **Illi**: *those men*
**in**: *upon*
**rēgum**: gen. pl. rēx
25 **eōrum**: *of those*; i.e. of the royal family
26 **prīmum**: *for the first time*; adv. acc.
**Eō...duce**: *this one (being) leader*; abl .abs. The subject and predicate are in the abl. Supply the missing pple 'being.'
27 **sē...passūrum esse**: *that...*; ind. disc. with fut. inf. of patior, 'allow;' in secondary seq. translate with 'would' rather than 'will'
**nec...nec**: *neither...nor*
**quemquam**: acc. sg. quisquam
28 **Rōmae**: *at...*; locative, place where
**profectus est**: 3s pf. dep. proficīscor
30 **domō**: *from..*; place from which

44

## 12d. The Banishment of Tarquinius

Ubi nuntiī hārum rērum in castra perlātī sunt, rēx Rōmam perrēxit. Brūtus adventum rēgis sēnsit flexitque viam. Ita eōdem ferē tempore dīversīs itineribus Brūtus Ardeam, Tarquinius Rōmam vēnērunt. Hic portās clausās invēnit; Brūtum līberātōrem urbis laeta castra accēpērunt exāctīque sunt līberī rēgis; duo patrem 35 secūtī exulēs advēnērunt Caere, quae urbs Etrūsca erat; Sextus Tarquinius Gabiōs, tamquam in suum rēgnum, profectus ab ultōribus veterum iniūriārum quās ipse intulerat interfectus est.

L. Tarquinius Superbus rēgnāvit annōs quīnque vīgintī. Rēgnum Rōmae annōs ducentōs quadrāgintā dūrāverat. Duo cōnsulēs 40 inde creātī sunt, L. Iūnius Brūtus et L. Tarquinius Collātīnus.

---

**adveniō, -īre, -vēnī**: come to, approach, 4
**adventus, -ūs m.**: arrival, approach, 2
**Ardea, -ae f.**: Ardea, 4
**Caere n.**: Caere
**claudō, -ere, -dī, -sum**: close, enclose, 6
**Collātīnus, -ī m.**: Collatinus, 5
**dīversus, -a, -um**: different, contrary, 3
**ducentī, -ae, -a**: two hundred, 2
**dūrō (1)**: harden, last, endure, 2
**exigō, -ere, -ēgī, -āctum**: drive out; spend, 3
**exul, exulis m.**: exile, 2
**ferē**: almost, nearly, closely, 7
**flectō, -ere, flexī, flectum**: turn, bend, 3
**Gabiī, -ōrum m.**: Gabii (town), 6
**inferō, -ferre, -tulī, -lātum**: bring in, wage, 5
**iniūria, -ae f.**: wrong, insult, injustice, 5
**inveniō, -īre, -vēnī, -ventum**: come upon, find, 5
**Iūnius, -ī m.**: Junius, 2
**laetus, -a, -um**: happy, joyful, glad, 4
**līberō (1)**: free, liberate, 5
**nuntius, -iī m.**: messenger; message, news, 3
**perferō, -ferre, -tulī, -lātum**: carry, endure, 4
**pergō -ere -rēxī -rectum**: proceed, continue 1
**porta, -ae f.**: gate, 3
**quadrāgintā**: forty, 5
**quīnque**: five, 4
**sentiō, -īre, sēnsī, sēnsum**: feel, perceive, 2
**superbus, -a, -um**: arrogant, proud, haughty 3
**tamquam**: as if, as much as, so to speak, 6
**ultor, ultōris m.**: avenger
**vetus, veteris**: old, experienced, 2
**vīgintī**: twenty, 6

31 **Rōmam**: *to...*; accusative, place to which
32 **perrēxit**: pf. pergō (per-regō)
   **eōdem...tempore**: *at...*; abl. of time when, eōdem is abl. of īdem, eadem, idem
33 **itineribus**: *routes*; means
   **Ardeam, Rōmam**: *to...*; place to which
35 **laeta castra**: *happily the camp...*; An adj. in the nom. may be translated as an adv.
36 **secūtī**: pf. dep. pple sequor; The pf. dep. pple is often translated, 'having Xed.'
   **exulēs**: *as exiles*
   **Caere**: *at Caere*; locative, place where
   **quae urbs**: *which city...*; relative adj.
37 **Gabiōs**: *to...*;, place to which

**profectus**: pf. dep. pple, proficīscor, see 36
**tamquam**: *as if*; formed from correlative adverbs tam, 'so,' and quam, 'as'
**ab ultōribus**: *by...*; abl. of agent
38 **ipse**: *(he) himself*; Sextus
   **intulerat**: pf. inferō
39 **annōs vīgintī**: *for...*; acc. duration of time
   **Rēgnum**: *The kingship*
40 **Rōmae**: *at...*; locative, place where
   **annōs ducentōs quadrāgintā**: *for...*; acc. of duration of time
41 **L. Iūnius...Collātīnus**: nom. in apposition to cōnsulēs

45

## 13a. Horatius Cocles

Tarquinius, ut rēgnum reciperet, ad Lartem Porsenam Clūsinum  1
rēgem fūgit. Eī persuāsit nē rēgem Etrūscae sanguinis rēgnō prīvārī
paterētur. Porsena Rōmam īnfestō exercitū vēnit. Magnus terror
senātum occupāvit; adeō firma rēs Clūsīna tum erat magnumque
Porsenae nōmen.  5
   Cum hostēs adessent, omnēs in urbem ex agrīs veniunt
urbemque ipsam mūniunt praesidiīs. Alia loca mūrīs, alia Tiberī
obiectō, vidēbantur tūta. Pōns Sublicius tamen iter paene hostibus
dedit, nī ūnus vir fuisset, Horātius Cocles, quī forte ad pontem
positus erat. Clūsīnī repentīnō impetū Iāniculum cēpērunt atque  10
inde vēlōciter ad flūmen dēcurrēbant.

---

adeō: such a degree, so, 2
adsum, -esse, -fuī: be present, assist,, 2
Clūsīnus, -a, -um: of Clusium, 5
Cocles, Coclitis m.: Cocles, 'one-eyed,' 4
dēcurrō, -ere, -cururrī: run down, 3
firmus, -a, -um: strong, steadfast, 3
Horātius, -ī m.: Horatius, 4
Iāniculum, -ī n.: Janiculum hill, 3
īnfestus, -a, -um: hostile, unsafe, 4
Lars, Lartis m.: Lars
mūniō, -īre, -īvī, -ītum: fortify, build, 5
mūrus, -ī m.: wall, rampart, 3
nī: if not, unless
obiciō, -ere, obiēcī, obiectum: cast, hurl

occupō (1): seize, occupy, 5
paene: almost, nearly, 4
patior, -ī, passus sum: suffer; allow (+ inf), 7
pōns, pontis m.: bridge, 7
praesidium, -iī n.: garrison, protection, 5
prīvō (1): deprive of, rob, strip from, 3
recipiō, -ere, -cēpī, -ceptum: accept, take
back, 4
repentīnus, -a, -um: sudden, unexpected
sanguis, sanguinis m.: blood, 2
sublicius, -a, -um: on wooden piles
terror, terrōris m.: terror, fright, 4
tūtus, -a, -um: safe, secure, guarded, 2
vēlōciter: swiftly, quickly

1 ut...reciperet: so that...might; purpose
   Lartem Porsenam: Lars Porsena
2 Eī: him; dat. ind. obj. is, ea, id
   nē...paterētur: that he...; negative ind.
   command; impf. dep. subj. patior, 'allow,'
   and Porsenna is the subject
   rēgnō: from...; abl. of separation
3 Rōmam: to...; place to which
4 adeō firma...: So strong...; the predicates
   are placed first in the clause for emphasis
   rēs Clūsīna: the state of Clusium
5 Porsenae nōmen (erat): add linking verb
6 cum...adessent: with impf. subj. adsum
   omnēs: i.e. all the Romans
7 Alia loca mūrīs (vidēbātur tūta, et) alia
   (loca) Tiberī obiectō vidēbātur tūta: some
   places...other places; There is considerable

ellipsis in these parallel clauses. Walls
enclose the city of Rome except along the
Tiber river, where the river and riverbank
prevent any enemy from entering.
8 vidēbantur: seemed; governs a predicate
   adj.; tūta is neuter pl. nom. pred.
   Pōns Sublicius: Pons Sublicius; the proper
   name for a wooden bridge across the Tiber
   iter: a route; i.e. a way in the city
9 nī...fuisset: if there...; plpf. subj. sum; nī =
   nisi = sī nōn
   forte: by chance; abl. as adv., fors, fortis
   ad: near...
10 Iāniculum: This hill faces Rome on the
   far side of the Tiber river. The Pons
   Sublicius connects the hill to the city.

## 13b. Horatius Cocles

Cocles, cum suōs fugere vīdisset, ōrāvit eōs ut manērent et   12
pontem rescinderent; sē impetum hostium, quantum ūnus posset id
facere, exceptūrum esse. Prōcessit inde in prīmum aditum pontis
ipsāque audāciā turbāvit hostēs.   15
Duōs tamen cum eō pudor tenuit, Sp. Larcium et T. Herminium,
ambōs clārōs genere factīsque. Cum hīs prīmam pugnam paulīsper
sustinuit. Deinde eōs, parvā parte pontis relictā, cēdere in tūtum
iussit. Pudor inde commōvit Etrūscōs, et, clāmōre sublātō, undīque
in ūnum hostem tēla coniciunt. Dēnique, ponte paene rescissō,   20

---

**aditus, -ūs m.**: entrance, means of approach
**ambō**: both, two together, 3
**audācia, -ae f.**: boldness, audacity, 2
**cēdō, -ere, cessī, cessum**: move; withdraw, give up, 4
**clāmor, clāmōris m.**: cry, shout, 3
**Cocles, Coclitis m.**: Cocles, 'one-eyed,' 4
**commoveō, -ēre, -mōvī, mōtum**: upset, trouble 2
**coniciō, -ere, -iēcī, -iectum**: throw, hurl, 5
**dēnique**: lastly, finally, 7
**excipiō, -ere, -cēpī, -ceptum**: take out, receive, 5
**genus, -eris n.**: birth, race; kind, family, 4
**Herminius, -ī m.**: Herminius
**Larcius, -iī m.**: Larcius
**maneō, -ēre, mansī**: stay, wait, wait for, 7

**ōrō (1)**: pray, entreat, beseech, 3
**paene**: almost, nearly, 4
**parvus, -a, -um**: small, 4
**paulisper**: a little while, a little, somewhat, 2
**pōns, pontis m.**: bridge, 7
**prōcēdō, -ere, -cessī, -cessum**: proceed, 4
**pudor, pudōris m.**: shame, 2
**quantus, -a, -um**: how much, how great, 3
**rescindō, -ere, -scidī, -scissum**: cut back, 2
**Sp.**: Spurius
**sustineō, -ēre, uī, -tentum**: hold up, endure, 5
**T.**: Titus
**tēlum, -ī n.**: projectile, arrow, spear, 6
**tollō, tolle, sustulī, sublātum**: raise, destroy 2
**turbō (1)**: confuse, disturb, 3
**tūtus, -a, -um**: safe, secure, guarded, 2
**undīque**: from everywhere, from all sides, 2

12 **Cocles**: Horatius received the cognomen Cocles, 'one-eyed,' after he lost an eye in a previous battle.
  **suōs (virōs) fugere**: *that...*; ind. disc., the acc. subj. are his fellow soldiers on the Pons Sublicius
  **ōrāvit**: governs both an ind. command with ut + subj. and ind. statement; a construction not unusual in Caesar's writings
  **ut...rescinderent**: *that...*; ind. command with impf. subj. governed by ōrāvit
13 **sē...exceptūrum esse**: *(and) that he...*; ind. disc. with fut. inf. governed by ōrāvit, translate with 'would' in secondary seq.; Horatius orders the soldiers to act and then states what he himself will do
13 **quantum**: *for however long...*; relative

clause; quantum is acc. of duration; verbs in subordinate clauses in ind. disc. become subj., here 3s impf. subj. possum
16 **Sp.....Herminium**: in apposition to duōs
17 **genere factīsque**: *in...and in...*; 'abl. of respect; facta are 'things having been done' or just 'deeds'
  **Cum hīs**: *with...*; abl. of accompaniment
18 **parvā parte...relictā**: abl. abs.
  **in tūtum**: *to safety*
19 **iussit**: pf. iubeō
  **clāmōre sublātō**: abl. absolute, PPP of tollō
20 **in**: *against*
  **tēla**: A tēlum is usually a projectile and may also be translated as spear or an arrow depending on the context.
  **ponte...rescissō**: abl. abs.

## 13c. Horatius Cocles

Cocles armātus in Tiberim dēsiluit incolumisque ad suōs trānāvit. Grāta ergā tantam virtūtem cīvitās fuit: statua eius in comitiō posita est, et agrī quantum ūnō diē circumarāvit datum est.    23

---

armātus, -a, -um: armed, 5
circumarō (1): plow around 1
Cocles, Coclitis m.: Cocles, 'one-eyed,' 4
comitium, -ī n.: meeting, assembly, 4
dēsiliō -īre -siluī -sultum: leap/jump down
ergā: toward, for

grātus, -a, -um: pleasing, grateful, 4
incolumis, -e: unscathed, uninjured, safe 2
quantus, -a, -um: how much, how great, 3
statua, -ae f.: statue, image, 2
trānō (1): swim across, 2

21  ad suōs (virōs): supply a noun
22  Grāta: predicate adjective in emphatic position (placed first for emphasis), cīvitās is fem. sg. subject
eius: gen. sg. is, ea, id

23  agrī quantum...circumarāvit: *as much of land as...*; a relative clause; agrī is a partitive gen., the missing antecedent is subject of datum est
ūnō diē: *within...*; abl. of time within

## 14a. Mucius Scaevola

Porsena, praesidiō in Iāniculō locātō, in rīpīs Tiberis castra posuit. Cum Gaius Mūcius, adulēscēns nōbilis, ad senātum adiisset, "Trānsīre Tiberim", inquit, "Pātrēs, et intrāre, sī possim, castra hostium volō." Patrēs probāvērunt, et Mūcius profectus est. Ibi, cum stipendium mīlitibus Etrūscīs forte darētur; scrība cum   5 rēge pārī ferē ornātū sedēbat. Mūcius scrībam prō rēge occīdit et statim comprehensus est.

Cum rēx, perīculō territus, nisī omnēs īnsidiās contrā rēgem aperīret, Mūcium ignī darī iubēret, Mūcius dextram in ignī ad sacrificium accēnsō posuit. Rēx, attonitus, ab sēde suā prōsiluit   10

---

**accendō, -ere, -cendī, -cēnsum**: kindle
**adeō**: such a degree, so, 2
**aperiō, -īre, -uī, apertum**: open, disclose, 5
**attonitus, -a, -um**: astonished, stunned
**comprehendō, -ere, dī, -prehēnsum**: grasp, seize, 5
**dexter, -ra, -rum**: right (hand); favorable, 3
**ferē**: almost, nearly, closely, 7
**Gaius, -ī m.**: Gaius, 3
**Iāniculum, -ī n.**: Janiculum hill, 3
**ignis, ignis, m.**: fire, 3
**īnsidiae, -ārum f.**: ambush, trap, 2
**intrō (1)**: go into, enter, 2
**locō (1)**: put, place, 2
**Mūcius, -iī m.**: Mucius, 7

**nisi**: if not, unless, 7
**occīdō, -ere, -cīdī, -cīsum**: kill, cut down, 7
**ornātus, -ūs m.**: adornment, ornament
**praesidium, -iī n.**: garrison, protection, 5
**probō (1)**: approve, 4
**prōsiliō, -īre, -uī**: leap or jump forward, 2
**rīpa, -ae f.**: riverbank, bank, shore, 2
**sacrificium, ī n.**: sacrifice
**scrība, -ae m.**: scribe, secretary, 2
**sedeō, sedēre, sēdī**: sit, sit down; set, 7
**sēdes, sēdis f.**: seat; abode, home, 6
**statim**: immediately, on the spot, at once, 5
**stipendium, -iī n.**: pay; military service, 3
**terreō, -ēre, -uī, territum**: terrify, scare

1 **praesidiō...locātō**: abl. abs.; once again, the Janiculum hill faces Rome on the other side of the Tiber
2 **cum...adiisset**: plpf. subj. adeō, adīre
3 **Tiberim**: Tiber river; acc. sg.
  **Pātrēs**: voc, direct address; i.e. senators
  **sī possim**: *If I should...*; or 'in the hope that I...' 1s pres. subj. possum, an optative subj. (subj. of wish)
4 **profectus est**: pf. dep. proficīscor
5 **forte**: *by chance*; abl. as adv., fors, fortis
6 **pārī ornātū**: *with...*; abl. of manner; pārī is

3rd decl. i-stem abl. sg. ('i' in abl. sg.)
**prō**: *instead of..., in place of...*
**nisī...aperīret**: *if...not...*; verbs in a subordinate clause in ind. disc. become subj.; impf. subj.
9 **Mūcium...darī**: *that...*; ind. disc. with pass. inf.
  **ignī**: dat. ind. obj.
  **dextram (mānum)**: add fem. sg. manum
  **ignī**: abl. sg., 3rd decl. i-stem noun
  **ad**: *for...*; expressing purpose
10 **accēnsō**: PPP modifying ignī

## 14b. Mucius Scaevola

āmōvērīque ab ārā iuvenem iussit. Porsena virtūtem eius mīrātus est et "Tē intactum inviolātumque," inquit, "hinc dīmittam." Mūcium, cui posteā cognōmen Scaevolae datum est, lēgātī ā Porsenā Rōmam secūtī sunt et ibi condīciōnēs pācis tulērunt.    14

---

**āmōveō, -ēre, -mōvī, mōtum**: move away
**ara, arae f.**: altar
**cognōmen, -minis n.**: cognomen, nickname, 6
**condicio, -ciōnis f.**: arrangement, state, 3
**dīmittō, -ere, -mīsī, -sum**: dismiss, let go 5
**hinc**: from here, hence, 3
**intactus, -a, -um**: untouched

**inviolō (1)**: not violate, not harm
**mīror, -ārī, mīrātus sum**: wonder, be amazed at
**Mūcius, -iī m.**: Mucius, 7
**Scaevola, -ae m.**: Scaevola
**tū**: you, 6

11  **āmōvērī...iuvenem**: *that*...; ind. disc.
    **eius**: gen. sg.  is, ea, id
    **mīrātus est**: pf. dep. mīror
12  **dīmittam**: 1s fut.
13  **cui**: *to*...; dat. ind. object
    **Scaevolae**: the cognomen means 'lefty'

and is appropriate because Gaius Mucius Scaevola burned his right arm
**ā**: *from*....; abl. place from which
14  **Rōmam**: *to*...; place to which
    **secūtī sunt**: pf. dep. sequor
    **tulērunt**: pf. ferō, ferre, tulī

## 15. Cloelia

Porsena fīliās nōbilium Rōmānōrum inter obsidēs accēpit. Cloelia virgō ūna ex obsidibus fuit. Cum castra Etrūscōrum forte haud procul rīpā Tiberis locāta esset, Cloelia, dux agminis virginum, inter tēla hostium Tiberim trānāvit, integrōsque omnēs Rōmam restituit. Quod ubi rēgī nuntiātum est, rēx, īrā incensus, 5 ōrātōrēs Rōmam mīsit ad Cloeliam obsidem dēposcendam. Cum Cloelia revēnisset, Porsena virtūtem virginis laudāvit et id facinus suprā Coclitēs Mūciōsque esse dīxit. Tum, eam cum parte obsidum Rōmam rēmīsit. Pāce redintegrātā, Rōmānī novam in fēminā virtūtem novō genere honōris, statuā equestrī, dōnāvērunt; 10 in summā Sacrā viā fuit posita virgō insidēns equō.

---

**agmen, agminis n.**: battle line, column
**Cloelia, -ae f.**: Cloelia, 4
**Cocles, Coclitis m.**: Cocles, 'one-eyed,' 4
**dēposcō, -ere, -poposcī**: demand, ask for
**dōnō (1)**: give, bestow, 5
**equester, -stris, -stre**: equestrian, 3
**equus, -ī m.**: horse, 3
**facinus, -noris n.**:  deed, action; crime, 3
**fēmina, -ae f.**: woman
**genus, -eris n.**: birth, race; kind, family, 4
**haud**: by no means, not at all, 4
**incendō, -ere, -ī, -ēnsum**: kindle, burn, 7
**insideō, -ēre, -sēdī**: sit on
**integer, -gra, -grum**: untouched, unhurt, 3
**īra, īrae f.**: anger, 3

**laudō (1)**: praise, glorify, 5
**locō (1)**: put, place, 2
**Mūcius, -iī m.**: Mucius, 7
**nuntiō (1)**: announce, report, 7
**obsēs, obsidis m./f.**: hostage, 4
**ōrātor, is, m.**: speaker, orator
**procul**: far, from afar, from a distance
**redintegrō (1)**: renew, restore
**remittō -ere -mīsī -missum**: send back, 3
**reveniō, -īre, -vēnī**: come back
**rīpa, -ae f.**: riverbank, bank, shore, 2
**statua, -ae f.**: statue, image, 2
**suprā**: above, beyond
**tēlum, -ī n.**: projectile, arrow, spear, 6
**trānō (1)**: swim across, 2

---

2 **nōbilium**: gen. pl. 3rd decl. i-stem adj.
  **forte**: *by chance*; abl. as adv.; fors, fortis
3 **haud procul**: i.e. near
  **rīpā**: *from...*; abl. of separation
4 **inter tēla**: *among the projectiles*; a tēlum is a thrown weapon and can also be translated as either a javelin or an arrow
  **hostium**: gen. pl. 3rd decl. i-stem noun
5 **Rōmam**: *to...*; place to which
  **Quod**: *this*; subject of nuntiātum est; a connective relative: where Latin prefers a relative in transitions, English prefers a demonstrative.
  **ubi**: *when*
  **incensus**: PPP incendō
6 **ōrātōrēs**: i.e. envoys or legates

**ad...dēposcendam**: *for...*; lit. 'for Cloelia... going) to be demanded;' perform a gerund-gerundive flip and translate the noun + gerundive as a gerund (-ing)+ acc. object
7 **id facinus...esse**: *that this deed...*; ind. disc., id is a demonstrative adj.
8 **suprā Coclitēs Mūciōsque**: *above the Cocleses and Muciuses*; i.e. above Cocles and Mucius and everyone of the same character
  **eam**: i.e. Cloelia
9 **Pāce redintegrātā**: abl. abs.
10 **novō genere**: *with...*; abl. of means
  **equestrī**: abl. sg. 3rd decl. i-stem adj.
11 **equō**: *on...*; dat. of compound verb

Prīmīs temporibus reī pūblicae līberae magna dissēnsio orta est   1
inter patrēs et plēbem propter aes aliēnum, quō paene tōta plēbs
premēbantur. Crēditōrī enim licēbat dēbitōrem etiam in servitūtem
dūcere. Praetereā iūs reddēbātur ā cōnsulibus, quī magistrātus
tantum patribus patēbat.   5
   Cum iam plēbs auxilium ā cōnsulibus postulārent, Latīnī
equitēs nunitavērunt Volscōs ad urbem oppugnandam venīre. Plēbs
exultābant gaudiō, atque inter sē hortābantur nē nōmina darent. At
ūnus ē cōnsulibus, plēbe convocātā, pollicitus est iūdicia
intermittere quoad mīlitēs in castrīs essent; bellō cōnfectō, senātum   10

---

aes, aeris n.: bronze, 2
aliēnus, -a, -um: of another, foreign, 5
convocō (1): call together, 4
crēditor, -ōris m.: creditor
crēdō, -ere, -didī, -ditum: believe, trust, 7
dēbitor, dēbitōris m.: debtor
dissensio, -siōnis f.: conflict, dissension, 3
eques, equitis m.: horseman, rider, 6
exultō (1): leap up, exult
gaudium, -iī n.: gladness, joy, 2
hortor, -ārī, hortātus sum: encourage, urge
intermittō, -ere: interrupt, leave off, pause
iūdicium, -ī n.: decision, judgment; trial, 3
līber, lībera, līberum: free, 4

licet, -ēre, -uit: is allowed, permitted, 3
magistratus, -ūs m.: magistracy, office, 5
nuntiō (1): announce, report, 7
oppugnō (1): capture by assault, attack, 3
paene: almost, nearly, 4
pateō, -ēre, -uī: lie open, extend, 2
polliceor, -cērī, -citus sum: promise, offer, 4
postulō (1): demand, claim, request, ask, 5
praetereā: besides, moreover
premō, -ere, pressī, pressum: press, check
quoad: how far, as far as, as long as, 2
reddō -ere -didī -ditum: give back, render, 5
servitūs, servitūtis, f.: servitude
Volscī, -ōrum m.: Volscians, Volsci, 4

1 prīmīs temporibus: *in the early times*
  reī pūblicae līberae: gen. with temporibus;
  rēs pūblica may be translated 'government'
  or 'republic' depending on the context
  orta est: pf. deponent orior
2 aes aliēnum: *debt*; 'another's bronze' or
  'another's money,' a common expression
3 crēditōrī: *for...*; dat. of interest
  licēbat: *it....*; impersonal impf. licet
  etiam: *even*
4 iūs reddēbātur: *justice was rendered*;
  'justice was given back'
  quī magistrātus: *which office*; relative adj.
5 tantum: *only*; adverbial acc.
  patribus: dat. of interest
6 Cum...postulārent: *while...*
7 Volscōs...venīre: *that...*; ind. disc. Volsci
  were a local Latin tribe hostile to Rome
7 ad...oppugnandum: *for...*; for...(going) to

be assaulted' ad + acc. expresses purpose;
perform a gerund-gerundive flip and
translate the noun + gerundive as a gerund
(-ing)+ obj.
8 hortābantur: 3p impf. dep. hortor
  nē...darent: *that...not*; neg. ind. command
  with impf. subj. The plebs refuse to register
  their names and enroll as troops to help the
  Roman cause in the war.
9 plēbe convocātā: abl. abs.
  pollicitus est: pf. dep. polliceor
  iūdicia intermittere: *that (they)...*; ind.
  disc., iūdicia is the acc. obj. of the inf.;
  the leaders promise to stop trials regarding
  the debts of the plebs while they fight
10 quoad...essent: impf. subj.; subj. of a
  subordinate clause in ind. disc.; impf. subj.
  sum
  bellō cōnfectō: abl. abs.

## 16b. Secession of the Plebs

plēbī cōnsultūrum esse. Eō modō plēbī persuāsit ut nōmina darent. Volscī aliīque populī fīnitimī victī sunt. Posteā tamen iūs dē crēditīs pecūniīs crūdēliter, ut anteā, dictum est. Tandem plēbs, cum exercitus, aliō bellō coörtō, in armīs esset, dēspērātō cōnsulum senātūsque auxiliō, in Sacrum montem   15 sēcessērunt. Hic mons trāns Aniēnem flūmen est, tria ab urbe mīlia passuum. Patrēs arbitrātī nūllam spem nisi in concordiā cīvium reliquam esse, ad plēbem mīsērunt Menēnium Agrippam, ipsum plēbeium et plēbī cārum.   19

---

Agrippa, ae m.: Agrippa
Aniō, Aniēnis f.: Anio river
arbitror, -ārī, arbitrātus sum: judge, think
cārus, -a, -um: dear, precious, costly, 4
consulō, -ere, -uī, consultum: consult, 3
coörior, -orīrī, -ortus sum: arise, 2
crēdō, -ere, -didī, -ditum: believe, trust, 7
crūdēlis, -e: cruel, bitter, bloody, 3
dēspērō (1): despair, feel no hope, 3
Menēnius, -ī m.: Menenius, 2

mille (1): thousand, 6
modus, ī n.: manner, form; measure, 6
nisi: if not, unless, 7
passus, -ūs: pace, 2
reliquus, -a, um: remaining, left, 6
sēcēdō, -ere, -cessī: go away, withdraw, 2
tandem: finally, at last, at length, in the end, 6
trāns: across, over, 3
Volscī, -ōrum m.: Volscians, Volsci, 4

11 **(et) senātum...consultūrum esse:** *(and) that...*; a second ind. statement governed by pollicitus est. Translate the fut. inf. in secondary sequence with 'would.'
**eō modō:** *in this way*; abl. of manner
**plēbī:** *the plebs*; dat. ind. obj.
**ut...darent:** *that...*; ind. command. Once again, the patrēs made these concessions so that the plebs would register their names and enlist as soldiers in the army.
13 **iūs...dictum est:** *justice was delivered*; 'justice was spoken'
**crēditīs:** *lent, borrowed*; 'entrusted' PPP
**ut:** *as, just as*; parenthetical, a clause of comparison equiv. to 'ut anteā dictum erat'
14 **cum...esset:** *since...*; causal, impf. sum.
**aliō bellō coörtō:** abl. abs., a pf. deponent pple is often translated 'having Xed.'
15 **dēspērāto...auxiliō:** abl. abs.

**cōnsulum:** *of the consuls*; subjective gen. pl. modifying auxiliō
**in Sacrum montem:** *onto...*; the Sacred Mt. is a hill outside of Rome
16 **tria:** neuter pl. of trēs
**mīlia passuum:** *miles*; 'thousands of paces' acc. of extent of space and partitive gen. Often this acc. follows 'for,' but the preposition is not needed here. Mīlia is neut. pl. of mille.
17 **arbitrātī:** pf. deponent pple. As often this pple is translated as 'having Xed.'
**nūllam spem...esse:** *that...*; ind. disc. governed by the pple arbitrātī.
**nisi:** *except*
18 **Menēnium Agrippam:** *Menenius Agrippa*
19 **plēbī cārum:** *dear to the plebs*; dat. of reference (point of view)

## 17. Menenius Agrippa

Menēnius hoc narrāvisse fertur: "Ōlim relinquae partēs corporis   1
hūmānī indignābantur quod suā cūrā, suō labōre ac ministeriō
ventrī omnia quaererentur, venter in mediō quiētus datīs
voluptātibus fruerētur; coniūrāvērunt inde nē manūs ad ōs cibum
ferrent, nēve ōs datum cibum acciperet, nēve dentēs cōnficerent.   5
Sed dum ventrem famē domāre volunt, ipsa membra tōtumque
corpus paene periērunt. Inde sēnsērunt ventris quoque ministerium
haud iners esse."

Ostendit deinde dissēnsiōnem inter partēs corporis similem esse
īrae plēbis in patrēs et ita flexit mentēs hominum. Concordiā   10
reconciliātā, plēbī permissum est suōs magistrātūs creāre tribūnōs
plēbeiōs, quī auxilium plēbī adversus cōnsulēs ferrent.

---

cibus, -ī m.: food, 2
coniūrō (1): swear together, conspire, 4
cūra, -ae f.: care, concern, worry, 5
dēns, dentis m.: tooth
dissensio, -siōnis f.: conflict, dissension, 3
domō (1): subdue, tame, master
famēs, -is f.: hunger, 2
flectō, -ere, flexī, flectum: turn, bend, 3
fruor, fruī, frūctum: enjoy
haud: by no means, not at all, 4
homō, -inis m./f.: man, mortal, human, 4
hūmānus, -a, -um: human, humane, 3
indignor, -ārī, -ātus sum: be angered, 3
iners, inertis: idle, indolent, inert
īra, īrae f.: anger, 3
labor, -is m.: labor, toil, 3
magistratus, -ūs m.: magistracy, office, 5
manus, -ūs f.: hand; group, 7
membrum, -ī n.: limb, member

Menēnius, -ī m.: Menenius, 2
mēns, mentis f.: mind, intent, purpose, 2
ministerium, -ī n.: service, office, 2
narrō (1): relate, tell, narrate, 2
nēve: or not, and not, nor, 2
ōlim: once, formerly, 3
ōs, ōris n.: face, mouth, 4
ostendō, -ere, ostendī: show, display, 7
paene: almost, nearly, 4
pereō, -īre, periī: pass away, perish, 3
permittō -ere -mīsī -missum: send through, 3
plēbeius, -a, -um: of the plebs, 2
quaerō, -ere, quaesīvī, quaesītum: seek, ask,
inquire, 6
quiētus, -a, -um: resting, calm, undisturbed, 4
reconciliō (1): win back, recover, 2
sentiō, -īre, sēnsī, sēnsum: feel, perceive, 2
similis, simile: similar to, like, 2
venter, ventris m.: belly, 4

1 **fertur**: *is reported*
2 **quod...quaererentur (sed)...fruerētur**:
*because...*; 'on the grounds that...' causal
quod clause; quod + subj. suggests an
alleged cause from a character's point of
view; impf. pass. subj. quaerō
**suā cūrā (et) suō labōre ac ministeriō**: *by
their...*; abl. means, suus refers to partēs
3 **ventrī**: *for...*; dat. of interest
**(sed) venter**: *(but) the stomach...*
**dātīs voluptātibus**: abl. object of dep.

fruerētur
4 **nē...ferrent...nēve...nēve...**: *that...not...
or that...not...or that not...*; ind. commands
impf. subj.; -ve, 'or,', is an enclitic
7 **ventris...esse**: *that...*; ind. disc., sum
9 **dissēnsiōnem...patrēs**: *that...*; ind. disc.
**īrae**: *to the anger*; dat. with adj. similis
11 **permissum est**: *it was...*; impersonal pf.
**tribūnōs plēbeiōs**: in apposition to
acc. pl. magistrātūs
12 **quī...**: *who would...*; relative of purpose

## 18a. Cincinnatus

Postea, dum tribūnī imperium cōnsulāre lēgibus dēfīnīre 1
cōnantur, L. Quīnctius Cincinnātus cōnsul factus est. Ut
magistrātum iniit, reprehendit et senātum et plēbem, quod eīdem
tribūnī etiam atque etiam creātī cīvitātem turbārent. Senātus igitur
dēcrēvit magistrātūs continuārī contrā rem pūblicam esse.          5

Plēbs tamen eōsdem, quōs anteā, tribūnōs creāvērunt. Patrēs
quoque, nē quid cēderent plēbī, Lūcium Quīnctium cōnsulem
fēcērunt. At is, "Minimē mīrum est," inquit, "sī nihil auctōritātis,
patrēs cōnscrīptī, habētis apud plēbem. Vōs eam minuitis, quī in
continuandīs magistrātibus plēbem imitāminī. Ego mē contrā     10

---

auctōritās, -tātis f.: authority, 4
cēdō, -ere, cessī, cessum: move; withdraw,
  give up, 4
Cincinnātus, -ī m.: Cincinnatus
cōnor, cōnārī, cōnātus sum: try, attempt, 7
cōnscrībō, -ere, -psī, -ptum: enroll, register
cōnsulāris, -e: consular, of a consul
continuō (1): make continuous, 2
dēcernō, ere, crēvī, crētum: decide, judge, 5
dēfīniō, -īre, -īvī, -ītum: limit
imitor, imitārī, imitātum: imitate, copy, 3

ineō, -īre, -īī, -itum: go into, enter, 4
Lūcius, -ī m.: Lucius, 3
magistrātus, -ūs m.: magistracy, office, 5
minimē: least, by no means, not at all
minuō, -ere, minuī: diminish, ebb
mīrus, -a, -um: amazing, wonderful, strange 3
Quīnctius, -iī m.: Quinctius, 5
reprehendō, -ere, -dī, -sum: blame, rebuke, 3
turbō (1): confuse, disturb, 3
vōs: you, you all, 5

1 cōnantur: 3p pres. deponent
2 cōnsul: predicate nom. following factus est
  Ut: When...
3 et...et: both...and
  quod...turbārent: because...; 'on the
  grounds that...' quod + subj. suggests an
  alleged cause from a character's point of
  view; impf.. subj.
  eīdem tribūnī: nom. pl. īdem, eadem, idem
4 etiam atque etiam: again and again; a
  common expression
5 dēcrēvit: i.e. decreed, decided (by decree)
  magistrātūs...esse: that it is contrary to the
  republic that...; ind. disc., magistrātūs
  continuārī is a second acc. + inf. clause and
  is the subject of esse and often translated in
  English afterwards
6 eōsdem...tribūnōs: acc. īdem, eadem, idem

quōs anteā (creāvērunt): just as before;
  'whom (they had created) before'
7 nē ...: so that...might not; neg. purpose +
  impf. subj.
  quid: anything; acc.; after sī, nisi, num, and
  nē (ali)quis, (ali)quid is indefinite (any,
  some)
8 fēcērunt: made (x) (y); double acc.
  mīrum est: it is amazing; impersonal
  auctōritātis: partitive gen. with nihil
9 patrēs cōnscrīptī: vocative, direct address.
  i.e. senators, those registered/enrolled as
  senators by the census.
  eam: it; i.e. fem. sg. auctōritās
  in continuandīs magistrātibus: in...; 'in...
  (going) to be reelected,' Perform a gerund-
  gerundive flip and translate as a gerund
  (-ing) + acc. obj.

55

## 18b. Cincinnatus

senātūs cōnsultum cōnsulem reficī nōn patiar." Alius igitur cōnsul factus est.

Post paucōs annōs Aequī exercitum Rōmānum mūnītiōnibus clausum obsidēbant. Cum hoc Rōmam nuntiātum esset, L. Quīnctius consensū omnium dictātor dictus est. Lēgātī ā senātū 15 missī eum invēnērunt trāns Tiberim agrum quattuor iūgerum colentem atque in opus intentum. Rogāvērunt ut togātus mandāta senātūs audīret. Quīnctius admīrātus iubet uxōrem togam properē ē tuguriō prōferre. Cum, abstersō sūdōre, togā vēlātus prōcessisset, dictātōrem eum lēgātī salūtant atque in urbem vocant; quī terror sit 20 in exercitū expōnunt.

---

**abstergeō, -ere, -tersī, -tersum**: wipe away
**admīror, -ārī, -ātus sum**: admire, wonder, 4
**Aequī, -ōrum m.**: Aequi, Aequians
**claudō, -ere, -dī, -sum**: close, enclose, 6
**colō, -ere, coluī, cultum**: cultivate; worship, 3
**consensus, -ūs m.**: agreement, consent, 5
**cōnsultum, -ī n,**: resolution, 2
**expōnō, -ere, -posuī, -positum**: set forth, 5
**intentus, -a, -um**: attentive, intent, 3
**inveniō, -īre, -vēnī, -ventum**: come upon, find, 5
**iūger, iūgeris n.**: acre, a juger, 2
**mandō (1)**: entrust, give, commit, 5
**mūnītio, -iōnis f.**: fortification, paving
**nuntiō (1)**: announce, report, 7
**obsideō, -ēre, -sēdī, -sessum**: beset, besiege 5

**patior, -ī, passus sum**: suffer; allow (+ inf), 7
**prōcēdō, -ere, -cessī, -cessum**: proceed, 4
**prōferō, -ferre, -tulī, -lātum**: carry forward 4
**properus, -a, -um**: hasty, quick, rapid
**quattuor**: four, 5
**Quīnctius, -iī m.**: Quinctius, 5
**reficiō, -ere, -fēcī, -fectum**: remake, renew
**rogō (1)**: ask, 3
**salūtō (1)**: greet, 2
**sūdor, -ōris m.**: sweat, perspiration
**terror, terrōris m.**: terror, fright, 4
**toga, -ae f.**: toga, 5
**togātus, -a, -um**: toga-clad
**trāns**: across, over, 3
**tugurium, -ī n.**: hut, cottage
**vēlō (1)**: veil, shroud

11 **senātūs consultum**: *resolution of the senate*; The senate does not pass laws (lēgēs) but advice or resolutions which carry weight because of the authority and clout of the Romans within the Senate.
 **reficī**: pass. inf.. reficiō; cōnsulem is pred.
 **patiar**: 1s fut. patior, 'allow'
 **cōnsul**: as consul; predicative nom.
14 **clausum**: *closed off (from escape)*; The Aequians had surrounded the army and built fortifications, likely a ditch and wall, to keep the army from escaping.
 **Rōmam**: *to...*; acc. place to which
 **nuntiātum esset**: plpf. subj.
15 **omnium**: subjective gen. with consensū
 **dictātor**: predicative nom. after dictus est

 **trāns...colentem**: a participial phrase with pres. pple modifying eum
 **quattuor iūgerum**: *of four iugera*; gen. pl. of measure; a iūgerum is 0.6 of an acre
17 **in**: *upon..., on...*
 **ut...audīret**: *that...*; ind. command + impf. subj.
 **mandāta**: *orders*; 'things ordered,' PPP
 **uxōrem...prōferre**: *that...*; ind. disc.
19 **abstersō sūdōre**: abl. abs.
20 **salūtant**: *salute (x) as (y)*; a double acc.: acc. direct object and acc. predicate
 **(eum) vocant**: supply a direct object
 **quī terror...in exercitū**: *what terror...*; ind. question + pres. subj. sum; quī is an interrogative adj.

## 18c. Cincinnatus

Quīnctius exercitum obsessum celeriter līberāvit et hostēs sub   22
iugum mīsit. Triumphāns urbem iniit sextōque decimō diē
dictātūram in sex mensēs acceptam dēposuit.           24

---

celeriter: swiftly, quickly, 5
decimus, -a, -um: tenth, 2
dēpōnō, -ere, -posuī: put down, deposit, 5
dictātūra, -ae f.: dictatorship, 2
ineō, -īre, -īī, -itum: go into, enter, 4
iugum, -ī n.: yoke, range, 2
līberō (1): free, liberate, 5

mensis, -is m.: month, 2
obsideō, -ēre, -sēdī, -sessum: beset, besiege 5
Quīnctius, -iī m.: Quinctius, 5
sex: six, 2
sextus, -a, -um: sixth, 2
triumphō (1): celebrate a triumph, 4

22 **sub iugum mīsit**: *sent...under the yoke*; i.e. enslaved them. A iugum is a harness used on oxen to compel them to pull a cart or plow. This expression is found in Caesar and elsewhere to describe when an army is forced to surrender and reduced to slavery.
23 **Triumphāns**: *celebrating a Triumph*; A triumph is a formal parade where a military leader given permission by the Senate to bring armed soldiers into Rome for a celebratory parade. It is considered one of the highest honors bestowed by the Senate on a Roman.
   **sextōque decimō diē**: *on...*; abl. of time when
24 **in sex mensēs**: *for...*; acc. of duration. The office of dictator lasted half the length of a typical consulship.

## 19a. The Gallic Invasion of 390 BC

Ōlim lēgātī ab Clūsīnīs Rōmam vēnērunt auxilium petentēs 1
adversus Senonēs, gentem Gallicam. Tum Rōmānī mīsērunt
lēgātōs quī monērent Gallōs nē amīcōs populī Rōmānī
oppugnārent. Proeliō tamen commissō, lēgātī Rōmānī contrā iūs
gentium arma cēpērunt auxiliumque Clūsīnīs tulērunt. Gallī posteā 5
ā senātū Rōmānō postulāvērunt ut prō iūre gentium ita violātō
lēgātī Rōmānī dēderentur. Hōc negātō, exercitus Gallicus Rōmam
profectus est.

Rōmānī, quī nihil ad tantum perīculum idōneum parāvērunt,
apud flūmen Alliam superātī sunt. Diem quō hoc proelium factum 10

---

**Allia, -ae f.**: Allia river, 3
**amīcus, -ī m.**: friend, 4
**Clūsīnus, -a, -um**: (inhabitants) of Clusium, 5
**committō, -ere, -sī, -sum**: commit; begin, 3
**dēdō, -ere, dēdidī**: give up, surrender, 7
**Gallicus, -a, -um**: Gallic, of Gaul, 3
**idōneus, -a, -um**: suitable, appropriate

**moneō, -ēre, -uī, monitum**: warn, 4
**negō (1)**: deny, say that…not, 4
**ōlim**: once, formerly, 3
**oppugnō (1)**: capture by assault, attack, 3
**postulō (1)**: demand, claim, request, ask, 5
**Senonēs, -um m.**: Senones
**violō (1)**: violate, commit outrage, 4

1 **ab Clūsīnīs**: *from the Clusinians*
  **Rōmam**: *to…*; place to which
2 **adversus**: *against* + acc.
3 **quī monērent**: *who would…*; relative of
  purpose with impf. subj.
  **nē…oppugnārent**: *that…not…*; or 'not
  to…' neg. indirect command governed by
  monērent
4 **Proeliō…commissō**: abl. abs., committere
  proelium, 'to begin battle,' is an common
  idiom
  **iūs gentium**: *the law of nations*
5 **cēpērunt**: *took up*

  **Clūsīnīs**: dat. ind. object
  **tulērunt**: 3p pf. ferō
6 **ut…dēderentur**: *that…*; ind. command with
  impf. subj. governed by postulāvērunt
  **prō…violātō**: *in return for…*
7 **hōc negātō**: abl abs., hōc refers to the
  demand for surrender
8 **profectus est**: pf. dep. proficīscor
9 **ad**: *for…*; expressing purpose
  **idōneum**: modifies nihil not perīculum
10 **apud**: *at…*
  **quō**: *on which (day)*; abl. of time when

## 19b. The Gallic Invasion of 390 BC

est Rōmānī postea Alliēnsem appellāvērunt. Magna pars exercitūs incolumis Veiōs perfūgit. Cēterī Rōmam petiērunt et nē clausīs quidem portīs urbis, in arcem Capitoliumque cum coniugibus et liberīs sē contulērunt.

Gallī ingressī urbem nēminī parcunt, dīripiunt incenduntque  15
tēcta. Post aliquot diēs, testūdine factā, impetum in arcem fēcērunt. At Rōmānī mediō ferē colle restitērunt atque inde, ex locō superiōre impetū factō, Gallōs pepulērunt. Obsidio inde ā Gallīs parāta est. Pars exercitūs Gallicī dīmissa est ad frūmentum conferendum ex agrīs populōrum fīnitimōrum. Hōs fortūna ipsa  20

---

aliquot: several, 5
Alliēnsis, -e: of the Allia river, 3
arx, arcis f.: citadel, hilltop, 5
Capitōlium, -ī n.: Capitolium, 5
cēterī, -ae, -a: the remaining, rest, others, 4
claudō, -ere, -dī, -sum: close, enclose, 6
collis, -is m.: hill, 3
conferō, -ferre: bring together, collect, 4
dīmittō, -ere, -mīsī, -sum: dismiss, let go 5
dīripiō, -ere, -uī, reptum: snatch, ransack, 3
ferē: almost, nearly, closely, 7
fortūna, -ae f.: fortune, chance, luck, 4
frūmentum, -ī n.: grain, 3
Gallicus, -a, -um: Gallic, of Gaul, 3

incendō, -ere, -ī, -ēnsum: kindle, burn, 7
incolumis, -e: unscathed, uninjured, safe 2
ingredior, -ī, ingressus sum: step in, enter, 4
nēmō, nūllīus, nēminī, nēminem, nūllō/ā: no one, 6
obsidio, -iōnis f.: seige, blockade, 3
parcō, -ere, pepercī: spare, refrain (dat.), 3
pellō, -ere, pepulī, pulsum: drive, beat, 6
perfugiō, -ere, -fūgī: flee, take refuge, 2
porta, -ae f.: gate, 3
superior, -ius: higher, upper, previous, 6
tēctum, -ī n.: house, shelter
testūdo, -tūdinis f.: tortoise
Veiī, -ōrum m.: Veii, 3

---

11 **appellāvērunt**: *called (x) (y)*; a double acc. with diem and Alliēnsem (diem); originally in 390 BCE; Alliensis diēs, 'day of the Alilia river' is celebrated every June 18th

12 **Veiōs**: *to Veii*; acc. place to which; the name of the town is plural
**Cēterī (mīlitēs)**: *the rest (of the soldiers)*
**nē clausīs quidem**: *not even having been closed*; nē…quidem, 'not even' emphasizes the intervening words; nē here does not introduce a clause; a PPP in an abl. absolute
**in arcem Capitoliumque**: The two peaks of the Captioline hill are the Capitolium, seat of the temple of Jupiter Optimus Maximus and the arx, 'citadel,' which holds the treasury in the temple of Juno Moneta
14 **sē contulērunt**: *carried themselves*; i.e.

'hastened' or 'went'
15 **ingressī urbem**: pf. dep. pple ingredior, as often, translate the pple as 'having Xed'
16 **testūdine factā**: abl. abs. The 'tortoise' is a close formation of troops with shields out on all sides and on top to form a 'shell' for protection from projectiles.
17 **mediō colle**: *on…*; abl. place where **superiōre**: *higher*
18 **impetū factō**: abl. abs., ex locō superiōre is part of the absolute
19 **exercitūs Gallicī**: partitive gen.
**ad…conferendum**: *for…*; 'for…(going) to be gathered' perform a gerund-gerundive flip and translate the noun + gerundive as a grerund (-ing) + acc. obj.
20 **hōs**: *these*; i.e. Gallic soldiers

## 19c. The Gallic Invasion of 390 BC

dūxit Ardeam, ubi Camillus, imperātor clārissimus, in exsiliō
vīvēbat. Ardeātēs, eō duce, castra Gallōrum nocte oppugnant et
solūtōs somnō trucīdant. Veiīs interim nōn animi sōlum in diēs sed
etiam vīrēs crescēbant.

Nam praeter Rōmānōs, quī ex pugnā Alliēnsī eō perfūgerant,     25
voluntāriī ex Latiō conveniēbant. Hī iam constituērunt Rōmam
hostibus līberāre. Omnibus placuit Camillum arcessī, sed anteā
senātum cōnsulī. Ad eam rem Pontius Cominius, audāx iuvenis,
sublevātus cortice secundō Tiberī ad urbem dēfertur. Senātū
probante, Camillus dictātor dictus est.                       30

---

**Alliēnsis, -e**: of the Allia river, 3
**arcessō, -ere, -īvī, -itum**: summon, call
**Ardea, -ae f.**: Ardea, 4
**Ardeātēs, -ium m.**: inhabitants of Ardea
**audāx (1)**: bold, daring
**Camillus, -ī m.**: Camillus, 4
**Cominius, -iī m.**: Cominius
**conveniō -īre -vēnī**: come together, 6
**cortex, corticis m.**: bark
**crescō, -ere, crēvī, crētum**: grow, increase, 4
**dēferō, -ferre, -tulī, -lātum**: offer, give over 6
**exsilium, -iī n.**: exile, 5
**interim**: meanwhile, in the meantime, 4
**Latiō, -ōnis f.**: Latium, 2
**līberō (1)**: free, liberate, 5

**oppugnō (1)**: capture by assault, attack, 3
**perfugiō, -ere, -fūgī**: flee, take refuge, 2
**placet**: it is pleasing, it is resolved, 2
**Pontius, -iī m.**: Pontius
**praeter**: in addition to, besides; except (acc) 2
**probō (1)**: approve, 4
**secundus, -a, -um**: following, favorable, 3
**solvō, -ere, solvī, solūtum**: loosen; pay
**somnus, -ī m.**: sleep, 2
**sublevō (1)**: lift up, hold up, support
**trucīdō (1)**: slaughter, massacre, 2
**Veiī, -ōrum m.**: Veii, 3
**vīvō, -ere, vīxī, vīctum**: live, 4
**voluntārius, -a, -um**: voluntary

21 **Ardeam**: acc. place to which
   **Camillus**: a Roman leader
22 **eō duce**: *this one being leader*; abl. abs.,
   subj. and obj. in abl., supply pple 'being'
   **nocte**: *at…*; abl. of time when
23 **(illōs) solūtōs somnō**: *those…*; Camillus
   and his troops attacked as the enemy slept
   **Veiīs**: *at Veii*; locative, place where
   **nōn sōlum…sed etiam**: *not only…but also*
   **in diēs**: *day by day*; 'over the days'
24 **vīrēs**: *strength*; 3rd decl. nom. pl. vīs;
25 **Alliēnsī**: i-stem abl. modifies pugnā
   **eō**: *(to) there*; adv. equiv. to 'to that (place)'
26 **voluntāriī**: *volunteers*
   **Rōmam**: obj. of līberāre
   **hostibus**: *from…*; abl. of separation
27 **placuit**: *it…*; pf. of impersonal placet

   **Camillum arcessī…sentātum cōnsulī**:
   *that…but that…*; acc. + inf. clauses; both
   are subject of placuit; pass. inf. arcessō and
   cōnsulō
28 **Ad**: *for…*; expressing purpose, eam is a
   demonstrative adj. modifying rem
29 **corticē**: abl. means, i.e. a raft made of
   cork; cork products are a renewable
   resource made from the thick bark of the
   cork tree, so a raft make of cork-bark is
   reasonable; Pontius Cominius had to travel
   through enemy territory to Rome
   **secundō Tiberī**: *(down) a favorable
   Tiber river*; dat. of compound verb;
   translate as obj. of the prefix dē-, 'down'
   **Senātū probante**: abl. abs.
30 **dictus est**: *was appointed*

## 19d. The Gallic Invasion of 390 BC

Interim arx Rōmae Capitōliumque in ingentī perīculō fuērunt. Nocte enim Gallī, praemissō mīlite quī viam temptāret, tantō silentiō in summum ēvāsērunt ut nōn sōlum custōdēs fallerent, sed nē canēs quidem excitārent. Ānserēs autem nōn fefellērunt, quī avēs Iūnōnis sacrae erant. Nam M. Mānlius, vir bellō ēgregius, 35 clangōre eōrum ālārumque crepitū excitātus, dēiēcit Gallum quī iam in summō constiterat. Iamque aliī Rōmānī tēlīs saxīsque hostēs prōpellunt, tōtaque aciēs Gallōrum praeceps dēfertur.

Sed famēs iam utrumque exercitum urgēbat, Gallōs pestilentia etiam. Diem ex diē Rōmānī frustrā auxilium ab dictātōre 40

---

**aciēs, -ēī f.**: sharp edge, battle line, army, 6
**āla, -ae f.**: wing
**ānser, -eris m.**: goose
**arx, arcis f.**: citadel, hilltop, 5
**avis, avis f.**: bird
**canis, -is m. f.**: dog
**Capitōlium, -ī n.**: Capitolium, 5
**clangor, -ōris m.**: noise
**crepitus, -ūs m.**: rattle, clatter
**custōs, custōdis m.**: guard, doorkeeper, 3
**dēferō, -ferre, -tulī, -lātum**: offer, give over 6
**dēiciō, -ere, -iēcī, -iectum**: throw/cast down 4
**ēgregius, -a, -um**: excellent, outstanding, 7
**ēvadō, -ere, ēvāsī, ēvāsum**: go out, escape
**excitō (1)**: rouse, stir up; awaken, 6
**fallō, -ere, fefellī, falsum**: deceive, cheat, 3
**famēs, -is f.**: hunger, 2

**frūstrā**: in vain, for nothing, 4
**ingēns (1)**: huge, immense, vast, 8
**interim**: meanwhile, in the meantime, 4
**Iūnō, -ōnis m.**: Juno
**M.**: Marcus, 5
**Mānlius, -iī m.**: Manlius, 2
**pestilentia, -ae f.**: plague, pestilence
**praeceps, praecipitis**: headlong, fast
**praemittō, -ere. -sī, -sum**: send ahead, 2
**prōpellō, -ere, pepulī, pulsum**: drive forth
**saxum, saxī n.**: rock
**silentium, -iī n.**: silence
**tēlum, -ī n.**: projectile, arrow, spear, 6
**temptō (1)**: attempt, test; attack, 2
**urgeō, -ere, ursī**: press, urge, distress
**uterque, utraque, utrumque**: each, both, 6

---

31  **arx, Capitōlium**: the two peaks of the Capitoline hill
 **ingentī**: abl. sg. 3rd decl. i-stem adj. ingēns
32  **Nocte**: abl. time when
 **praemissō mīlite**: abl. abs.; translate sg. mīlite as plural: 'soldiers'
 **quī ...temptāret**: *who would...*; relative clause of purpose modifying mīlite; The Gallic soldiers were trying to find a way to climb the hill and avoid the gates fortified by the Romans.
 **tantō silentiō**: *with...*; abl. of manner
33  **in summum (montem)**: supply the noun
 **ut...excitārent**: *that...*; result clause with impf. subj.: translate in the same tense
 **nōn sōlum...sed**: *not only...but*

34  **nē...quidem**: *not even...*; emphasizes the intervening word
 **Ānserēs**: acc. pl., the enemy is the subject
35  **bellō**: *in...*; abl. of respect as often qualifying and clarifying an adj.
36  **eōrum**: i.e. of the geese, from is, ea, id
 **excitātus**: PPP modifying Manlius
37  **iam constiterat**: *already had been standing*; plpf. progressive after iam
38  **dēfertur**: i.e. fell down the slope as the result of the projectiles cast upon them; 3s pres. pres. dēferō
39  **utrumque**: acc. sg. uterque
 **pestilentia (urgēbat)**: ellipsis, supply another main verb
40  **Diem ex diē**: *Day after day*

exspectābant. Postrēmō mille pondō aurī cum Gallīs pactī sunt ut obsidiōnem relinquerent. Huic reī, per sē turpissimae, indignitās addita est; nam pondera ab Gallīs allāta sunt inīqua. Rōmānīs recūsantibus, gladius ā Brennō, rēge Gallōrum, ponderī additus est cum hīs verbīs, "Vae victīs." Sed priusquam rēs perfecta est,   45
dictātor pervēnit auferrīque aurum dē mediō et Gallōs summōvērī iussit. Cum illī dicerent sē pactōs esse, negat eam pactiōnem valēre, quae, postquam ipse dictātor creātus esset, iniussū suō facta esset; tum dēnuntiāt Gallīs ut sē ad proelium parent.   49

---

**addō, -ere, -didī, -ditum**: bring to, add, 7
**auferō, auferre, abstulī, ablātum**: take away, carry away, 5
**aurum, -ī n.**: gold, 3
**Brennus, -ī m.**: Brennus
**dēnuntiō, (1)**: declare, order 2
**exspectō (1)**: look out for, wait for, await, 3
**gladius, -ī m.**: sword, 6
**indignitās, -tātis f.**: indignity, outrage, 2
**inīquus, -a, -um**: uneven, unequal, not fair, 2
**iniussū**: without orders, 3
**mille (1)**: thousand, 6
**negō (1)**: deny, say that…not, 4
**obsidio, -iōnis f.**: seige, blockade, 3
**pacīscor, -ī, pactus sum**: agree, bargain, 2

**pactiō, -tiōnis f.**: agreement, bargain
**perficiō, -ere, -fēcī, -fectum**: accomplish, bring about
**perveniō, -īre, -vēnī, -ventum**: come through, arrive, 2
**pondus, ponderis n.**: weight, 6
**postquam**: after, when, 6
**postrēmus, -a, -um**: last, 3
**priusquam**: before than, sooner than, 2
**recūsō (1)**: refuse, give a reason against, 5
**summoveō, -ēre, -mōvī**: remove, move up
**turpis, turpe**: ugly, shameful
**Vae**: woe, 2
**valeō, -ēre, uī**: be strong, fare well, be able

41 **mille pondō aurī**: *1000 in weight of gold*; i.e 1000 pounds of gold; abl. of respect and gen. of material; mille is neuter acc. obj. of pactī sunt
**pactī sunt**: pf. dep. pacīscor: translate in the active; the Romans are the subject
**ut…relinquerent**: *so that…might…*; purpose clause with impf. subj.
42 **Huic reī, per sē turpissimae**: *to this matter, in itself most shameful*; dat. ind. obj.
**pondera**: i.e. the weights that the Gauls brought to serve as standards as they measured the gold on the scales.
**allāta**: PPP afferō, not 3p pf. pass.
**Rōmānīs recūsantibus**: abl. abs.
44 **ponderī**: *to…*; dat. ind. obj.
45 **Vae victīs**: *Woe to the vanquished*; or 'woe to the conquered,' famous expression:

an interjection and dat. of interest, PPP of vincō, vincere
46 **auferrīque…summōvērī**: *that…*; ind. disc. with pres. pass. inf. governed by iussit
47 **iussit**: pf. iubeō
**illī**: *those*; i.e. the Gauls
**sē pactōs esse**: *that…*; ind. disc., with pf. pass. pacīscor
**negat**: Camillus is the subject
**eam…valēre**: *that this…*; ind. disc. eam is a demonstrative adj.
48 **quae…facta esset**: *which…*; relative clause, subj. of subordinate clause in ind. disc.; here, plpf. subj. faciō
**iniussū suō**: *without his order*
49 **ut…parent**: *that…*; ind. command with pres. subj. parō, parāre
**ad**: *for…*; expressing purpose

## 19f. The Gallic Invasion of 390 BC

Gallī et in urbe et alterō proeliō viā Gabīnā superātī sunt.  50
Dictātor triumphāns in urbem rediit; "Rōmulus" ac "parens patriae
conditorque alter urbis" appellābātur. Deinde servātam in bellō
patriam iterum in pāce servāvit. Cum enim tribūnī plebem
agitārent ut, relictīs Rōmae ruinīs, Veiōs migrārent, Camillus
ōrātiōne ācrī cīvibus persuāsit ut Rōmam restituerent. Centuriō  55
quoque populum mōvit vōce opportūnē ēmissā, quī cum cohortibus
forum trānsiēns clāmāvit: "Signum statue, signifer, hīc manēbimus
optimē." Quā vōce audītā, et senātus ē Cūriā ēgressus ōmen
accipere sē conclāmāvit, et plēbs circumfūsa probāvērunt.  59

---

**ācer, ācris, ācre**: sharp; fierce, keen, 4
**agitō (1)**: drive, impel
**alter, -era, -erum**: other, second, 7
**Camillus, -ī m.**: Camillus, 4
**centurio, -iōnis m.**: centurion
**circumfundō -ere -fūdī -fūsum**: pour around
**clāmō (1)**: cry, shout out, 6
**cohors, cohortis m.**: cohort (unit of ~480) 2
**conclamō (1)**: cry out together, shout
**conditor, -toris m.**: founder
**Cūria, -ae f.**: senate house, Curia, 8
**ēgredior, -ī, -gressus sum**: go out, disembark
**ēmittō, -ere, -mīsī, -missum**: send out, 3
**Gabīnus, -a, -um**: of Gabii, 6
**hīc**: here
**iterum**: again, a second time, 3

**maneō, -ēre, mansī**: stay, wait, wait for, 7
**migrō (1)**: travel, migrate, 3
**moveō, -ēre, -vī, mōtum**: move, arouse, 5
**ōmen, ōminis n.**: omen
**opportūnus, -a, -um**: suitable, convenient
**optimus, -a, -um**: best, noblest, finest, 6
**ōrātio, -iōnis f.**: speaking, speech, language, 3
**parēns, parentis m.**: parent, ancestor, 4
**probō (1)**: approve, 4
**ruina, -ae f.**: ruins, downfall, 3
**servō (1)**: save, keep, preserve, 7
**signifer, -ī m.**: standard bearer
**signum, -ī n.**: sign, signal; standard, 6
**triumphō (1)**: celebrate a triumph, 4
**Veiī, -ōrum m.**: Veii, 3
**vōx, vōcis, f.**: voice, 7

---

50 **et…et**: *both…and…*
   **(in) viā Gabīnā**: i.e. on the road to Gabii
51 **"Romulus"…appellābātur**: *he was
   named…*; all of the nom. predicate forms in
   quotation marks are honorific titles
53 **servāvit**: Camillus is subject
   **enim**: *for…*; postpositive: translate first
54 **ut…migrārent**: *that they…*; i.e. the plebs,
   ind. command
   **relictīs…ruinīs**: abl. abs.
   **Veiōs**: *to Veii*; acc. place to which
55 **ōrātiōne ācrī**: abl. of means; ācrī is an abl.
   sg. 3rd decl. i-stem adj.
   **cīvibus**: dat. ind. obj. of persuāsit
   **ut…restituerent**: *that…*; ind. command
56 **vōce…ēmissā**: abl. abs.; The centurion was
   making an off-hand remark that was heard
   by others and taken to be an ominous sign.

**opportunē**: adverb
57 **trānsiēns**: nom. sg. pres. pple. trānseō
   **Signum**: *the standard*; i.e. the military
   standard, a long wood staff with insignia
   that soldiers used as a guide to arranged
   themselves under in formation
   **statue**: *set up*; 'make stand,' sg. imperative
58 **optimē**: *very well*; superlative adv.
   **quā vōce audītā**: *this utterance…*; abl.
   abs.; a connective relative: Latin prefers a
   relative in transitions where English prefers
   a demonstrative.
   **et…et**: *both…and*
59 **ēgressus**: pf. dep. pple; as often, translate
   the pf. dep. pple as 'having Xed'
   **accipere sē**: *that they…*; sē is acc. subject
   **circumfūsa**: pf. dep. pple; as often,
   translate the pf. dep. pple as 'having Xed'

# Part Two

## Roman Republic

| | |
|---|---|
| 280 - 275 | Pyrrhic War |
| 264 - 241 | First Punic War |
| 218 - 201 | Second Punic War |
| 133 | Tiberius Gracchus killed |
| 107 - 100 | Consulships of Gaius Marius |
| 82 - 79 | Dictatorship of Lucius Cornelius Sulla |
| 59 | First Triumvirate: Pompey, Crassus, Caesar |
| 44 | Death of Gaius Julius Caesar |
| 43 | Death of Marcius Tullius Cicero |
| | Second Triumvirate: Mark Antony, Lepidus, Octavian |
| 31 | Battle of Actium: Octavian defeats Mark Antony |
| 31 – AD 14 | Augustus (Octavian) is first Emperor of Rome |

# 20a. Pyrrhus of Epirus and Gaius Fabricius

Rōmānī, ā Pyrrhō, rēge Epīrī, proeliō superātī, lēgātōs Tarentum    1
ad eum dē redimendīs captīvis mīsērunt. Inter lēgātōs Rōmānōs
erat C. Fabricius, vir bonus et bellō ēgregius, sed admodum pauper.
Pyrrhus, quī cum Rōmānīs pācem facere volēbat, lēgātīs magna
dōna obtulit, sī Rōmānīs pācem suādērent. Quamquam haec omnia    5
sprēta sunt, rēx tamen captīvōs dīcitur sine pretiō Rōmam mīsisse.
Pyrrhus, Fabriciī virtūtem admīrātus, illī sēcrētō quārtam etiam
regnī suī partem obtulit sī patriam dēsereret sēcumque vīveret; cui
Fabricius ita respondit: "Sī mē virum bonum iūdicās, cūr mē vīs
corrumpere? Sīn vērō malum, cūr meam amīcitiam cupis?" Annō    10

---

admīror, -ārī, -ātus sum: admire, wonder, 4
admodum: in great measure, very, greatly
amīcitia, -ae, f.: friendship, 5
C.: Gaius, 5
corrumpō, -ēre, -rūpī, -ruptum: ruin, 4
cūr: why?, 2
dēserō, -ere, -uī, -sertum: desert, 2
dōnō (1): give, bestow, 5
ēgregius, -a, -um: excellent, outstanding, 7
Ēpīrus, -ī m.: Epirus (in northern Greece), 3
iūdicō (1): judge, decide, assess, 3
meus, -a, -um: my, mine, 6
offerō, -ferre, obtulī, oblātum: offer, 3

pauper, -is: poor
pretium, iī n.: price, value
quārtus, -a, -um: fourth, 2
redimō, -ere, -ēmī, -mptum: buy/take back, 6
respondeō, -ēre, -dī, -nsum: answer, reply, 4
sēcrētō: secretly
sīn: but if; if, however
sine: without, 5
spernō, -ere, sprēvī, sprētum: spurn, reject, 3
suādeō, -ēre, suāsī, suāsum: persuade/urge, 3
Tarentum, -ī n.: Tarentum
vīvō, -ere, vīxī, vīctum: live, 4

1  ā Pyrrhō: abl. of agent with PPP
   rēge: in apposition to Pyrrhō; Epirus is a
   region in northeastern Greece. Pyrrhus is a
   relative of Alexander the Greek
   proeliō: in…; abl. means or place where
   superātī: PPP superō
   Tarentum: to…; acc. place to which,
   towns and cities do not employ 'ad'
2  dē redimendīs captīvīs: about…; perform
   a gerund-gerundive flip and translate this
   noun + gerundive as gerund (-ing) + obj.
   inter: among…
3  bellō: in (respect to)…; abl. of respect
4  lēgātīs: dat. ind. object
5  sī…suādērent: if they presuaded; protasis
   of a fut. more vivid condition (sī fut., fut) in
   an implied ind. disc.: 'he offered THAT he
   would give many gifts, if they persuaded…'
   in ind. disc. in secondary sequence a fut.
   protasis becomes impf. subj.

   haec omnia: nom. neut. pl., add 'things'
6  Rōmam: accusative, place to which
   mīsisse: pf. inf. mittō following dīcitur
7  admīrātus: pf. dep. pple is often translated
   'having X' and may govern an acc. obj.
   illī: to that one; dat. ind. obj., i.e. Fabricius
8  regnī suī: partitive gen. with partem
   sī…dēsereret…vīveret: if he deserted…;
   see note 5; protasis in implied fut. more
   vivid: 'he offered THAT he would…if…'
   sēcumque: et cum sē
   cui: to this one; a connective relative, dat. in
   obj.; English prefers to use a demonstrative
9  sī…iūdicās,…vīs: if…; two pres. ind. verbs
   in a simple pres. condition; 2s volō
10 Sīn malum (me iūdicās): but if…; sīn = sī
   nē; ellipsis: add a verb and dir. obj. in this
   pres. simple condition
   Annō interiectō: abl. abs.

## 20b. Pyrrhus of Epirus and Gaius Fabricius

interiectō, omnī spē pācis inter Pyrrhum et Rōmānōs conciliandae 21
ablātā, Fabricius, consul factus, contrā eum missus est. Cumque
vīcīna castra ipse et rēx habērent, medicus rēgis nocte ad
Fabricium vēnit eīque pollicitus est, sī praemium sibi prōposuisset,
sē Pyrrhum venēnō necātūrum. Hunc Fabricius vīnctum ad 25
Pyrrhum remīsit atque eum certiōrem fēcit quae medicus pollicitus
esset. Tum rēx admīrātus eum dīxisse fertur: "Ille est Fabricius, quī
difficilius ab honestāte quam sōl ā suō cursū potest āvertī."

Fabricius cum apud Pyrrhum rēgem lēgātus esset, cum Cīneā,
lēgātō Pyrrhī, sermōnem contulit. Hic dīxit quendam philosophum 30

---

**admīror, -ārī, -ātus sum**: admire, wonder, 4
**auferō, auferre, abstulī, ablātum**: take away, carry away, 5
**āvertō, -ere, -vertī**: turn aside, turn away, 3
**certus, -a, -um**: certain, reliable, sure, 6
**Cīneas, -ae m.**: Cineas
**conciliō (1)**: reconcile, win over, 2
**conferō, -ferre, -tulī**: bring together, collect, 4
**cursus, -ūs m.**: course, running, haste, 6
**difficilis, difficile**: hard, difficult, 2
**hīc**: here
**honestās, -tātis f.**: integrity, respectability

**interiaciō, -ere, -iēcī, -iectum**: put in
**medicus, -ī m.**: doctor, physician, 2
**necō (1)**: kill, slay, put to death, 6
**philosophus, -ī m.**: philosopher, 2
**polliceor, -cērī, -citus sum**: promise, offer, 4
**praemium, -ī n.**: reward, prize
**prōpōnō, -ere, posuī, positum**: set forth, 3
**remittō -ere -mīsī -missum**: send back, 3
**sermō, -ōnis n.**: conversation, discourse, 2
**sōl, sōlis m.**: sun, 3
**venēnum, -ī n.**: poison, 3
**vīcīnus, -a, -um**: neighboring, 3
**vinciō, -īre, vīnxī, vīnctum**: bind, tie

---

21 **omnī spē...ablātā**: abl. abs., omnī is a 3rd decl. i-stem adj.
**pācis...conciliandae**: *of...*; objective gen. with spē; perform a gerundive-gerund flip. and translate this noun + gerundive as a gerund (-ing) + obj.
22 **consul**: nom. pred. following PPP faciō
**Cumque...habērent**: cum-clause with impf. subj.
23 **ipse**: *(he) himself*; i.e. Fabricius; the two camps were near each other
**nocte**: *at...*; abl. of time when
24 **eīque**: *and to whom*; dat. ind. obj., dat. sg. of is, ea, id
**pollicitus est**: pf. dep. polliceor
**sī...prōposuisset, sē...necātūrum (esse)**: *that, if he would..., he would...*; a fut. more vivid (sī fut. (pf.), fut.) in ind. disc. becomes sī impf (plpf) subj. + fut. inf. in ind. disc.; in secondary sequence, what was originally a fut. pf. protasis (prōposuerit) becomes plpf.

subj.; the reflexives sibi and sē refer to the subject of the main verb: Pyrrhus
25 **hunc...vinctum**: i.e. the medicus
**certiōrem fēcit**: *made...more certain*; i.e. informed, a common idiom in Caesar
26 **quae...pollicitus esset**: *what...*; ind. question governs a plpf. dep. subj.
27 **admīrātus**: pf. dep. pple is often translated 'having X' and may govern an acc. obj.
**dīxisse**: pf. inf.
**fertur**: *is reported*; another idiom
28 **difficilius**: *with more difficulty*; comparative adv.
**ab honestāte...ā...**: *from...*; separation
**quam...potest...**: *than...*; quam is an adv. introducing a clause of comparison
**āvertī**: pres. pass. inf.
29 **cum...esset**: *when...*; with impf. subj. sum
**apud...**: *at the house/dwelling of...* + acc.
**Hic**: *this one*; i.e. Cineas
**Quendam philosophum**: *that...*; ind. disc.

66

## 20c. Pyrrhus of Epirus and Gaius Fabricius

esse Athēnīs, quī dīceret omnia quae facerēmus ad voluptātem esse     31
referenda. Tum Fabricium exclāmāsse ferunt: "Utinam id hostibus
nostrīs persuādeāmus, quō facilius vincī possint, cum sē
voluptātibus dederint!" Nihil magis ab eius vītā aliēnum erat quam
voluptās et lūxus. Tōta eius suppellex argentea ex salīnō ūnō     35
cōnstābat et ex patellā ad ūsum sacrōrum, quae corneō pediculō
sustinēbātur. Cēnābat ad focum rādīcēs et herbās, cum lēgātī
Samnitium ad eum vēnērunt magnamque eī pecūniam obtulērunt;
quibus sīc respondit: "Quamdiū cupiditātibus imperāre poterō, nihil
mihi deerit; vōs autem pecūniam eīs quī cupiunt dōnāte."     40

---

aliēnus, -a, -um: of another, foreign, 5
argenteus, -a, -um: silvery, of silver
Athēnae, -ārum f.: Athens, 2
cēnō (1): dine
cōnstō, -stāre, -stitī: stand firm; is agreed, 5
corneus, -a, -um: of cornel wood, 2
cupiditās, -tātis f.: desire, 2
dēsum, -esse, -fuī: fail, be lacking, 2
dōnō (1): give, bestow, 5
exclāmō (1): shout out, shout, 2
facilis, -e: easy, 4
focus, -ī m.: hearth, fire-place
herba, -ae f.: plant
imperō (1): order, command, 4
lūxus, -ūs m.: luxury, splendor, 2
magis: more, 7
noster, nostra, nostrum: our

offerō, -ferre, obtulī, oblātum: offer, 3
patella, -ae f.: little dish, platter
pedīculus, -ī m.: little foot
quamdiū: as long as; how long?; 2
rādīx, rādīcis f.: root; foot, base
referō, -ferre, -tulī: report, bring back, 7
respondeō, -ēre, -dī, -nsum: answer, reply, 4
salīnum, -ī n.: vessel of salt, salt-cellar
Samnis, (-ītis): Samnite (Italian people) 1
sīc: thus, in this way, 6
suppellex, -llectis f.: furniture, ornaments
sustineō, -ēre, uī, -tentum: hold up, endure, 5
ūsus, -ūs m.: use, practice; advantage
utinam: would that…
vinciō, -īre, vīnxī, vīnctum: bind, tie
vōs: you, you all, 5

31 **Athēnīs**: locative, place where
   **quī dīceret**: *who…*; relative clause; subj. of a subordinate verb. in ind. disc., impf. subj.
   **omnia…esse referenda**: *that…must be brought back*; ind. disc. 'are (going) to be brought back,' a passive periphrastic (gerundive + sum) expresses necessity
   **quae facerēmus**: relative clause; subj. of a subordinate verb. in ind. disc., impf. subj.
32 **Fabricum exclāmā(vi)sse**: *that…*; ind. disc. with pf. inf.
   **ferunt**: *they report*; common idiom
   **Utinam…persuādeāmus**: *Would that…*; utinam inroduces an optative subj. (subj. of wish); pres. subj. + acc. + dat. ind. obj.
   **id**: *(about) that*; acc. obj. of persuādeō
33 **quō…possint**: *in order they they may…*;

purpose; pres. subj. possum (quō = ut)
   **cum…dederint**: *when…*; 3p pf. subj. dō, sē, 'themselves,' refers to the hostēs
34 **magis aliēnum**: *more foreign*; nom. pred.
   **eius**: i.e. of Fabricius; gen. sg. of is, ea, id
   **quam**: *than…*; clause of comparison
36 **cōnstābat**: *consisted out of*
   **ad**: *for…*; ad + acc. expressing purpose
   **sacrōrum**: *sacred rites*
   **corneō pediculō**: *by…*; abl. means
37 **ad**: *near…*
38 **eī**: dat. ind. obj., is, ea, id
39 **quibus**: *to these*; connective relative
   **cupiditātibus**: dat. obj. of imperāre
   **poterō, deerit**: 1s fut. possum, 3s fut dēsum
40 **mihi**: *for…*; dat. of interest
   **dōnāte**: pl. imperative

## 20d. Pyrrhus of Epirus and Gaius Fabricius

*res ex quibus*

*euphemism*

Fabricius omnem vītam in gloriōsā paupertāte exēgit, adeōque   41
inops dēcessit ut unde dōs fīliārum dārētur nōn relinqueret. Senātus
patris sibi partēs sūmpsit et, dātīs ex aerāriō dōtibus, fīliās
collocāvit.

*no luxury*

*whence*

---

**adeō**: to such a degree, so, 2
**aerārium, -ī n.**: treasury, 2
**collocō (1)**: place together, arrange, set up
**dēcēdō, -ere, -cessī**: depart, withdraw, die, 3
**dōs, dōtis f.**: dowry, 2
**exigō, -ere, -ēgī, -āctum**: drive out; spend, 3

**gloriōsus, -a, -um**: glorious, 2
**inops (1)**: without resources, poor, penniless
**paupertās, -tātis f.**: poverty
**sūmō, sumere, -mpsī, -mptum**: take (up), 5
**unde**: whence, from which source, 3

41   **omnem vītam**: *his entire life*; agere +
vītam, 'to spend/live life' is a common
idiom
42   **dēcessit**: i.e. departed from life; a
euphemism for dying
42   **ut...relinqueret**: *that...*; result clause with
impf. subj.
**unde...dārētur**: *(an estate) from which...*;
a relative clause, the missing antecedent
is the object of relinqueret; impf. pass. subj.
of a subordinate verb in a result clause
**dōs fīliārum**: Roman families would often

entice husbands for their daughters by
offering land or wealth as a dowry
43   **patris...partēs**: *the roles of father*; acc.
dir. obj. i.e. after Fabricius died, the Senate
interceded on his behalf and acted as a
father would
**sibi**: *for...*; dat. of interest
**dātīs...dōtibus**: abl. abs.; PPP dō
44   **collocāvit**: i.e. found husbands and
therefore placed the daughters in new
households

## 21a. Regulus and the 1<sup>st</sup> Punic War

Cum prīmō Pūnicō bellō Rōmānī contrā Carthāginiēnsēs dē 1
imperiō Siciliae contenderent, M. Atīlius Rēgulus, consul
Rōmānus, nāvālī pugnā classem Pūnicam superāvit. Proeliō factō,
Hannō, dux Carthāginiēnsis, ad eum vēnit simulāns sē velle dē
pāce agere, rē vērā ut tempus extraheret, dum novae cōpiae ex 5
Africā advenīrent. Mīlitēs Rōmānī clamāre coepērunt Rēgulum
idem facere oportēre quod Carthāginiēnsēs paucīs ante annīs in
cōnsule quōdam fēcissent. Is enim tamquam in colloquium per
fraudem vocātus ā Poenīs comprehēnsus erat et in catēnās
coniectus. Iam Hannō timēre incipiēbat, sed perīculum respōnsō 10

---

**adveniō, -īre, -vēnī**: come to, approach, 4
**Atīlius, -ī m.**: Atilius
**catēna, -ae f.**: chain, fetter, shackle, 2
**clāmō (1)**: cry, shout out, 6
**classis, -is f.**: fleet, 4
**colloquium, -ī n.**: conversation, conference, 4
**comprehendō, -ere, dī, -prehensum**: to grasp, seize, 5
**conicīō, -ere, -iēcī, -iectum**: throw, hurl, 5
**contendō, -ere, -ī**: strive; hasten; contend, 3
**cōpia, -ae f.**: abundance, supply; troops, 5
**extrahō, -ere, -trāxī, -tractum**: draw/pull out
**fraus, fraudis f.**: deceit, fraud, trickery, 3

**Hannō, -ōnis m.**: Hanno, 3
**incipiō, -ere, incēpī, inceptum**: begin, 5
**M.**: Marcus, 5
**nāvālis, -e**: naval, nautical, of a ship, 2
**oportet**: ought; it is proper, fitting
**Poenus, -a, -um**: Carthaginian (Phoenician), 7
**Pūnicus, -a, -um**: Punic (Carthaginian), 6
**respōnsum, -ī n.**: response, reply, 3
**Sicilia, -ae f.**: Sicily, 6
**simulō (1)**: feign, pretend; make like, 2
**tamquam**: as if, as much as, so to speak, 6
**timeō, -ēre, -uī**: fear, dread, 2

1 **Cum...contenderent**: *when...*; impf. subj.
  **prīmō Pūnicō bellō**: *in...*; abl. time when
2 **imperiō Siciliae**: i.e. control over Sicily;
  Siciliae is an objective gen.
3 **nāvālī pugnā**: abl. means with a 3<sup>rd</sup> decl.
  i-stem adj. ('-ī' instead of '-e')
  **Proeliō factō**: abl. abs., PPP faciō
4 **simulāns**: nom. sg. pres. pple; Hanno
  is lying about he intentions
  **sē...agere**: *that...talked*; ind. disc.; agō,
  'carry on' can also mean 'converse' or
  'talk' in this context; velle is pres. inf. volō
5 **rē vērā**: *in true fact*; or 'actually'
  **ut...**: *so that...might*; purpose, impf. subj.
  **dum...advenīret**: *until...*; temporal clause,
  **cōpiae**: *troops*; elsewhere 'supplies'

6 **Rēgulum...oportēre**: *that...*; ind. disc.
  oportēre, 'ought,' governs an inf.; the entire
  clause is governed by clamāre
7 **idem**: *the same thing*; neut. acc. sg.
  **quod...fēcissent**: *which...*; relative clause
  with plpf. subj; subj. of subordinate clause
  in ind disc.
  **paucīs ante annīs**: *a few years before*;
  'before by a few years' abl. of degree of
  difference with the adverb ante
  **in...cōnsule**: *to...*
8 **Is**: *he..*; i.e. Regulus
9 **vocātus**: PPP vocō
10 **coniectus (erat)**: plpf. pass., supply verb
  **respōnsō**: *with...*; abl. means respōnsum

callidō reppulit. "Sī hoc fēceritis," inquit, "nihilō eritis Poenīs 11
meliōrēs." Consul tacēre iussit eōs quī pār pārī referrī volēbant, et
conveniēns gravitātī Rōmānae respōnsum dedit: "Istō tē metū,
Hannō, fidēs Rōmāna līberat." Dē pāce, quia Poenus ex animō nōn
agēbat et consul bellum gerere quam pācem facere mālēbat, nōn 15
convēnit.

Deinde Rēgulus et collēga, L. Mānlius Vulsō, in Āfricam prīmī
Rōmānōrum ducum trānsiērunt. Ibi, multīs castellīs expugnātīs
magnāque praedā captā, Tūnētem occupāvērunt, quae urbs decem
tantum milibus passuum ā Carthāgine aberat. Vulsō in Italiam cum 20

---

**absum, -esse, āfuī**: be away, be absent, 5
**callidus, -a, -um**: clever, skilful, adroit
**castellum, -ī n.**: stronghold, fort
**collēga, -ae m.**: coleague, partner, 5
**conveniō -īre -vēnī**: come together, 6
**decem**: ten, 2
**expugnō (1)**: take by storm, capture, 2
**fidēs, eī f.**: faith, trust, loyalty, 7
**gravitās, -tātis f.**: weight, heaviness
**Hannō, -ōnis m.**: Hanno, 3
**iste, ista, istud**: that (of yours), those, 2
**līberō (1)**: free, liberate, 5
**mālō, malle, maluī**: prefer, 5
**Mānlius, -iī m.**: Manlius, 2
**melior, melius**: better, 4
**metus, -ūs f.**: dread, fear

**mille (1)**: thousand, 6
**nihilum, -ī n.**: nothing
**occupō (1)**: seize, occupy, 5
**passus, -ūs**: pace, 2
**Poenus, -a, -um**: Carthaginian, 7
**Poenus, -a, -um**: Carthaginian (Phoenician), 7
**praeda, -ae f.**: plunder, spoils, 7
**quia**: because, 2
**referō, -ferre, -tulī**: report, bring back, 7
**repellō, -ere, -ppulī, -pulsum**: drive away, 2
**respōnsum, -ī n.**: response, reply, 3
**taceō, -ēre, -uī, -itum**: be silent, 2
**tū**: you, 6
**Tūnēs, Tūnētis m.**: Tunis (in Africa)
**Vulsō, -ōnis m.**: Vulso, 2

11 **reppulit**: *rejected*; pf. repellō
**sī...fēceritis...eritis**: *if you..., you will...*;
a fut. more vivid condition; translate the
2p fut. pf. as present with future sense; the
pf. here denotes an action completed before
the fut. action in the apodosis but does not
have to be translated into English
**nihilō**: *not at all, in no way*; abl. of degree
of difference with meliōrēs
**Poenīs**: *than...*; abl. of comparison
12 **pār pārī referrī**: *to respond like for like*;
"equal to be returned for equal," i.e. in a
give and take conversation
13 **conveniēns**: *being consistent with* + dat.;
pple conveniō
**istō...metū**: *from...*; abl. separation
14 **Hannō**: vocative, direct address

**Dē pāce...nōn convēnit**: *they did not
agree...*; an impersonal pf. verb, which one
may translate as active: "they agreed"
**ex animō**: i.e. from the heart, sincerely
**agēbat**: *was talking*; "was carrying on"
15 **quam**: *(rather) than*; clause of comparison
17 **prīmī**: *the first*; modifying both subjects
18 **Rōmānōrum ducum**: partitive gen. pl.
**trānsiērunt**: pf. trānseō
18 **multīs...expugnātīs**: abl. abs.
**magnā...captā**: abl. abs.
19 **quae urbs**: *which city...*; relative adj.
**decem...milibus passuum**: *by...miles*;
'thousand of paces;' abl. of degree of
difference (one expects an acc. of extent)
20 **tantum**: *only*; 'just so much' adv. acc.

## 21c. Regulus and the 1ˢᵗ Punic War

parte mīlitum rediit, collēgā ad agrōs vāstandōs relictō. Dum    21
Rēgulus ita hiemem in Āfricā agit, vīlicus in agellō septem
iugerum, quem Rēgulus cōnsul habēbat, mortuus est; occāsiōnem
nactus mercenārius, ablātō rūsticō īnstrūmentō, aufūgit. Ita
perīculum erat nē, dēsertō agrō, alimenta uxōrī Rēgulī ac līberīs    25
deessent. Dīcitur litterīs ā cōnsulibus petīsse ut sibi successor
mitterētur. At senātus agrum colī pūblicē et alimenta coniugī eius
ac līberīs praebērī rēsque quās āmīserat redimī iussit.
     Īnsequentī annō Lacedaemonius quīdam, nōmine Xanthippus,
reī mīlitāris perītissimus, Carthāginem cum conductīs vēnit.    30

---

**agellus, -ī m.**: a little field, piece of land
**alimentum, -ī n.**: nourishment, food, 2
**āmittō, -ere, -mīsī, -missum**: lose, let go, 6
**auferō, auferre, abstulī, ablātum**: take away, carry away, 5
**aufugiō, -ere, -fūgī**: flee away
**collēga, -ae m.**: colleague, partner, 5
**colō, -ere, coluī, cultum**: cultivate; worship, 3
**conductus, -ī m.**: hirelings, hired men
**dēserō, -ere, -uī, -sertum**: desert, 2
**dēsum, -esse, -fuī**: fail, be wanting, 2
**hiems, hiemis f.**: winter
**insequor, -quī, -cūtus sum**: follow, ensue, 3
**īnstrūmentum, -ī n.**: tool, implement
**iūger, iūgeris n.**: acre, a juger, 2

**Lacedaemonius, -ī m.**: Spartan
**littera, -ae f.**: letter, 2
**mercenārius, -ī m.**: hired, hireling
**mīlitāris, -e**: military, warlike, 2
**nanciscor, -ī, nactus sum**: obtain, meet
**occāsio, -ōnis f.**: opportunity, 2
**perītus, -a, -um**: experienced in (gen.), 2
**praebeō, -ēre, -uī, -itum**: present, put forth, 4
**redimō, -ere, -ēmī, -mptum**: buy/take back, 6
**rūsticus, -a, -um**: rural, rustic
**septem**: seven, 4
**successor, -ōris m.**: follower, sucessor, 3
**vāstō (1)**: lay waste, destroy, devastate, 3
**vīlicus, -ī m.**: estate-manager, steward
**Xanthippus, -ī m.**: Xanthippus

---

21  **mīlitum**: partitive gen.
    **rediit**: pf. red-eō
    **collēga...relictō**: abl. abs.
    **ad...vāstandōs**: *for...*; perform a gerund-gerundive flip and translate this noun + gerundive as a gerund (-ing) + acc.
    **dum...agit**: *while... spends*; temporal clause, dum governs ind. with exact time and a subj. when there is expectation or anticipation; agō often means 'spends'
22  **septem iugerum**: *of...*; gen. of measure
23  **mortuus est**: pf. dep. morior
24  **nactus**: *having attained*; PPP nanciscor
    **ablātō īnstrūmentō**: abl. abs., PPP auferō
25  **perīculum erat**: *there was a risk...*
    **nē...deessent**: lest...; or 'that,' fearing clause with impf. subj. desum
    **dēsertō agrō**: abl. abs.
    **uxōrī...ac līberīs**: *for...*; dat. of interest

26  **dīcitur**: *he is said*
    **ā cōnsulibus**: *from...*; abl. of source
    **petī(vi)sse**: pf. inf. petō
    **ut...mitterētur**: *that...be...*; ind. command
    **sibi**: *for...*; dat. of interest
27  **At**: *but*; a strong adversative
    **agrum...colī, alimenta...praebērī, rēs...redimī**: *that...*; ind. disc., a series of three acc. + inf. clauses following iussit, the pf. of iubeō; pass. inf. colō, praebeō, redimō
    **pūblicē**: *at public expense*
    **coniugī...ac līberīs**: *to...*; dat. ind. obj.
28  **rēs**: i.e. wealth or resouces
29  **īnsequentī annō**: *in...*; abl. time when, pres. pple (3ʳᵈ decl. i-stem abl. ending)
30  **reī mīlitāris**: *military science*; gen. sg.
    **Carthāginem**: *to...*; acc. place to which

Carthāginiēnsibus celeriter persuāsit ut sē ducem facerent. Quō 31
factō fortūna mutāta est. Nam nōn sōlum exercitum Rōmānum
vīcērunt sed etiam Rēgulum imperātorem cēpērunt.

Paucīs post annīs, cum iterum dē pāce agere cōnstituissent,
Rēgulum cum lēgātīs Rōmam mīsērunt quī Rōmānīs pācem 35
suādēret, et dē commūtandīs captīvīs ageret; iūre iūrandō autem
adstrictus est ut, nisi dē captīvīs impetrāret, redīret ipse
Carthāginem. Is, cum Rōmam vēnisset, ēgit aliter ac Poenī
mandāverant. Nam senātuī suāsit nē pāx cum Poenīs fieret; illōs
enim fractōs tot cāsibus spem nūllam habēre; reddī captīvōs 40

---

adstringō, -ere, -strīnxī: bind
aliter: otherwise, in some other way
cāsus, -ūs m.: misfortune, mishap; fall, 2
celeriter: swiftly, quickly, 5
commūtō (1): change, exchange, 2
exerceō, -ēre, -uī, exercitum: exercise, 3
fīō, fierī, factus sum: be made, occur, 3
fortūna, -ae f.: fortune, chance, luck, 4
frangō, -ere, frēgī, frāctum: break, shatter, 3
impetrō (1): attain, accomplish, 3

iterum: again, a second time, 3
iūrō (1): swear (an oath), 3
mandō (1): entrust, give, commit, 5
mutō (1): change, alter, 3
nisi: if not, unless, 7
Poenus, -a, -um: Carthaginian (Phoenician), 7
reddō -ere -didī -ditum: give back, render, 5
stringō, -ere, -inxī, -ictum: draw, pull out
suādeō, -ēre, suāsī, suāsum: persuade/urge, 3
tot: so many, 2

31 **Carthāginiēnsibus**: dat. ind. obj.
**ut...facerent**: *that...*; ind. command, impf.
subj. faciō governs a double acc. (acc. dir.
obj. and acc. pred.)
**Quō factō**: *this...*; abl. abs. and connective
relative: translate quō, 'which' as 'this;'
Latin prefers a relative where English
prefers a demonstrative
32 **nōn sōlum...sed etiam**: *not only...but
also*
33 **vīcērunt**: pf. vincō
34 **paucīs post annīs**: *a few years later*;
'after by a few years,' abl. of degree of
difference with adv. post
34 **agere**: *to discuss, to talk*; lit. 'to carry on'
35 **Romam**: acc. place to which
**quī...suādēret...ageret**: *who would...*;
relative clause of purpose (quī = ut is)
36 **dē commūtandīs captīvīs**: *about...*; do a
gerund-gerundive flip and translate this
noun + gerundive as a gerund (-ing) + acc.
**iūre iūrandō**: *by swearing an oath*; means;

a common noun + gerundive; perform the
gerund-gerundive flip
37 **adstrictus est**: i.e. was compelled
**ut...redīret**: *that...*; ind. command, impf.
subj. redeō
**nisi...impetrāret**: *if...not*; or 'unless;' subj.
of subordinate verb in ind. command
**ipse**: *he himself*
**Carthāginem, Rōmam**: acc. place to which
**ēgit**: pf. agō
38 **aliter ac**: *otherwise than...*; ac is here an
conjunction in a clause of comparison
39 **senātuī**: *the senate*; dat. ind. obj.
**nē...fieret**: *that...not*; neg. ind. command
with impf. subj. fīō
**illōs...habēre**: *(and) that those...*; ind. disc.
also governed by suāsit; supply "et"
40 **fractōs**: PPP frangō
**tot cāsibus**: abl. means with the PPP
**reddī captīvōs**: *that...*; acc. + inf. clause,
subject of esse below; pass. inf. reddō

## 21e. Regulus and the 1<sup>st</sup> Punic War

negāvit esse ūtile; adulēscentēs esse et bonōs ducēs, sē iam   41
confectum senectūte; dīxit etiam malum exemplum futūrum esse,
sī captīvī Rōmānī redimerentur. Senatus eō auctore pācem
recūsāvit Poenōsque captivōs retinuit. Rēgulus ut captīvus
coniugem parvōsque nātōs ā sē remōvit Carthāginemque rediit. Ibi   45
crūdēlissimīs suppliciīs necātus esse dīcitur.

---

**auctor, auctōris m.**: agent, creator, 3
**crūdēlis, -e**: cruel, bitter, bloody, 3
**exemplum, -ī n.**: example, 3
**malus, -a, -um**: bad, evil, wicked
**necō (1)**: kill, slay, put to death, 6
**negō (1)**: deny, say that…not, 4
**parvus, -a, -um**: small, 4
**Poenus, -a, -um**: Carthaginian (Phoenician), 7

**recūsō (1)**: refuse, give a reason against, 5
**redimō, -ere, -ēmī, -mptum**: buy/take back, 6
**removeō, -ēre, -mōvī, -mōtum**: remove
**retineō, -ēre, -uī, -tentum**: to hold back, 3
**senectūs, -tūtis f.**: old age, 2
**supplicium, -ī n.**: punishment, supplication, 5
**ūtilis, -e**: useful, effective

41 **esse ūtile**: *that it is…*; ind. disc., since the acc. + inf. construction, reddī captīvōs, is the subject; the pred. ūtile is neuter in agreement; inf. sum
   **adulēscentēs esse**: *(and) that…*; ind. disc.
   **et**: *also*; adverb
   **sē…confectum (esse)**: *(and) that…*; ind. disc. with pf. pass. inf. conficiō; conficiō can mean 'exhausted' or 'wearied'
42 **senectūte**: abl. of cause or means
   **(sē) malum…futūrum esse**: *that (he)…*; ind. disc. with fut. inf. sum; add sē
43 **sī…redimerentur**: *if…*; a fut. more vivid

condition (sī fut., fut.) becomes sī + impf. subj. and fut. inf. in secondary sequence
   **eō auctore**: *with him (being) the agent*; abl. abs.; since there is no pple for sum, the subject and predicate are placed in the abl.
44 **ut captīvus**: *as a captive*; ut introduces a clause of comparison
45 **nātōs**: *children*; 'those born' PPP nāscor
   **ā sē**: *from…*; abl. of separation
   **rediit**: pf. redeō
46 **crūdellissimīs suppliciīs**: abl. means
   **necātus esse**: pf. pass. inf. following dīcitur

## 22a. Hannibal and the 2nd Punic War

Carthāginiēnsēs post prīmum Pūnicum bellum imperium 1
opēsque in Hispaniā dīligenter auxērunt. Dux huius operis
Hamilcar erat, quī imperātor prīmō bellō fuerat atque indignābātur
quod Carthāgō eō bellō Siciliam Sardiniamque āmīserat.

Hannibal, eius fīlius, annōs novem nātus, patre incitante, iūrāvit 5
sē semper hostem futūrum esse populī Rōmānī. Posteā in
Hispaniam missus est. Tam similis patrī ōre vultūque erat ut mīlitēs
Hamilcarem iuvenem redditum sibi esse crēderent. Ingenium
autem erat ad rēs dīversissimās, pārendum atque imperandum,
aptum. Nōn minus Hasdrubalī, imperātōrī, quī, interfectō 10

---

**āmittō, -ere, -mīsī, -missum**: lose, let go, 6
**aptus, -a, -um**: fitting, suitable
**augeō, -ēre, auxī, auctum**: increase, enrich, 6
**aurum, -ī n.**: gold, 3
**crēdō, -ere, -didī, -ditum**: believe, trust, 7
**dīligēns, -ntis**: diligent, careful, industrious, 2
**dīversus, -a, -um**: different, contrary, 3
**Hamilcar, -is m.**: Hamilcar, 3
**Hasdrubal, -is m.**: Hasdrubal, 5
**imperō (1)**: order, command, 4
**incitō (1)**: urge on, incite
**indignor, -ārī, -ātus sum**: be angered, 3
**ingenium, -ī n.**: intellect, talent; character, 5

**iūrō (1)**: swear (an oath), 3
**novem**: nine, 2
**opera, -ae f.**: effort, exertion, work, 3
**ops, opis f.**: power; pl. resources, influence, 6
**pāreō, -ēre, paruī**: obey, submit
**parvus, -a, -um**: small, 4
**Pūnicus, -a, -um**: Punic, 6
**reddō -ere -didī -ditum**: give back, render, 5
**Sardinia, -ae f.**: Sardinia (island)
**semper**: always, ever, forever, 3
**Sicilia, -ae f.**: Sicily, 6
**similis, simile**: similar to, like, 2
**vultus, -ūs m.**: expression, face, 2

1 **post...bellum**: *after...*; post + acc.
2 **opēs**: acc. pl. ops
  **auxērunt**: pf. augeō
  **huius operis**: objective gen. sg., hic opus
3 **prīmō bellō**: *in...*; abl. time when
  **indignābātur**: impf. dep.
4 **quod...āmīserat**: *because...*; causal quod
  clause with ind. denoting a cause from the
  narrator's point of view; plpf. āmittō
  **eō bellō**: *in that...*; abl. of time when, eō is
  a demostative adj., is, ea, id
5 **eius**: *his*; i.e. Hamilcar's, gen. sg.
  **annōs novem**: *nine years (ago)*; acc. of
  duration
  **nātus**: PPP nascor
  **patre incitante**: abl. abs. with pres. pple
6 **sē...futūrum esse**: *that...*; ind. disc. with
  fut. inf. sum

7 **patrī**: *to...*; dat. of special adj. similis
  **ōre vultūque**: *in...*; abl. of respect; an
  example of hendiadys, using two terms to
  describe one object: 'expression on his face'
  **ut...crēderet**: *that...*; result clause
8 **Hamilcarem...esse**: *that Hamilcar was
  returned as a youth again for them*;
  iuvenem is a pred. acc. and redditum esse is
  pf. pass. inf. reddō; sibi is a dat. of interest
9 **erat...aptum**: neut. predicative nom.
  **ad rēs...**: *for...*; expressing purpose
  **pārendum atque imperandum**: gerunds
  (-ing) in apposition to rēs
10 **minus**: *less*; comparative adv.
  **Hasdrūbalī, imperātōrī (carus erat)**: *(he
  was dear) to Hasdrubal...*; dat. of reference
  and apposition, add 'carus erat' from l. 11
  **interfectō Hamilcare**: abl. abs.

# 22b. Hannibal and the 2$^{nd}$ Punic War

Hamilcare, eī successor fuit in Hispāniā, quam exercituī cārus erat.   11
Neque Hasdrubal alium quemquam mīlitibus praeficere malēbat,
neque mīlitēs aliō duce plūs cōnfīdēbant aut audēbant.
  Hasdrubale interfectō, Hannibal, nātus annōs vīgintī septem
imperātor creātus, cōnstituit Rōmānōs vincere, ut Carthāginem in   15
pristinam auctōritātem restitueret. Prīmum obsidiōne urbem
Saguntīnōrum cēpit, quī sociī Hispāniēnsēs Rōmānōrum erant.
Deinde per montēs Pyrenaeōs atque Alpēs iter difficile in Italiam
fēcit. Ibi Rōmānōs exercitūs superāvit ad Tīcīnum flūmen, ad
Trebiam, ad Trasummenum lacum, in Āpuliā ad Cannas. In   20

---

**Alpēs, -ium f.**: Alps
**Āpūlia, -ae f.**: Apulia (a region of Italy), 2
**auctōritās, -tātis f.**: authority, 4
**audeō, -ēre, ausus sum**: dare, venture, 5
**Cannae, ae f.**: Cannae
**cārus, -a, -um**: dear, precious, costly, 4
**cōnfīdō, -ere, -fīsus sum**: trust, believe, rely upon
**difficilis, difficile**: hard, difficult, 2
**Hamilcar, -is m.**: Hamilcar, 3
**Hasdrubal, -is m.**: Hasdrubal, 5
**Hispāniēnsis, -is m.**: Hispanic, of Hispania, 3
**lacus, -ūs m.**: lake, 3
**mālō, malle, maluī**: prefer, 5
**obsidio, -iōnis f.**: seige, blockade, 3

**plūs, plūris**: more; many, 4
**praeficiō, -ere, -fēcī**: set/put in charge over, 2
**pristinus, -a, -um**: former, previous, earlier
**Pyrēnaeus, -a, -um**: of the Pyrenees
**quisquam, quidquam**: any one, any thing, 2
**Saguntīnī, -ōrum m.**: Saguntinians, of Saguntum (a city in Hispania)
**septem**: seven, 4
**socius, -iī m.**: comrade, companion; ally, 7
**successor, -ōris m.**: follower, sucessor, 3
**Tīcīnus, -ī m.**: Ticinus (river), 2
**Trasumennus, -a, -um**: of Trasimene, 2
**Trebia, -ae, f.**: Trebia (town) or (river)
**vīgintī**: twenty, 6

---

11  **eī successor**: *his successor*; eī is a dat. of possession and refers to Hamilcar
  **quam**: *just as*; (tam) quam; an adverbial conjunction introducing a clause of comparison
  **exercituī**: *to…*; dat. of reference with cārus, parallel to Hasdrubalī
12  **alium quemquam**: *someone else*; 'anyone other;' 'else' is an alternative to 'other'
  **mīlitibus**: *over…*; dat. of compound verb, as often, translate the prefix (here prae-) as a preposition and the dat. as the object
13  **aliō duce**: abl. abs., add the pple 'being'
14  **Hasdubale interfectō**: abl. abs.
  **nātus**: PPP nascor + acc. of duration, see l. 5 (p. 74) for translation

14  **vīgintī (et) septem**: indeclinable with annōs
15  **imperātor**: nom. pred. of creātus, which in turn is a PPP modifying Hannibal
  **Rōmānōs vincere**: *that…*; ind. disc.
  **ut…resitueret**: *so that…might*; purpose
16  **prīmum**: *first (of all)*; adverbial acc.
  **obsidiōne**: abl. means
19  **exercitūs**: acc. pl. 4$^{th}$ decl. noun
  **ad…ad…ad**: *near…(and) near…*; or "at;" these are separate battles in separate places, supply the conjunction "et;" Hannibal killed or captured approxiamately 20,000+ Romans and allies at Trebia River, 15,000+ at Lake Trasimene, 30,000+ at Cannae.

## 22c. Hannibal and the 2<sup>nd</sup> Punic War

Āpūliam vēnerat eō cōnsiliō, ut spē lībertātis sociōs Rōmānōrum    21
sollicitāret. Quīdam ex sociīs amīcitiam Hannibalis secūtī sunt, sed
multī in fidē Rōmānōrum mānsērunt. Cum optimī ducēs Rōmānī
adversus Hannibalem mitterentur, numquam tamen eum dēvincere
potuērunt. Sēdecim annōs in Italiā neque victor neque victus    25
mānsit.

---

amīcitia, -ae, f.: friendship, 5
Āpūlia, -ae f.: Apulia (a region of Italy), 2
dēvincō, -ere, -vīcī: conquer, overcome, 2
fidēs, eī f.: faith, trust, 7
lībertās, -tātis f.: freedom, liberation, 2

maneō, -ēre, mansī: stay, wait, wait for, 7
numquam: never, 3
sēdecim: sixteen
socius, -iī m.: comrade, companion; ally, 7
sollicitō (1): worry, agitate, stir up

21  in Āpūliam: a region in the southeast
region of Italy (i.e. the heel of the boot)
21  eō cōnsiliō: *with this purpose, with this
plan*; abl. of manner with demonstrative adj.
ut...sollicitāret: *(namely) so that...*; a
purpose clause in apposition to eō cōnsiliō
spē: abl. means or cause, 5<sup>th</sup> decl. spēs
22  quīdam: *certain ones*; a substantive

23  multī: *many (allies)*; another substantive
cum...tamen: *although...nevertheless*; a
cum clause followed by tamen in the main
clause is very often concessive in sense
25  potuērunt: pf. possum
sēdecim annōs: *for...*; acc. of duration
neque victor neque victus: *neither...nor...*
predicative nom., PPP vincō

## 23a. Quintus Fabius Maximus and the 2ⁿᵈ Punic War

Postquam Rōmānī clādem ad Trasumennum lacum accēpērunt,   1
Q. Fabius Maximus dīctātor creātus est, et M. Minūcius Rūfus
magister equitum. Cōnsilium erat Fabiī nūllō locō cum hoste
dēcertāre, sed fīnēs Rōmānōrum sōciōrumque intuērī et levibus
proeliīs mīlitum fortitūdinem augēre. Hannibal, hōc cōnsiliō   5
turbātus, dictātōrem invidiā onerāre cōnstituit. Itaque cum ager
Fabiī eī monstrātus esset, omnibus agrīs circā vastātīs, ūnī agrō
dictātōris pepercit. At Fabius, missō Rōmam Quintō fīliō, agrum
vēndidit pecūniāque redāctā captīvōs Rōmānōs redēmit.

Ratiō Fabiāna bellī gerendī, propter quam Fabiō cognōmen   10
Cūnctātor datum est, Rōmānīs grāta nōn erat. Cum Minūcius,

---

**augeō, -ēre, auxī, auctum**: increase, enrich, 6
**circā**: about, around, 4
**clādes, -is f.**: disaster, destruction, loss
**cognōmen, -minis n.**: cognomen, nickname, 6
**Cūnctātor, -is m.**: Delayer, the Delayer
**dēcertō (1)**: fight to the finish or decisively
**eques, equitis m.**: horseman, rider, 6
**Fabiānus, -a, -um**: of Fabius
**fīnis, -is m./f.**: end, border; territory, 3
**fortitūdō, -dinis f.**: strength, courage
**grātus, -a, -um**: pleasing, grateful, 4
**intueor, -tuērī, -tuitus sum**: look over, 2
**invidia, -ae f.**: hatred, ill-will, unpopularity
**lacus, -ūs m.**: lake, 3
**levis, -e**: light; light-armored
**locō (1)**: put, place, 2
**M.**: Marcus, 5

**magister, -ī m.**: Master; helmsman, teacher, 6
**Minucius, -ī m.**: Minucius, 3
**monstrō (1)**: point out, show
**onerō (1)**: load, burden, weight down
**parcō, -ere, pepercī**: spare, refrain (dat.), 3
**postquam**: after, when, 6
**Q.**: Quintus, 2
**Quintus, -ī m.**: Quintus
**ratiō, ratiōnis, f.**: account, way, method
**redigō -ere -ēgī -āctum**: drive/bring back, 3
**redimō, -ere, -ēmī, -mptum**: buy/take back, 6
**Rūfus, -a, -um**: Rufus
**socius, -iī m.**: comrade, companion; ally, 7
**Trasumennus, -a, -um**: of Trasimene, 2
**turbō (1)**: confuse, disturb, confuse, 3
**vāstō (1)**: lay waste, destroy, devastate, 3
**vendō, -ere, vendidī**: sell

1 **Postquam...accēpērunt**: *after...received*;
   temporal clause
   **Trasumennum lacum**: Lake Trasimene
2 **dictātor**: predicative nom. after pf. pass.
   creō; a dictatorship is an tradition office
   lasting only six months in an emergency
3 **magister equitum**: *Master of the Horse*;
   second-in-command to the dictator
   **nūllō locō**: abl. place where
4 **intuērī**: pres. dep. inf. intueor
5 **levibus proeliīs**: *with...*; abl. of means
6 **invidiā**: abl. means
   **cum...monstrātus esset**: *when...*; cum
   clause with plpf. pass. subj., translate in the
   same tense

7 **eī**: *to him*; i.e. to Hannibal, dat. ind. obj.
   **omnibus...vastātis**: abl. abs.
   **ūnī agrō**: *one farm*; dat. obj. of pf. parcō
   ūnus, a pronominal adj. has –ius in the
   gen. and –ī in the dat.
8 **missō...fīliō**: abl. abs., PPP mittō
   **Rōmam**: acc. place to which
9 **pecūniāque redāctā**: abl. abs.
10 **bellī gerendī**: *of...*; perform a gerundive-
   gerund flip and translate this gerundive as a
   gerund (-ing) + acc.
   **propter quam**: *on account of which...*
11 **Rōmānīs**: *to the Romans*; dat. reference

## 23b. Quintus Fabius Maximus and the 2<sup>nd</sup> Punic War

absente dictātōre, aliquantum victōriae forte adeptus esset, lēx lāta  12
est ut iūs magistrī equitum et dictātōris aequārētur. Iniūriam tamen
Fabius aequō animō tulit, satis fīdēns haudquāquam cum imperiī
iūre artem imperandī aequātam esse. Legiōnēs inter dictātōrem et  15
magistrum dīvīsae sunt. Dēnique Minucius, temere proeliō
commissō, ā Fabiō servātus est. Tum sub imperium dictātōris rediit
legiōnēsque restituit et Fabium patrem appellāvit. Rōmae, ut est
perlāta fama eius reī, omnēs Maximum laudibus ad caelum
ferēbant. Multīs post annīs, allīs rēbus interim gestīs, Fabius  20
mortuus est.

---

**absum, -esse, āfuī:** be away, be absent, 5
**adipīscor, -ī, adeptus sum:** obtain, overtake 1
**aequō (1):** make equal, make level, 2
**aliquantus, -a, -um:** some, considerable
**ars, artis f.:** skill, craft, art, 7
**caelum, -ī n.:** sky
**committō, -ere, -sī, -sum:** commit; begin, 3
**dēnique:** lastly, finally, 7
**dīvidō, -ere, -vīsī, -vīsum:** divide, separate, 7
**eques, equitis m.:** horseman, rider, 6
**fāma, -ae f.:** fame, report, rumor, reputation, 7
**fīdō, -ere, fīsus sum:** trust, confide, rely upon

**haudquāquam:** by no means whatsoever
**imperō (1):** order, command, 4
**iniūria, -ae f.:** wrong, insult, injustice, 5
**interim:** meanwhile, in the meantime, 4
**laus, laudis f.:** praise, glory, merit, 4
**legio, legiōnis f.:** legion, 2
**magister, -ī m.:** Master; helmsman, teacher, 6
**Minucius, -ī m.:** Minucius, 3
**perferō, -ferre, -tulī, -lātum:** carry, endure, 4
**satis:** enough, 5
**servō (1):** save, keep, preserve, 7
**temere:** heedlessly, rashly, blindly

12 **absente dictātōre:** abl. abs.; pres. pple.
absum
**aliquantum victōriae:** *some victory*; 'some amount of victory,' an appositional gen.
**forte:** *by chance*; abl. as adverb, from fors
**adeptus esset:** plpf. dep. subj. adipīscor in a cum clause
**lāta est:** *was proposed*; 'was brought (up)' pf. pass. ferō; ferre and referre legem is an idiom for proposing a law
13 **ut...aequārētur:** *(namely) that...*; ind. command in apposition to lēx
**iūs:** *legal right, legal authority*
14 **aequō animō:** *with a level head*; abl. of manner
**tulit:** *endured*; pf. ferō
**satis:** *sufficiently*; adv.
**haudquāquam...aequātam esse:** *that...*;

ind. disc., artem is acc. subj. with pf. pass. inf. aequō, all governed by pres pple fīdō
**imperandī:** *of...*; gen. sg. gerund (-ing)
16 **temere...commissō:** abl. abs., committere proelium is an idiom: 'to commence battle'
17 **ā Fabiō:** *by...*; abl. agent
**rediit:** pf. redeō
18 **appellāvit:** governing a double acc.
**Rōmae:** *at...*; locative, place where
**ut...:** *as...*; a clause of comparison
19 **perlāta est:** pf. pass. perferō
**eius reī:** *of this account*
**Maximum:** i.e. Fabius
**laudibus:** abl. means
20 **multīs post annīs:** *many years later*; 'later by many years,' abl. of degree of difference
**allīs...gestīs:** abl. abs.
21 **mortuus est:** pf. dep. morior

## 24a. Publius Cornelius Scipio Africanus and the 2nd Punic War

P. Cornēlius Scipiō fīlius erat cōnsulis quī exercituī Rōmānō in 1
proeliō ad Tīcīnum flūmen praefuerat. Fāma est patrem, cum, in eō
proeliō vulnerātus, ab hostibus circumvenīrētur, ā filiō septendecim
nātō annōs servātum esse.

Posteā cum aedīlitātem peteret, tribūnī plēbis resistēbant, quod 5
nōndum ad petendum lēgitima aetās esset. Tum Scīpiō, "Sī mē,"
inquit, "omnēs Quirītēs aedīlem facere volunt, satis annōrum
habeō." Aedīlis magnō favōre populī, nūllō tribūnō resistente,
creātus est.

---

aedīlis, -is m.: aedile (city manager), 3
aedīlitās, -tātis f.: aedileship
aetās, aetātis f.: age, lifetime, time, 7
circumveniō, -īre, -vēnī: surround
Cornēlius, -ī m.: Cornelius, 3
fāma, -ae f.: fame, report, rumor, reputation, 7
favor, favōris m., (1): good-will, favor, 3
lēgitimus, -a, -um: lawful, legal
nōndum: not yet, 3

P.: Publius, 3
praesum, -esse, -fuī: be over, preside over, 2
Quirītēs, -ium m.: Quirites (Romans), 2
resistō, -ere, -stitī: stand still, halt; oppose, 7
satis: enough, 5
septendecim: seventeen
servō (1): save, keep, preserve, 7
Tīcīnus, -ī m.: Ticinus river, 2
vulnerō (1): wound, injure, 3

1 **cōnsulis**: *of a consul*; with pred. fīlius
   **exercituī Rōmānō**: *over…*; dat. of
   compound verb; make the prefix (prae-)
   into a preposition and the dat. into the obj.
2 **praefuerat**: plpf. prae-sum
   **Fama est**: *there is a rumor that…*
   **patrem…servātum esse**: *that…*; acc. + inf.
   clause is the true subject of est above; pf.
   pass. inf. servō
   **cum…circumvenīrētur**: *when he…*; the
   understood subject is the pater
3 **vulnerātus**: PPP vulnerō, modifying
   the missing subject 'he'
   **septendecim annōs**: *17 years ago*; acc. of
   duration
   **nātō**: PPP nascor modifying fīliō
5 **cum…peteret**: *when…*; i.e. campaigning
   for political office
   **tribūnī plēbis**: *tribunes of the plebs*:

Roman officials; nom. pl., the subject
**quod…esset**: *because…*; 'on the grounds
that…' quod + subj. suggests an alleged
cause from a character's point of view:
'because (as they claim)…'; impf.. subj.
sum, translate as impf. indicative
6 **ad petendum**: *for…*; a gerund (-ing), ad +
acc. expresses purpose
6 **Sī…volunt,…habeō**: a simple pres.
condition (sī pres., pres.)
7 **inquit**: *says*; used to indicate direct disc.
**facere**: *make (x) (y)*; governs a double acc.
(acc. obj. and acc. pred.)
**satis annōrum**: acc. obj. and partitive gen.
8 **Aedīlis**: predicative nom.
**magnō favōre**: abl. means
**populī**: subjective gen. sg.
**nūllō…resistente**: abl. abs.

## 24b. Publius Cornelius Scipio Africanus and the 2<sup>nd</sup> Punic War

Multīs post annīs pater Scīpiōnis et patruus, quī bellum in    10
Hispāniā gesserant, intrā diēs trīgintā cecidērunt. Comitiīs ēdictīs
ad imperātōrem creandum omnēs seniōrēs imperium Hispāniēnse
accipere nōlēbant; tum subitō P. Cornēlius Scīpiō, quattuor et
vigintī annōs nātus, professus est sē petere et in superiōre locō
unde cōnspicī posset, cōnstitit. Deinde ad ūnum omnēs P. Scīpiōnī    15
imperium esse in Hispāniā iussērunt. Posteā tamen cīvēs ob
aetātem imperātōris novī dubitāre incipiēbant num rectē fēcissent.
Scīpiō, hōc animadversō, cōntiōnem habuit et tam grāviter disseruit
ut animōs rūrsus excitāret omnēsque certā spē implēret.

---

**aetās, aetātis f.**: age, lifetime, time, 7
**animadvertō, -ere, -vertī**: notice; punish, 4
**cadō, -ere, cecidī, cāsum**: fall, 4
**certus, -a, -um**: certain, reliable, sure, 6
**comitium, -ī n.**: meeting, assembly, 4
**conspiciō, -ere, spexī, spectum**: see, behold
**cōnstō, -stāre, -stitī**: stand firm; is agreed, 5
**cōntio, cōntiōnis f.**: meeting, assembly
**Cornēlius, -ī m.**: Cornelius, 3
**disserō, -ere, -sēvī**: discuss, speak
**dubitō (1)**: waver, hestitate, be in doubt
**ēdīcō, -ere, -dīxī, -dictum**: proclaim
**excitō (1)**: rouse, stir up; awaken, 6
**Hispāniēnsis, -is m.**: Hispanic, of Hispania, 3
**impleō, -ēre, -ēvī, implētum**: fill, 3
**incipiō, -ere, incēpī, inceptum**: begin, 5
**intrā**: within, inside (acc.), 2

**locō (1)**: put, place, 2
**nōlō, nōlle, nōluī**: not...wish, be unwilling, 4
**num**: surely...not?; whether
**ob**: on account of, because of, 5
**P.**: Publius, 3
**patruus, -a, -um**: uncle, paternal uncle
**profiteor, -ērī, professus sum**: declare, 2
**quattuor**: four, 5
**rectē**: rightly, justly
**rūrsus**: again, backward, back, 2
**senex, senis m.**: old man, 2
**subitō**: immediately, straightaway, 3
**superus, -a, -um**: upper, higher, above, 3
**trīginta**: thirty, 3
**unde**: whence, from which source, 3
**vīgintī**: twenty, 6

10  **multīs post annīs**: *many years later*; 'later by many years,' abl. of degree of difference
11  **cecidērunt**: pf. cadō
    **comitiīs ēdictīs**: abl. abs.
31  **ad...creandum**: *for...*;  perform a gerund-gerundive flip. Translate this noun + gerundive as a gerund (-ing) + obj.
12  **seniōrēs**: *older men*; comparative
13  **quattuor...annōs**: *...(ago)*; acc. of duration
14  **nātus**: PPP nascor
    **professus est**: pf. dep. profiteor
    **sē petere**: *that...*; ind. disc., i.e. he is campaigning for (seeking) the office
15  **unde...posset**: *from where he would...*;

a relative clause of purpose with impf. subj. possum and pass. inf.
    **cōnstitit**: *he stood*; or 'he stopped'
    **ad ūnum**: *to the man*; qualifying omnēs
    **P. Scīpiōnī...esse**: *that Scipio has...*; ind. disc.; dat. of possession + esse can often be translated as  subject + verb 'have'
17  **num...fēcissent**: *whether...*; ind. question with plpf. subj. faciō
18  **hōc animadversō**: abl. abs.
    **graviter**: adv.  from 3<sup>rd</sup> decl. grāvis, -e
19  **ut...excitāret...implēret**: *that...*; result clause with impf. subj.
    **certā spē**: abl. means

## 24c. Publius Cornelius Scipio Africanus and the 2nd Punic War

Quīnque annōs in Hispāniā bellum adversus Carthāginiēnsēs   20
continuō cursū victōriārum gessit. Exercitūs hostium ex Hispāniā
expulit et amīcitiās gentium Hispāniēnsium sibi conciliāvit. Multa
narrantur dē Scīpiōnis mānsuētūdine in miserōs et dē cōmitāte in
hostēs ac barbarōs. Virginem Hispānam, captam Carthāgine Novā,
quae Alluciō, prīncipī Celtibērōrum, dēspōnsa erat, spōnsō trādidit.   25
Magnum quoque aurī pondus, quod virginis parentēs ad
redimendam fīliam attulērunt, spōnsō dedit.   Allucius, ut
beneficium remūnerārētur, domum profectus ad Scīpiōnem cum
dēlēctīs mille et quadringentīs equitibus revertit. Massīvam

---

**afferō, -ferre, -tulī, -latum**: bring, 2
**Allucius, -ī m.**: Allucius, 2
**amīcitia, -ae, f.**: friendship, alliance, 5
**aurum, -ī n.**: gold, 3
**barbarus, -a, -um**: barbarian, foreigner
**beneficium, -ī n.**: favor, benefit, kindness
**Celtibērī, -ōrum m.**: Celtiberians (people) 1
**comitās, -tātis f.**: friendliness, kindliness, 4
**continuus, -a, -um**: continuous, successive, 3
**cursus, -ūs m.**: course, running, haste, 6
**dēdō, -ere, dēdidī**: give up, surrender, 7
**dēligō, -ere, -lēgī, -lectum**: choose, select, 3
**dēspondō, -ere, -spondī**: betroth, 3
**eques, equitis m.**: horseman, rider, 6
**expellō, -ere, -pulī, -pulsum**: drive out
**Hispāniēnsis, -is m.**: Hispanic, of Hispania, 3

**Hispānus, -a, -um**: Hispanic, of Hispania
**mansuētūdō, -inis f.**: clemency, mildness
**Massīva, -ae m.**: Massiva (a person)
**mille (1)**: thousand, 6
**miser, misera, miserum**: sad, gloomy, 2
**narrō (1)**: relate, tell, narrate, 2
**parēns, parentis m.**: parent, ancestor, 4
**pondus, ponderis n.**: weight, 6
**quadrigentī, -ae, -a**: four hundred, 1
**quīnque**: five, 4
**redimō, -ere, -ēmī, -mptum**: buy/take back, 6
**remūneror, -ārī, -ātus sum**: pay back
**revertō, -ere, reversī**: turn back, return
**spōnsus, -ī m.**: betrothed man, bridegroom, 2
**trādō, -dere, -didī, -ditum**: hand over, give, 7

20  **Quīnque annōs**: *for…*; acc. of duration
21  **continuō cursū**: abl. of manner
    **gessit…conciliāvit**: Scipio is subject
    **exercitūs**: acc. pl. 4th decl. noun
    **hostium**: gen. pl. 3rd decl. i-stem noun
    **gentium Hispāniēnsium**: gen. pl.
22  **sibi**: *for himself*
    **Multa**: *many things*; substantive
23  **in miserōs**: *toward…*
    **in hostēs ac barbarōs**: *toward…*
24  **captam**: PPP capiō modifying fem. sg. virginem
    **Carthāgine Novā**: *in…*; locative, place where; a colony in Spain
25  **Alluciō**: *to Allucius*; dat. ind. obj
    **prīncipī**: dat. appposition
    **Celtibērī**: i.e. Gauls inhabiting the Iberian

peninsula (modern Spain)
**spōnsō**: dat. ind. obj.
**trādidit**: pf. trādō
26  **aurī**: gen.
    **quod…attulērunt**: *which…*; relative clause, 3p pf. afferō
    **ad redimendam fīliam**: *for…*; expressing purpose; perform a gerund-gerundive flip and translate this noun + gerundive as a gerund (-ing) + acc.
27  **ut…remūnerārētur**: *so that…might*; purpose; impf. pass. subj
    **domum**: *to…*; acc. place to which
28  **profectus**: pf. dep. pple proficīscor, as often, translate as 'having Xed'
29  **dēlēctīs**: PPP dēligo modifies equitibus
    **mille et quadringentīs**: *1,400*

adulescentem, captīvum Āfrum, restituit avunculō Masinissae   30
Numidārum rēgī, quī cum equitātū subsidiō Carthāginiēnsibus
vēnerat.

Scīpiō, receptā Hispāniā, gloriam cōnficiendī bellī spectāre
coepit. Cōnstituit prius conciliāre rēgēs Āfrōs, Syphācem et
Masinissam, quī sociī Carthāginiēnsium erant. Syphāx colloquium   35
cum duce Rōmānō postulāvit.   Scīpiō ab Carthāgine Novā
profectus forte invectus est in rēgium portum eō ipsō tempore quō
Hasdrubal, dux Carthāginiēnsis, quī Hispāniā pulsus erat. Rōmānus
et Carthāginiēnsis, quamquam hostēs erant, ā Syphāce in hospitium

---

**Āfrus, -a, -um**: African, 2
**avunculus, -ī m.**: uncle, mother's brother
**colloquium, -ī n.**: conversation, conference, 4
**equitātus, -ūs m.**: cavalry
**glōria, -ae, f.**: glory, fame, 3
**Hasdrubal, -is m.**: Hasdrubal, 5
**hospitium, ī n.**: hospitality; banquet, 2
**invehō, -ere, -vexī, -ctum**: convey/ride into, 3
**Masinissa, -ae m.**: Masinissa, Numidia king 4
**Numida, -ae m.**: Numidian; a nomad; 2

**pellō, -ere, pepulī, pulsum**: drive, beat, 6
**portus, -ūs m.**: harbor, part
**postulō (1)**: demand, claim, request, ask, 5
**prior, prius**: before, first. previous, sooner, 5
**recipiō, -ere, -cēpī, -ceptum**: accept, take, 4
**rēgius, -a, -um**: royal, of the king or queen, 6
**socius, -iī m.**: comrade, companion; ally, 7
**spectō (1)**: watch, look at, 2
**subsidium, -ī n.**: assistance, reinforcement
**Syphāx, Syphācis m.**: Syphax, 6

30  **restituit**: *he restored*; i.e. released
    **avunculō**: *back to (his)*…; dat. of interest
    **Masinissae…rēgī**: dat. in apposition
31  **subsidiō Carthāginiēnsibus**: *as assistance for the Carthaginians*; a double dative (dat. of purpose and dat. of interest)
33  **receptā Hispāniā**: abl. abs., PPP recipiō
    **cōnficiendī bellī**: *of*…; perform a gerund-gerundive flip and translate the noun + gerundive as gerund (-ing) + acc. obj.
34  **cōnstituit**: *he decided*
    **prius**: *first*; lit. 'earlier,' comparative adv.
35  **Carthāginiēnsium**: gen. pl.

37  **profectus**: pf. dep. pple proficīscor, as often, translate as 'having Xed'
    **forte**: *by chance*; abl. as adverb; fors
    **invectus est**: pf. dep. invehor
    **eō ipsō tempore**: *at this*…; abl. time when, eō is a demonstrative adj.
    **quō (tempore)**: *at which (time)*…; relative pronoun, abl. of time when
38  **Hispāniā**: *from*…; abl. of separation
    **pulsus erat**: plpf. pass. pellō
39  **ā Syphāce**: *by*…; abl. of agent
    **in hospitium**: *to a banquet*

## 24e. Publius Cornelius Scipio Africanus and the 2<sup>nd</sup> Punic War

invītātī eōdem lectō accubuērunt. Tanta autem inerat comitās 40
Scīpiōnī ut Hasdrubal nōn minus quam Syphāx Rōmānum
admirārētur. Scīpiō cum Syphāce foedere factō Novam
Carthāginem rediit.

Posteā iter longum per Hispāniam fēcit, ut cum Masinissā
quoque colloquerētur, quem comitāte atque maiestāte facile 45
conciliāvit. Numida grātiās ēgit quod Scīpiō frātris filium
remīsisset dīxitque sē velle in fidē atque amīcitiā populī Rōmānī
esse; Rōmānōs, sī Scīpiōnem ducem in Āfricam mitterent, brevī
tempore Carthāginem captūrōs esse. Scipio, fidē datā acceptāque,
in castra rediit atque mox Rōmam profectus est. 50

---

accumbō, -ere, accubuī: recline
admīror, -ārī, -ātus sum: admire, wonder, 4
amīcitia, -ae, f.: friendship, 5
brevis, -e: short, brief, 5
colloquor, -loquī, -locūtus sum: converse
comitās, -tātis f.: friendliness, kindliness, 4
facilis, -e: easy, 4
fidēs, eī f.: faith, trust, 7
foedus, -eris n.: treaty, alliance, 5
grātia, -ae f.: gratitude; favor, thanks, 3
Hasdrubal, -is m.: Hasdrubal, 5

insum, -esse, -fuī: be in, 2
invītō (1): invite, summon, 2
lectus, -ī m.: couch, bed, 2
longus -a, -um: long, 2
maiestās, -tātis f.: splendor, dignity, honor
Masinissa, -ae f.: Masinissa, 4
mox: soon, 4
Numida, -ae m.: a nomad; Numidian, 2
parvus, -a, -um: small, 4
remittō -ere -mīsī -missum: send back, 3
Syphāx, Syphācis m.: Syphax, 6

40 invītātī: PPP invītō with both subjects
  eōdem lectō: on…; abl. of time where
  accubuērunt: referring to the practice
  of lying down and dining
41 Scīpiōnī: in…; dat. of compound verb;
  treat the prefix (in-) as a preposition and
  employ the dat. as an object
  ut…admirārētur: that…; result clause
  with impf. dep. subj. admīror governing an
  acc. obj.
  nōn minus: no less; comparative adv.
42 foedere factō: abl. abs., PPP faciō
43 Novam Carthāginem: place to which
  rediit: pf. redeō
44 ut…colloquerētur: so that…might…;
  purpose with impf. dep. subj.
45 quem…conciliāvit: whom…; relative, the
  antecedent is Masinissā
  comitāte atque maiestāte: abl. means
  facile: easily; adv.

46 Numida: the Numidian; i.e. Masinissa
  grātiās ēgit: pf. agō; agō grātiās is an
  idiom for 'I give thanks'
  quod…remīsisset: because…; causal
  quod clause with plpf. subj. for alleged
  cause
47 sē velle…esse: that…; ind. disc. with inf.
  volō and sum
48 Rōmānōs…captūrōs esse: that…; ind.
  disc. with pf. pass. inf. capiō
  sī…mitterent…captūrōs esse: if…sent…
  would…; in a fut. more vivid condition (sī
  fut., fut.) in ind. disc. the apodosis becomes
  a fut. inf. and the protasis becomes impf.
  subj.
  ducem: as leader; acc. apposition
  brevī tempore: in…; abl. of time when
49 Carthāginem: the Carthaginian
  fidē…acceptā: abl. abs.
50 profectus est: pf. dep. proficīscor

## 24f. Publius Cornelius Scipio Africanus and the 2ⁿᵈ Punic War

Cum ibi consul ingentī favōre factus esset, Sicilia eī prōvincia 51
dēcrēta est permissumque ut in Āfricam trānsīret. Dum in Siciliā
bellum parat, Rōmam ab inīmicīs eius nūntiātum est imperātōrem
exercitumque Syrācūsārum amoenitāte licentiāque corrumpī.
Lēgātīs ā senātū Syrācūsās ad haec cognōscenda missīs, Scīpiō 55
mīlitēs in terrā dēcurrentēs, classem in portū simulācrum nāvālis
pugnae ēdentem, armāmentāria, horrea, bellī alium apparātum
ostendit; tantaque admīrātiō lēgātōs cēpit ut satis crēderent aut illō
duce atque exercitū vincī Carthāginiēnsēs aut nūllō aliō posse.
Senātus igitur cēnsuit ut Scīpiō quam prīmum in Āfricam trānsīret. 60

---

**admīrātiō, -nis f**: admiration, astonishment, 3
**amoenitās, -tātis f.**: pleasantness
**apparātus, -ūs m.**: equipment, tool
**armāmentārium, -ī n.**: armory, arsenal
**cēnseō, -ēre, cēnsuī**: judge, estimate
**classis, -is f.**: fleet, 4
**cognōscō, -ere, -nōvī, -nitum**: learn, know, 4
**corrumpō, -ēre, -rūpī, -ruptum**: ruin, 4
**crēdō, -ere, -didī, -ditum**: believe, trust, 7
**dēcernō, ere, crēvī, crētum**: decide, decree, 5
**dēcurrō, -ere, -cururrī**: run down, 3
**ēdō, -ere, -didī, -ditum**: put forth, display, 5
**favor, favōris m., (1)**: good-will, favor, 3
**horreum, -ī n.**: granary, storehouse, barn

**inimīcus, -a, -um**: hostile, unfriendly, 6
**licentia, -ae f.**: license, freedom, 2
**nāvālis, -e**: naval, nautical, of a ship, 2
**nūntiō (1)**: announce, report, 7
**ostendō, -ere, ostendī**: show, display, 7
**permittō -ere -mīsī -missum**: send through, 3
**portus, -ūs m.**: harbor, part
**prōvinicia, -ae f.**: province, 7
**satis**: enough, 5
**Sicilia, -ae f.**: Sicily, 6
**simulācrum, -ī n.**: likeness, image
**Syrācūsae, -ārum f.**: Syracuse (city), 2
**terra, -ae f.**: land, earth, 7
**vinciō, -īre, vīnxī, vīnctum**: bind, tie

51 **cum...factus esset**: *when he...*; cum clause with plpf. pass. subj.; consul is a predicative nom.
**ingentī favōre**: *with...*; abl. of manner
**eī**: *to him*; dat. ind. obj., is, ea, id
52 **dēcrēta est**: i.e. by the Senate
**permissumque (est)**: *and it was permitted (for him)*; impersonal pf. pass. permittō
**ut...trānsīret**: *that...*; ind. command
53 **eius**: gen. sg. is, ea, id
**nūntiātum est**: *it was...*; impersonal pf. pass.nūnitō
**imperātorem...corrumpī**: *that...*; ind. disc. with pres. pass. inf.
54 **amoenitāte licentiāque**: *by...*; abl. of means
55 **Lēgātīs...missīs**: abl. abs., PPP mittō
**Syrācūsās**: *to...*; acc. place to which; the name of the city Syracuse is plural in form
**ad haec cognōscenda**: *for...*; perform a

gerund-gerundive flip and translate the noun + gerundive as a gerund (-ing) + obj.
**Scīpiō...ostendit**: main verb is in l. 58
56 **dēcurrentēs**: pres. pple
**nāvalis pugnae**: objective gen.
57 **ēdentem**: *presenting*; pres. pple modifying classem
58 **ut...crēderet**: *that...*; result clause with impf. subj.
**satis**: sufficiently
**aut...vincī ...posse**: *that the Carthaginians were able...*; ind. disc., Carthāginiēnsēs is acc. subject; vincī is pass. inf. with posse
**aut...aut**: *either...or...*
**illō duce...exercitū**: *by...*; abl. of agent
60 **ut...trānsīret**: *that...*; ind. command
**quam prīmum**: *as soon as possible*

84

## 24g. Publius Cornelius Scipio Africanus and the 2nd Punic War

Scīpiōnī in Āfricam advenientī Masinissa sē coniūnxit cum 61
parvā manū equitum. Syphāx, quī ā Rōmānīs ad Poenōs dēfēcerat,
captus est Rōmamque missus. Dēnique Carthāginiēnsēs, salūte
dēsperātā ob multās victōriās Scīpiōnis, Hannibalem ex Italiā
revocāvērunt. 65
Frendēns gemēnsque ac vix ā lacrimīs temperāns dīcitur
lēgātōrum verba audīsse. Respexit saepe Italiae lītora, sē accūsāns
quod nōn victōrem exercitum statim ab Cannēnsī pugnā Rōmam
dūxisset. Zamam vēnit, quae urbs quīnque diērum iter ab
Carthāgine abest. Inde praemissī speculātōrēs exceptī sunt ab 70
custōdibus Rōmānīs et ad Scīpiōnem dēductī. Ille autem iussit eōs
per castra circumdūcī et ad Hannibalem dīmīsit.

---

**absum, -esse, āfuī**: be away, be absent, 5
**accūsō (1)**: accuse, blame, reprimand, 3
**adveniō, -īre, -vēnī**: come to, approach, 4
**Cannēnsis, -e**: of Cannae
**circumdūcō, -ere, -dūxī, -**: lead around
**coniungō, -ere, -iunxī, -iunctum**: join, 2
**custōs, custōdis m.**: guard, doorkeeper, 3
**dēdūcō, -ere, -dūxī, -ductum**: lead away
**dēficiō, -ere, -fēcī, -fectum**: fail; defect, 3
**dēnique**: lastly, finally, 7
**dēspērō (1)**: despair, feel no hope, 3
**dīmittō, -ere, -mīsī, -sum**: dismiss, let go 5
**eques, equitis m.**: horseman, rider, 6
**excipiō, -ere, -cēpī, -ceptum**: take out, receive, 5
**frendō, -ere, -uī**: gnash teeth; grind, bruise
**gemō, -ere, -uī**: sigh, groan; lament
**lacrima, -ae f.**: tear, 2

**lītus, lītoris n.**: shore, beach, strand
**manus, -ūs f.**: hand; group, 7
**Masinissa, -ae f.**: Masinissa, 4
**ob**: on account of, because of, 5
**parvus, -a, -um**: small, 4
**Poenus, -a, -um**: Carthaginian (Phoenician), 7
**praemittō, -ere. -sī, -sum**: send ahead, 2
**quīnque**: five, 4
**respiciō, -ere, -spexī, -spectum**: look back, 3
**revocō (1)**: call back, summon back, revoke, 3
**saepe**: often, 3
**salūs, -ūtis f.**: safety, refuge; health, 4
**speculātor, -ōris m.**: scout, explorer, spy
**statim**: immediately, on the spot, at once, 5
**Syphāx, Syphācis m.**: Syphax, 6
**temperō (1)**: refrain from, keep from
**vix**: with difficulty, with effort, scarcely, 4
**Zama, -ae f.**: Zama

61 **Scīpiōnī**: *with…*; dat. of compound verb
   **advenientī**: dat. sg. pres. pple
62 **manū**: *group*
63 **Rōmam**: place to which
   **missus (est)**: 3s pf. pass., add est
   **salūte dēsperātā**: abl. abs.
66 **Frendēns gemēnsque**: *while…*; nom. sg.
   pres. pples, the subject is Hannibal
   **ā lacrimīs**: *from…*; abl. of separation
   **temperāns**: pres. pple
67 **lēgātōrum**: gen. pl.

**audī(vi)sse**: pf. inf. audiō
**respexit**: *looked back at…*; Hannibal left
Italy to return to Carthage
**accūsāns**: pres. pple, Hannibal is subject
68 **quod…dūxisset**: *because…*; quod + plpf.
   subj. for alleged cause (character's view)
   **victōrem**: *as victor*; in apposition to
   exercitum
69 **Quae urbs**: *which city…*; relative adj.
   **quīnque diērum**: *of…*; gen. description
   **eōs…circumdūcī**: *that…*; ind. disc., pass.

Deinde, quaerente colloquium Hannibale, diēs locusque   73
cōnstituitur. Itaque congressī sunt duo maximī suae aetātis ducēs.
Paulīsper tacuērunt admīrātiōne mūtuā dēfīxī. Cum vērō dē   75
condiciōnibus pācis inter eōs nōn convēnisset, ad suōs sē
recēpērunt renūntiantēs armīs dēcernendum esse. Commissō
deinde proeliō, Hannibal, victus, cum paucīs equitibus fūgit.
    Pāx Carthāginiēnsibus data est eīs condiciōnibus quae Rōmānōs
suae partis orbis terrārum dominōs facerent. Pāce terrā marique   80
partā, Scīpiō, exercitū in nāvēs impositō, Rōmam profectus est.
Per Italiam laetam pāce nōn minus quam victōriā iter fēcit. Nōn

---

**admīrātiō, -nis f.**: admiration, astonishment, 3
**aetās, aetātis f.**: age, lifetime, time, 7
**colloquium, -ī n.**: conversation, conference, 4
**committō, -ere, -sī, -sum**: commit; begin, 3
**condicio, -ciōnis f.**: arrangement, state, 3
**congredior, -ī, -gressus sum**: gather
**conveniō -īre -vēnī -ntum**: come together, 6
**dēcernō, ere, crēvī, crētum**: decide, judge, 5
**dēfīgō, -ere, -fīxī, -fictum**: fix, fasten down 1
**dominus, -ī m.**: master, 2
**eques, equitis m.**: horseman, rider, 6
**impōnō, -ere, -posuī**: place upon, impose, 2
**laetus, -a, -um**: happy, joyful, glad, 4

**mare, maris n.**: sea, 6
**mūtuus, -a, -um**: mutual, reciprocal
**nāvis, nāvis, f.**: ship, boat, 2
**orbis, -is m.**: sphere, orb, 2
**pariō, -īre, peperī, partum**: produce, create
**parvus, -a, -um**: small, 4
**paulisper**: a little while, a little, somewhat, 2
**quaerō, -ere, quaesīvī, quaesītum**: seek, ask, inquire, 6
**recipiō, -ere, -cēpī, -ceptum**: accept, take, 4
**renuntiō (1)**: bring back word, report, 2
**taceō, -ēre, -uī, -itum**: be silent, 2
**terra, -ae f.**: land, earth, 7

73 **quaerente Hannibale**: abl. abs., pres. pple
   **diēs**: *time*
74 **congressī sunt**: pf. dep. congredior
   **suae aestātis**: gen. of description; i.e. of
   their generation
75 **admīrātiōne mūtuā**: *with…*; manner
   **dēfīxī**: PPP, nom. pl.
   **vērō**: *indeedi*; adl. as adverb, vērus
76 **convēnisset**: *it had been agreed*; i.e. they
   had agreed; impersonal plpf. subj.
   **ad suōs (militēs)**: supply noun
   **sē recēpērunt**: sē recipere is a common
   idiom for 'retreated' or 'returned'
77 **renūntiantēs**: pres. pple
   **armīs dēcernendum esse**: *that it must…*;
   ind. disc., lit. 'it is (going) to be decided…'
   an impersonal passive periphrastic
   (gerundive + esse) expressing necessity
   **commissō proeliō**: abl. abs., in this idiom

committere often means 'commence'
78 **victus**: PPP vincō
79 **eīs condiciōnibus**: *with…*; abl. of manner,
   eīs is a demonstrative
   **quae…facerent**: *which would…*; a relative
   clause of characteristic with impf. subj.; the
   verb governs a double acc.
80 **suae partis**: *of their own part…*; objective
   gen. with dominōs
   **orbis terrārum**: *of the world*; 'of the
   sphere of lands,' an idiom
   **pāce…partā**: abl. abs., PPP pariō
   **terrā marīqu**: abl. place where, marī is a
   3rd decl. neuter i-stem ablative
   **exercitū…impositō**: abl. abs.
81 **profectus est**: pf. dep. proficīscor
82 **pāce, victōriā**: *because of…*; abl. of cause
   **nōn minus**: *no less…*; comparative adv.

## 24i. Publius Cornelius Scipio Africanus and the 2nd Punic War

urbēs modo ad habendōs honōrēs effūsae sunt, sed agrestium etiam  83
turba viās obsidēbat.   Triumphō omnium clārissimō urbem est
invectus cognōmenque Āfricānum sibi sūmpsit.                      85

---

**Āfricānus, -a, -um:** Africanus, 2
**agrestis, -e:** of the fields, rural, rustic
**cognōmen, -minis n.:** cognomen, nickname, 6
**effundō, -ere, -fūdī, -fūsum:** pour out, shed, 3
**invehō, -ere, -vexī, -ctum:** convey/ride into, 3

**modo:** only, merely, simply; just now, 3
**obsideō, -ēre, -sēdī, -sessum:** beset, besiege 5
**sūmō, sūmere, -mpsī, -mptum:** take (up), 5
**Triumphus, -ī m.:** Triumph (procession), 4
**turba, -ae f.:** crowd, throng; tumult

83 **Nōn modo...sed etiam:** *not only...but
  also*
  **ad habendōs honōrēs:** *for...*; expressing
  purpose; perform a gerund-gerundive flip
  and translate the noun + gerundive as
  gerund (-ing) + acc. obj.
  **effūsae sunt:** *poured out*; lit. 'were
  poured out'
  **agrestium:** *of the country-folk*; a

substantive; gen. pl.
84 **Triumphō...clārissimō:** *with...*; abl. of
  means; a parade
  **invectus est:** Scipio is the subject; this pf.
  pass. verb governs an acc.
85 **sibi:** *for...*; dat. of interest
  **sumpsit:** Scipio is again subject. The name
  'Africanus' was added to his name.

in most illustrious T. of all
he rode into the city
and assumed the
cognomen and
Africanus.

Publius
Cornelius
Scipio
Africanus

## 25a. Tiberius Gracchus and 133 BCE

Tiberius et Gaius Gracchī Scīpiōnis Āfricānī ex fīliā nepōtēs 1
erant. Hōrum adulēscentia bonīs artibus et magnā omnium spē
exācta est; ad ēgregiam enim indolem optima accēdēbat ēducātiō.
Erant enim dīligentiā Cornēliae mātris ā puerīs doctī et Graecīs
litterīs ērudītī. Maximum mātrōnīs ōrnāmentum esse līberōs bene 5
īnstitūtōs meritō putābat māter illa sapientissima. Cum Campāna
mātrōna, apud illam hospita, ōrnāmenta sua, illō saeculō
pulcherrima, ostentāret eī muliēbriter, Cornēlia trāxit eam sermōne,
quōusque ē scholā redīrent līberī. Quōs reversōs hospitae
ostendēns, "Haec," inquit, "mea ōrnāmenta sunt." Nihil quidem 10

---

accēdō, -ere, -cessī: approach, add to, 2
adulescentia, -ae f.: youth
Āfricānus, -a, -um: Africanus, 2
ars, artis f.: skill, craft, art, 7
bene: well
Campānus, -a, -um: of Campania (region)
Cornēlia, -ae f.: Cornelia, 3
diligentia, -ae f.: diligence, attentiveness, 2
doceō, -ēre, docuī, doctum: teach, tell, 4
ēducātiō, -tiōnis f.: training, rearing
ēgregius, -a, -um: excellent, outstanding, 7
ērudiō, -īre, -īvī, -ītum: educate, instruct, 2
exigō, -ere, -ēgī, -āctum: drive out; spend, 3
Gaius, -ī m.: Gaius, 3
Gracchus, -ī m.: Gracchus, 4
Graecus, -a, -um: Greek, 4
hospita, -ae f.: guest; host, 2
indoles, -is f.: natural or inborn ability
līberī, -ōrum m.: children, 3

littera, -ae f.: letter; pl. literature 2
mātrōna, -ae f.: married woman, matron, 2
meritus, -a, -um: deserved, due, just
muliēbriter: in a womanly way
nepōs, nepōtis m.: grandson, decendent, 3
ōrnamentum, -ī n.: jewelry, adornment, 3
ostendō, -ere, ostendī: show, display, 7
ostentō (1): show
pulcher, -ra, -rum: pretty, beautiful, 2
putō (1): think
quōusque: until what time, till when
revertor, -ī reversus sum: turn back, return, 2
saeculum, -ī n.: generation, lifetime
sapiens, sapientis: wise
schola, -ae f.: school, place of learning, 3
sermō, -ōnis n.: conversation, discourse, 2
Tiberius, -ī m.: Tiberius, 5
trahō, -ere, trāxī, tractum: draw, drag

1 **Tiberius et Gaius Gracchī**: *Tiberius Gracchus and Gaius Gracchus*
**Scīpiōnis Āfricānī**: *of Scipio Africanus*
2 **hōrum**: gen. pl. of hic; i.e. the two brothers
**bonīs...spē**: *with...*; abl. of manner
**omnium**: subjective gen., i.e. all hope that...
3 **enim**: *for...*; translate first in the sentence
4 **erant...doctī...ērudītī**: *they...*; plpf. pass.
**dīligentiā Cornēliae mātris**: abl. of means, Cornelia is the name of their mother
**ā puerīs**: *from boyhood*
**Graecīs litterīs**: abl. of means; in the plural, litterīs often refers to 'literature'
5 **Maximum...esse...meritō**: *that...*; ind. disc. governed by putābat

6 **īnstitūtōs**: *trained*; PPP
**meritō**: *deservingly, rightly*; abl. as adv.
**Cum...ostentāret**: *When...*; impf. subj.
7 **apud illam**: *at the house of that one*; i.e. Cornelia; hospita is in apposition to mātrōna
**ōrnāmenta sua**: acc. obj. of ostentāret
**illō saeculō**: *in...*; abl. of time when
8 **eī**: i.e. to Cornelia; dat. ind. obj. is, ea, id
**trāxit...sermōne**: i.e. drew out the conversation
9 **quōs reversōs**: *these boys, having returned*; a connective relative: translate in English as 'these;' PPP in the middle (dep.) voice

## 25b. Tiberius Gracchus and 133 BCE

hīs adulēscentibus neque ā nātūrā neque ā doctrīnā dēfuit; sed    11
ambō rem pūblicam, quam tuērī poterant, perturbāre māluērunt.

Tiberius Gracchus, tribūnus plēbis creātus, ā senātū dēscīvit;
populī favōrem profūsīs largītiōnibus sibi conciliāvit; agrōs plēbī
dīvidēbat, prōvinciās novīs colōniīs replēbat. Cum autem    15
tribūniciam potestātem sibi prōrogārī vellet et palam dictitāsset,
interēmptō senātū omnia per plēbem agī dēbēre, viam sibi ad
rēgnum parāre vidēbātur. Quā rē cum convocātī patrēs dēlīberārent
quidnam faciendum esset, statim Tiberius Capitōlium petit, manum
ad caput referēns, quō signō salūtem suam populō commendābat.    20

---

ambō: both, two together, 3
Capitōlium, -ī n.: Capitolium, 5
colōnus, -ī m.: settler, colonist, 2
commendō (1): commend, entrust
convocō (1): call together, 4
dēbeō, -ēre, -uī, dēbitum: owe, ought, 3
dēlīberō (1): ponder, meditate, 2
dēscīscō, -ere, dēscīvī, -ītum: defect, desert
dēsum, -esse, -fuī: fail, be wanting, 2
dictitō (1): say often, insist
dīvidō, -ere, -vīsī, -vīsum: divide, separate, 7
doctrīna, -ae f.: instruction, teaching, 2
favor, favōris m., (1): good-will, favor, 3
Gracchus, -ī m.: Gracchus, 4
hīc: here
interimō, -ere, -ēmī, -emptum: take away, 2
largītio, -tiōnis f.: bribery; generosity, gift
mālō, malle, maluī: prefer, 5

manus, -ūs f.: hand; group, 7
nātūra, -ae f.: nature
palam: openly, publicly, 3
perturbō (1): disturb, throw into confusion, 3
potestās, -tātis f.: power; rule, sovereignty, 4
prōfundō, -ere, -fūdī, -fūsum: to pour out, 2
prōrogō (1): to prolong, extend, protract
prōvinicia, -ae f.: province, 7
quisnam, quidnam: who pray? what pray?
referō, -ferre, -tulī: to report, bring back, 7
repleō, -ēre, -ēvī, -ētum: to refill, fill again
salūs, -ūtis f.: safety, refuge; health, 4
signō (1): mark out, designate
statim: immediately, on the spot, at once, 5
Tiberius, -ī m.: Tiberius, 5
tribūnicius, -a, -um: of a tribune
tueor, tuērī: look over or after, guard, 2

11  hīs adulēscentibus: *for...*; dat. interest
    neque...neque: *either...or...*; following the
    subject nihil, these correlatives are positive
    ā...ā...: *from...*; abl. of separation
    dēfuit: pf. dēsum
12  rem pūblicam: *the government, the*
    *republic*; 'public affairs'
13  tribūnus plēbis: *Tribune of the Plebs*;
    a predicative nom. following PPP creō
14  profūsīs largītiōnibus: abl. abs. or means
    plēbī: *among...*; dat. ind. obj.
15  novīs colōnīs: abl. means
    cum...vellet...dictitā(vi)sset: *when...*
    impf. subj. volō and plpf. subj. dictitō
16  sibi: *for...*; dat. of interest
    prōrogārī: pass. inf.

17  interēmptō senātū: abl. abs.
    omnia...dēbēre: *that...*; ind. disc., agī is
    the pass. inf. of agō, 'do'
    sibi: *for...*; dat. of interest
18  vidēbātur: *he seemed*; impf. pass.
    Quā rē: *For this reason*; 'because of
    which matter,' abl. of cause
19  quidnam...esset: *what...*; ind. question
    with passive periphrastic in the subj., equiv.
    to faciendum erat (often translated as 'must
    be in the present and 'had to be' in the past
    Capitōlium: one of the two peaks of the
    Capitoline Hill
20  referēns: nom. sg. pres. pple
    quō signō: *by which...*; relative adj.
    populō: dat. ind. obj.

89

## 25c. Tiberius Gracchus and 133 BCE

Hoc nōbilitās ita accēpit, quāsī diadēma posceret, sēgniterque  21
cessante cōnsule, Scīpiō Nāsīca, cum esset cōnsobrīnus Tiberiī
Gracchī, patriam cognātiōnī praeferēns sublātā dextrā prōclāmāvit:
"Quī rem pūblicam salvam esse volunt, mē sequantur!"  Dein
optimātēs, senātus atque equestris ōrdinis pars maior in Gracchum  25
irruunt, quī fugiēns dēcurrēnsque clīvō Capitōlinō frāgmentō
subsellī īctus vītam, quam glōriōsissimē dēgere potuerat, immātūrā
morte fīnīvit. Mortuī Tiberiī corpus in flūmen prōiectum est.

---

**Capitōlīnus, -a, -um**: Capitoline, 4
**cessō (1)**: be remiss, cease, delay, be idle
**clīvus, -ī m.**: slope
**cōgnātio, -tiōnis f.**: kinship
**cōnsobrīnus, -ī m.**: cousin, maternal cousin
**dēcurrō, -ere, -cururrī**: run down, 3
**dēgō, -ere, dēgī**: spend, pass (time)
**dein**: then, next
**dexter, -ra, -rum**: right (hand); favorable, 3
**diadēma, -ātis n.**: diadem, headress, crown, 3
**equester, -stris, -stre**: equestrian, 3
**finiō, -īre, -īī**: limit, end, enclose, 2
**frāgmentum, -ī n.**: piece, fragment
**gloriōsus, -a, -um**: glorious, 2
**Gracchus, -ī m.**: Gracchus, 4
**īciō, īcere, īcī, īctum**: strike, pelt, hit
**immātūrus, -a, -um**: untimely, premature

**irruō, -ere, -ruī**: rush in, 2
**maior, maius**: greater, larger; older, 4
**mors, mortis, f.**: death, 6
**Nāsīca, -ae m.**: Nasica
**nōbilitās, -tātis f.**: nobility, renown
**optimas, -ātis m.**: optimate
**ōrdō, ōrdinis m.**: arrangement, order, rank, 3
**poscō, -ere, popōscī**: ask, demand
**praeferō, -ferre, -tulī**: prefer, carry before
**prōclāmō (1)**: cry out, call out
**proiciō, -icere, -iēcī, -iectum**: project forth 2
**quāsī**: as if, just as, as though, 2
**salvus, -a, -um**: saved, preserved, safe
**sēgnis, -e**: sluggish, inactive, lazy, slow
**subsellium, -iī n.**: seat, bench
**Tiberius, -ī m.**: Tiberius, 5
**tollō, tolle, sustulī, sublātum**: raise, destroy 2

21  **nōbilitās**: *the nobility*; i.e. senatorial class
    **accēpit**: i.e. perceived, interpreted
    **quāsī...posceret**: a conditional clause of
    comparison governs a subj.
    **segniter**: 3rd decl. adv. from sēgnis, -e
22  **cessante cōnsule**: abl. abs.
22  **cum esset...**: *although...*; cum clause with
    impf. sum is concessive in sense
23  **cognātiōnī**: *over...*; dat. compound verb
    **sublātā dextrā (manū)**: abl. abs., PPP
    tollō; dextrā modifies a missing fem. manū
24  **Quī**: *(those) who...*; the missing

antecedent is subject of sequantur
    **sequantur**: *Let...*; or 'should...' a jussive
    3p pres. dep. subj.
25  **equestris ōrdinis**: *of equestrian rank*
    **in...**: *upon...*
26  **fugiēns dēcurrēnsque**: *while...*; pres. pple
    **clīvō Capitōlīnō**: abl. of separation
    **frāgmentō**: abl. means
27  **ictus**: PPP īciō modifying Gracchus
    **potuerat**: plpf. possum
    **glōriōsissimē**: superlative adv.

## 26a. Gaius Marius

C. Marius humilī locō nātus, prīma stīpendia in Hispāniā duce 1
Scīpiōne fēcit. Imprīmīs Scīpiōnī ob ēgregiam virtūtem cārus erat;
Scīpiō enim dīxit, sī quid sibi accidisset, rem pūblicam nūllum
alium successōrem Mariō meliōrem inventūram esse. Quā laude
excitātus Marius spīritūs dignōs rēbus quās posteā gessit concēpit. 5

Posteā lēgātus fuit Q. Metellī, quī bellum in Numidiā contrā
Iugurtham rēgem gerēbat. Rōmam missus, Metellum apud populum
incusāvit, quod bellum dūceret; sī sē cōnsulem fēcissent, brevī
tempore aut vīvum aut mortuum Iugurtham captūrum esse. 9

---

accidō, -ere, accidī: happen, fall to, 2
brevis, -e: short, brief, 5
C.: Gaius, 5
cārus, -a, -um: dear, precious, costly, 4
concipiō, -ere, -cēpī: receive, take in
dignus, -a, -um: worthy of, deserving (abl.)
ēgregius, -a, -um: excellent, outstanding, 7
excitō (1): rouse, stir up; awaken, 6
humilis, -e: on the ground, low; humble, 2
imprīmīs: in particular, especially, 3
incusō (1): accuse, complain of, 3
inveniō, -īre, -vēnī, -ventum: find, 5

Iugurtha, -ae m.: Jugurtha, 4
laus, laudis f.: praise, glory, merit, 4
locō (1): put, place, 2
Metellus, -ī m.: Metellus, 2
Numidia, -ae f.: Numidia, 3
ob: on account of, because of, 5
Q.: Quintus, 2
spīritus, -ūs m.: breath, spirit, inspiration
stipendium, -iī n.: pay; military service, 3
successor, -ōris m.: follower, sucessor, 3
vīvus, -a, -um: alive, living, 3

1 humilī locō: from…; abl. of source/origin;
locus refers to his status or position in
society; 3ʳᵈ decl. i-stem abl.
nātus: PPP nascor
duce Scīpiōne: abl. abs., supply 'being' as
the pple
2 Imprīmīs: elsewhere in prīmīs
Scīpiōnī: to…; dat. of reference (viewpoint)
3 sī…accidisset,…inventūram esse: that,
if…had…, would…; ind. disc.; originially
a future more vivid condition (sī fut. pf.,
fut.) becomes plpf. subj. and fut. inf. in ind.
disc. in secondary sequence
quid: anything; i.e. death; quis, quid is
indefinite before sī, nisi, num, and nē
rem pūblicam: acc. subj.
4 nūllum alium successōrem: acc. obj.
Mariō: than…; abl. of comparison
Quā laude: by this…; connective relative
abl. of means or cause

5 rēbus: the adj. dignus often governs an
abl. of respect
quās…gessit: which…; relative clause
6 fuit: pf. sum, Marius is subject
7 Rōmam: place to which
missus: PPP mittō
apud: before…, in front of…
8 quod…dūceret: because…; 'on the
grounds that…' causal quod clause with
subj. for alleged cause from the character's
point of view
sī…fēcisset…(sē) captūrum esse: that if
they had…he would…; ind. disc. governed
by incusāvit; see line 3; fēcissent governs a
double acc.
brevī tempore: in…; abl. of time when
9 aut…aut: either…or…
captūrum esse: the missing acc. subj. is
reflexive sē, i.e. Marius

91

## 26b. Gaius Marius

Itaque cōnsul creātus in Numidiam rediit atque superāvit Bocchum, 10
rēgem Gaetulōrum, ad quem Iugurtha profūgerat. Deinde Sulla,
quaestor Mariī, persuāsit Bocchō ut Iugurtham trāderet.
Marius iterum cōnsul creātus in Galliam profectus est, ubi vīcit
Teutōnēs, gentem Germānicam, quī cum Cimbrīs novās sēdēs
quaerēbant. Cum Teutōnēs vallem flūmenque medium tenērent, 15
mīlitēsque Rōmānī, quibus aquae nūlla cōpia erat, aquam
flāgitārent, Marius, "Virī," inquit, "estis; ēn, illīc aquam habētis."
Mīlitēs ita concitātī tam ācriter pugnāvērunt ut ducenta mīlia
hostium caederentur et nōnaginta caperentur.

---

**ācer, ācris, ācre**: sharp; fierce, keen, 4
**Bocchus, -ī m.**: Bocchus, (Gaetulian king), 2
**caedō, -ere, cecīdī, caesum**: kill, cut down, 4
**Cimbrī, ōrum m.**: Cimbri (Gallic tribe), 3
**concitō (1)**: stir up, incite, impel, 3
**cōpia, -ae f.**: abundance, supply; troops, 5
**ducentī, -ae, -a**: two hundred, 2
**ēn**: Look! Behold! See there!
**flāgitō (1)**: demand urgently, ask for, 2
**Gaetulī, -ōrum m.**: Gaetulians (a people) 1
**Gallia, -ae f.**: Gaul, 3
**Germānicus, -a, -um**: German
**illīc**: there, in that place
**iterum**: again, a second time, 3

**Iugurtha, -ae m.**: Jugurtha, 4
**mille (pl. mīlia)**: thousand, 6
**nōnaginta**: ninety
**Numidia, -ae f.**: Numidia, 3
**pugnō (1)**: fight, 3
**quaerō, -ere, quaesīvī, quaesītum**: seek, ask, inquire, 6
**quaestor, -ōris m.**: quaestor (an official), 7
**sēdes, sēdis f.**: seat; abode, home, 6
**Teutōnēs, -um m.**: the Teutons (Germanic tribe), 2
**trādō, -dere, -didī, -ditum**: hand over, give, 7
**vallis, -is**: lowland, vale

10 **cōnsul**: nom. pred. of PPP creō
   **rediit**: pf. redeō
12 **Bocchō**: dat. ind. obj. of persuādeō
   **ut...trāderet**: *that...*; ind. command
13 **profectus est**: pf. dep. proficīscor
   **vīcit**: pf. vincō
14 **sēdēs**: *settlements*
15 **Cum...flāgitārent**: *when...*
   **vallem...medium**: *the middle of a...*

16 **quibus...erat**: dat. of possession: (1) 'to whom there was ...' or (2) 'who had'
17 **inquit**: *said*; a verb employed with direct disc. and often inserted in the middle of the the direct disc.
18 **ācriter**: 3ʳᵈ decl. adv. from ācer
   **ut...caederent...caperentur**: *that...*; result clause with impf. pass.subj.
19 **hostium**: gen. pl.

## 26c. Gaius Marius

Īnsequentī annō Cimbrī etiam caesī sunt. In ipsā pugnā Marius  20
duās cohortēs Camertium, quī mīrā virtūte vim Cimbrōrum
sustinēbant, contrā lēgem cīvitāte dōnāvit. Dē quā rē posteā
reprehēnsus, sē excūsāvit, quod inter armōrum strepitum verba
iūris cīvīlis exaudīre nōn potuisset.

Marius, quī semper factiōnem populārem in rē pūblicā secūtus  25
erat, cum senēsceret, invidēre coepit Sullae, quī dux nōbilium erat.
Itaque, cum Sulla in cōnsulātū bellō Mithridāticō praefectus esset,
tribūnus quīdam lēge imperium Sullae abrogāvit Mariōque bellum
dētulit. Quā rē commōtus, Sulla, quī ex Italiā nōndum excesserat,

---

**abrogō** (1): repeal, annul, recall
**caedō, -ere, cecīdī, caesum**: kill, cut down, 4
**Camertēs, -ium m.**: Camertes (people in northern Italy)
**Cimbrī, ōrum m.**: Cimbri (Gallic tribe), 3
**cohors, cohortis m.**: cohort (unit of ~480) 2
**commoveō, -ēre, -mōvī, mōtum**: upset, trouble 2
**cōnsulātus, -ūs m.**: consulship 6
**dēferō, -ferre, -tulī, -lātum**: offer, give over 6
**dōnō** (1): give, bestow, 5
**exaudiō, -īre, -īvī, -ītum**: hear plainly, hear
**excēdō, -ere, -cessī, -cessum**: depart, go out
**excūsō** (1): excuse; apologize for

**factiō, factiōnis f.**: faction, party, 6
**insequor, -ī, -cūtus sum**: follow, ensue, 3
**invideō, -ēre, -vīdī, -vīsum**: envy, begrudge 1
**legō, -ere, lēgī, lectum**: read, choose, 7
**mīrus, -a, -um**: amazing, wonderful, strange 3
**Mithridāticus, -a, -um**: Mithridatic, 2
**nōndum**: not yet, 3
**populāris, -e**: of the people, popular, 4
**praeficiō, -ere, -fēcī**: set/put in charge over, 2
**reprehendō, -ere, -dī, -sum**: blame, rebuke, 3
**semper**: always, ever, forever, 3
**senēscō, -ere, -uī**: grow old
**strepitus, -ūs m.**: noise, din, rattle
**sustineō, -ēre, uī, -tentum**: hold up, endure, 5

20 **īnsequentī annō**: *in...*; abl. time when, pres. pple (3rd decl. i-stem abl. ending)
  **etiam**: *also*
21 **Camertium**: *of the Camertes*
  **mīrā virtūte**: *with...*; abl. of manner
  **vim**: acc. sg. of vīs
22 **cīvitāte dōnāvit**: *bestowed with citizenship*; dōnō can govern acc. + dat. ind. obj. or, as here, an acc. and abl. of means
  **Dē quā rē**: *about...*; connective relative, in English use the demonstrative, 'this'
23 **quod...potuisset**: *because he had...*; or 'on the grounds that...' causal quod clause with subj. for alleged cause from the character's point of view; plpf. subj. possum; Marius is being sarcastic
24 **iūris cīvīlis**: *of civil law*

25 **factiōnem populārem**: *faction of the populares*; These factions are not political parties but instead distinguish aristocrats who appeal to the nobility for power (optimates) from aristocrats to appeal to the people for power (populārēs).
  **secūtus erat**: plpf. dep. sequor
27 **cum...praefectus esset**: *when...*; plpf. pass. praeficiō
  **Mithridāticō bellō**: *over...*; dat. of compound verb
28 **lēge**: *with...*; abl. of means
  **Mariō**: dat. ind. obj.
29 **dētulit**: pf. dēferō
  **Quā rē**: *by this matter*; abl. of cause and connective relative (translate as a demonstrative 'this')

## 26d. Gaius Marius

Rōmam cum exercitū rediit et, urbe occupātā, tribūnum interfēcit    30
Mariumque fugāvit. Marius aliquamdiū in palūde latuit; acceptā
nāviculā in Africam trānsiit et in agrum Carthāginiēnsem pervēnit.
Ibi cum in locīs sōlitāriīs sedēret, vēnit ad eum līctor Sextiliī
praetōris, quī tum Africam obtinēbat. Ab hōc, quem numquam
laesisset, Marius hūmānitātis aliquod officium exspectābat; at līctor    35
dēcēdere eum dē prōvinciā iussit, nisi in sē animadvertī vellet;
torvēque intuentem et vōcem nūllam ēmittentem Marium rogāvit
tandem, ecquid renūntiārī praetōrī vellet. Marius, "Nūntiā," inquit,
"tē vīdisse C. Marium in Carthāginis ruīnīs sedentem."

---

**aliquamdiū**: for some long time
**aliquī, -qua, -quod**: some, any, definite, 3
**animadvertō, -ere, -vertī**: notice; punish, 4
**C.**: Gaius, 5
**dēcēdō, -ere, -cessī**: depart, withdraw, die, 3
**ecquis, ecquid**: any? anyone? anything?
**ēmittō, -ere, -mīsī, -missum**: send out, 3
**exspectō (1)**: look out for, wait for, await, 3
**fugō (1)**: put to flight
**hīc**: here
**hūmānitās, -tātis f.**: culture, refinement, 2
**intueor, -tuērī, -tuitus sum**: look upon, 2
**iocus, -ī m.**: joke, 2
**laedō, -ere, laesī, laesum**: harm, hurt
**lateō, -ēre, latuī**: lie hidden
**līctor, līctōris m.**: lictor (bodyguard), 5
**nāvicula, -ae f.**: a small ship, boat
**nisi**: if not, unless, 7
**numquam**: never, 3

**nuntiō (1)**: announce, report, 7
**obtineō, -ēre, -uī, -tentum**: hold, maintain, 2
**occupō (1)**: seize, occupy, 5
**officium, -iī, n.**: duty, obligation, 4
**palūs, palūdis f.**: swamp, marsh, 2
**perveniō, -īre, -vēnī, -ventum**: come through, arrive, 2
**praetor, -ōris m.**: praetor, 3
**prōvinicia, -ae f.**: province, 7
**renuntiō (1)**: bring back word, report, 2
**rogō (1)**: ask, 3
**ruina, -ae f.**: ruins, downfall, 3
**sedeō, sedēre, sēdī**: sit, sit down; set, 7
**Sextilius, -ī m.**: Sextilius (an officer)
**sōlitārius, -a, -um**: isolated, solitary, alone
**tandem**: finally, at last, at length, in the end, 6
**torvus, -a, -um**: grim, savage, fierce, keen
**tū**: you, 6

---

30 **Rōmam**: place to which
   **rediit**: pf. redeō
   **urbe occupātā**: abl. abs.
31 **fugāvit**: note: 1ˢᵗ conj. fugō, fugāre means
   'to put to flight,' while 3ʳᵈ-io fugiō, 'to flee'
   **acceptō nāviculā**: abl. abs.
32 **trānsiit**: pf. trānseō; Marius is the subject
34 **obtinēbat**: *held*; a praetor, consul or one
   who had served this rank previously could
   be assigned by the Senate as governor
   **Ab hōc (virō)**: *from this man*; abl. of source
   **quem...laesisset**: *whom (Marius)...*; a
   relative clause of characteristic with plpf.
   subj. laedō; the subject is Marius
35 **at**: *but*; a strong adversative

36 **dē prōvinciā**: *from...*
   **nisi...vellet**: *unless...*; impf. subj. of
   subordinate clause in ind. disc.(eum...
   dēcēdere); impf. subj. volō
   **in...animadvertī**: *to be punished upon
   himself*; an idiom with no English equiv.
37 **torvē**: adv. of torvus
   **intuentem, ēmittentem**: two pres. pples
   modifying Marium
38 **ecquid...vellet**: *whether...anything....*;
   ind. question with impf. subj. volō, ecquid
   is an interrrogative, here acc. dir. obj.
   **renūntiārī**: pres. pass. inf.
   **Nūntiā**: sg. imperative
39 **tē vīdisse**: *that...*; ind. disc., pf. inf. videō

## 26e. Gaius Marius

Cum Sulla ad bellum Mithridāticum profectus esset, Marius,  40
revocātus ā Cinnā, in Italiam rediit, calamitāte incēnsus magis
quam frāctus. Cum exercitū Rōmam ingressus, eam caedibus et
rapīnīs vāstāvit; omnēs adversae factiōnis nōbilēs variīs
suppliciōrum generibus affēcit. Quīnque diēs continuōs totidemque
noctēs illa licentia scelerum omnium dūrāvit. Tandem Marius,  45
senectūte et labōribus cōnfectus in morbum incidit et ingentī
omnium laetitiā mortuus est. Cuius virī sī comparentur cum
virtūtibus vitia, haud facile sit dictū utrum bellō melior an pāce
perniciōsior fuerit.

---

**afficiō, -ere, -fēcī, -fectum**: affect, afflict, 2
**an**: or
**caedēs, -is f.**: slaughter, killing, 4
**calamitās, -itātis f.**: loss, calamity, 2
**Cinna, -ae m.**: Cinna (a Roman consul) 2
**comparō (1)**: compare; prepare, collect, 2
**continuus, -a, -um**: continuous, successive, 3
**dūrō (1)**: harden, last, endure, 2
**exerceō, -ēre, -uī, -ercitum**: exercise, 3
**facilis, -e**: easy, 4
**factiō, factiōnis f.**: faction, party, 6
**frangō, -ere, frēgī, frāctum**: break, shatter, 3
**genus, -eris n.**: kind, type; birth, race, 4
**haud**: by no means, not at all, 4
**incendō, -ere, -ī, -ēnsum**: kindle, burn, 7
**incidō, -ere, -cidī**: fall into, fall upon
**ingredior, -ī, ingressus sum**: step in, enter, 4
**labor, -is m.**: labor, toil, 3
**laetitia, -ae f.**: gladness, joy, delight

**licentia, -ae f.**: license, freedom, 2
**magis**: more, 7
**melior, melius**: better, 4
**Mithridāticus, -a, -um**: Mithridatic, 2
**morbus, -ī m.**: disease, sickness, illness, 3
**perniciōsus, -a, -um**: destructive, ruinous
**quīnque**: five, 4
**rapīna, -ae, f.**: pillage, rapine; prey
**revocō (1)**: call back, summon back, revoke, 3
**scelus, -eris n.**: wickedness, villainy, crime, 2
**senectūs, -tūtis f.**: old age, 2
**supplicium, -ī n.**: punishment, supplication, 5
**tandem**: finally, at last, at length, in the end, 6
**totidem**: so many as, as many, 2
**utrum**: whether
**varius, -a, -um**: various, 3
**vāstō (1)**: lay waste, destroy, devastate, 3
**vitium, -iī n.**; vice, fault, defect

40 **cum...profectus esset**: *when...*; plpf. dep.
    subj. proficīscor
41 **rediit**: pf. redeō
    **incēnsus**: PPP, i.e. angered
42 **quam**: *than...*; a clause of comparison
    **frāctus**: PPP, frangō
    **cum exercitū**: *with...*; accompaniment
    **ingressus**: pf. dep. ingredior, as often,
    translate the pple as 'having Xed'
    **eam**: Rōmam is the antecedent
43 **adversae factiōnis**: *of opposing...*; gen. of
    description with omnēs nōbilēs
44 **Quīnque diēs continuōs...noctēs**: *for...*;
    acc. of duration of time
46 **confectus**: *weared, exhausted*; PPP

    **ingentī...laetitiā**: *with...*; abl. of manner
47 **omnium**: subjective gen. pl.
    **mortuus est**: pf. dep. morior
    **Cuius virī**: *of this man*; connective relative,
    all modifying nom. neuter pl. vitia
    **sī comparentur...facile sit**: *if...should be,
    it would be easy...*; fut. less vivid (sī pres.
    subj., pres. subj.); pres. subj. sum
48 **dictū**: *to say*; 'in saying' a supine (PPP +
    ū), abl. of respect
    **utrum...fuerit**: *whether...*; ind. question,
    pf. subj. sum
    **bellō, pāce**: *in...in...*; abl. of respect

## 27a. Lucius Cornelius Sulla

L. Cornēlius Sulla, quī bellō Iugurthīnō quaestor Mariī cōnsulis 1
fuit, usque ad quaestūram vītam lūxuriōsam ēgerat. Marius molestē
tulisse trāditur, quod sibi gravissimum bellum gerentī quaestor
voluptātī dēditus sorte obvēnisset. Eiusdem virtūs tamen, postquam
in Āfricam vēnit, ēnituit. Bellō Cimbricō lēgātus cōnsulis fuit et 5
bonam operam ēdidit. Cōnsul ipse deinde factus, pulsō in exilium
Mariō, adversus Mithridātem profectus est. Mithridātēs enim,
Ponticus rēx, vir bellō ācerrimus, virtūte ēgrēgiā, odiō in Rōmānōs
nōn īnferior Hannibale fuit. Effēcerat igitur ut omnēs in Asiā cīvēs
Rōmānī eādem diē atque hōrā interficerentur. 10

---

ācer, ācris, ācre: sharp; fierce, keen, 4
Cimbricus, -a, -um: of the Cimbri (Gauls)
Cornēlius, -ī m.: Cornelius, 3
dēdō, -ere, dēdidī: give up, surrender, 7
ēdō, -ere, ēdidī, ēditum: put forth, give out, 5
efficiō, -ere, -fēcī, -fectum: make, form, 4
ēgregius, -a, -um: excellent, outstanding, 7
ēniteō, -ēre, ēnituī: shine forth, gleam
exilium, -ī n.: exile, banishment
hōra, -ae f.: hour
inferior, -ius: lower, beneath
Iugurthīnus, -a, -um: Jugurthine, of J. 1
lūxuriōsus, -a, -um: luxuriant, excessive

Mithridātēs, -is m.: Mithridates, 7
molestus, -a, -um: troublesome, annoying, 2
obveniō, -īre, -vēnī, -ventum: come to, 2
odium, -iī n.: hatred, loathing
opera, -ae f.: effort, exertion, work, 3
pellō, -ere, pepulī, pulsum: drive, beat, 6
Ponticus, -a, -um: of Pontus, 2
postquam: after, when, 6
quaestor, -ōris m.: quaestor (an official), 7
quaestūra, -ae f.: quaestorship, 2
sors, sortis f.: lot, casting of lots, 3
trādō, -dere, -didī, -ditum: hand over, give, 7
usque: up to, until; all the way, 3

1 bellō Iugurthīnō: in...; abl. time when
2 ēgerat: plpf. agō; agere vītam is an idiom
that means 'to live life' or 'to spend life'
molestē: with annoyance; adverb
3 tulisse: pf. inf. ferō, 'endure' or 'bear'
quod...obvēnisset: because he had...; plpf.
subj., subj. of subordinate verb in ind. disc.
sibi...gerentī: to him...; i.e. Marius, dat.
of compound verb obvēnisset modified by
pres. pple gerō
quaestor: the quaestor; i.e. Sulla, subject
4 voluptātī: dat. ind. obj. with PPP dēditus
sorte: by lot, by chance
Eiusdem: gen. sg. idem; i.e. of Sulla
5 Bellō Cimbricō: in...; abl. of time when
fuit: he was; i.e. Sulla, pf. sum; a legate is a
very high officer in the consul's staff

6 cōnsul ipse: nom. pred after PPP faciō
pulsō...Mariō: abl. abs., PPP pellō
7 profectus est: pf. dep. proficīscor
enim: for...; or 'indeed,' postpositive,
translate first in the sentence
8 bellō: in...; abl. of respect
ācerrimus: superlative ācer
virtūte ēgregiā: with...; abl. of quality
modifying vir
odiō: in...; abl respect with īnferior
in Rōmānōs: against...
9 Hannibale: than...; abl. of comparison
Effēcerat: had brought it about that...
ut...interficerentur: that...; a noun result
clause following plpf. efficiō
10 eādem diē...hōrā: on...; abl. time when

## 27b. Lucius Cornelius Sulla

Ac prīmō Sulla illīus praefectōs duōbus proeliīs in Graeciā 11
superāvit; deinde in Asiā Mithridātem ipsum fūdit; oppressisset
quoque nisi in Italiam ad bellum cīvīle adversus factiōnem
populārem redīre properāns quālemcumque pācem facere
māluisset, Mithridātem tamen pecūniā multāvit; dē Asiā aliīsque 15
prōvinciīs quās occupāverat dēcēdere paternīsque fīnibus
contentum esse coēgit.

Sulla propter mōtūs urbānōs cum victōre exercitū Rōmam
properāvit; eōs quī Mariō favēbant omnēs superāvit. Nihil autem
eā victoriā fuit crūdēlius.    Sulla, urbem ingressus et dictātor 20

---

cōgō, -ere, -ēgī, -āctum: collect, compel, 6
contentus, -a, -um: content, satisfied
crūdēlis, -e: cruel, bitter, bloody, 3
dēcēdō, -ere, -cessī: depart, withdraw, die, 3
factiō, factiōnis f.: faction, party, 6
faveō, -ēre, fāvī: favor, be propitious (dat) 2
fīnis, -is m./f.: end, border; territory, 3
fundō, -ere, fūdī, fūsum: pour, shed, 4
Graecia, -ae f.: Greece, 2
ingredior, -ī, ingressus sum: step in, enter, 4
mālō, malle, maluī: prefer, 5
Mithridātēs, -is m.: Mithridates, 7
motus, -ūs m.: movement, disturbance

multō (1): punish 1
nisi: if not, unless, 7
occupō (1): seize, occupy, 5
opprimō, -ere, -pressī, -pressum: oppress, overwhelm, 5
paternus, -a, -um: of one's father, paternal
populāris, -e: of the people, popular, 4
praefectus, -ī m.: commander, prefect
properō (1): hasten, 3
prōvincia, -ae f.: province, 7
quāliscumque: of what sort whatsoever
urbānus, -a, -um: of a city, urban, 2

11  prīmō: *at first*; abl. as adverb
illīus: *of that one*; i.e. of Mithridates
duōbus proeliīs: abl. means or time when
12  fūdit: *routed, overcame*; else 'poured'
oppressisset...nisi...māluisset: *he would have..., if he had not...*; past contrary-to-fact condition (sī plpf. subj., plpf. subj.)
oppressisset: supply Mithridates as obj.
13  ad bellum cīvīle: *for...*; expresses purpose
factiōnem populārem: i.e. the populares
14  redīre: inf. redeō
properāns: nom. sg. pres. pple
qualemcumque pācem: *whatever peace*; acc. obj. of facere; not a relative pronoun
15  pecūniā: i.e. with a fine; abl. of means
dē...prōvinciīs: *from...*; abl. separation
paternīs fīnibus: *with...*; abl. means with

predicate contentum; fīnēs often means 'territory' or 'borders'
17  coēgit (Mithridātem): *he compelled (Mithridates)...*; pf. cōgō; Sulla is subject, supply 'Mithridates' as the acc. obj.
18  mōtūs: *disturbances*; 4th decl. acc. pl.
victōre: *as victor*; in apposition to exercitū
Rōmam: place to which
19  eōs quī: *those who...*
Mariō: dat. ind. obj. of favēbant
omnēs: modifying eōs, note the emphatic position: 'one and all'
20  eā victoriā: *than...*; abl. of comparison, eā is a demonstrative adj.
crūdēlius: nom. pred. neut comparative adj.
ingressus: pf. dep. ingredior
dictātor: nom. pred. following PPP creō

creātus, vel in eōs quī sē sponte dēdiderant iussit animadvertī.　21
Quattuor mīlia dēditōrum inermium cīvium in circō interficī iussit.
Quis autem illōs potest ēnumerāre quōs in urbe passim quisquis
voluit occīdit?　Dēnique admonuit eum Fūfidius quīdam vīvere
aliquōs dēbēre, ut essent quibus imperāret.　Novō et inaudīto　25
exemplō tabulam prōscriptiōnis prōposuit, quā nōmina eōrum quī
occīdendī essent continēbantur; cumque omnium orta esset
indignātiō, postrīdiē plūra etiam nōmina adiēcit.　Ingēns caesōrum
fuit multitūdō.

---

adiciō, -icere, -iēcī, -iectum: add, throw to, 2
admoneō, -ēre, admonuī: warn, advise
aliquī, -qua, -quod: some, any, definite, 3
animadvertō, -ere, -vertī: notice; punish, 4
caedō, -ere, cecīdī, caesum: kill, cut down, 4
circus, -ī m.: racetrack, circuit, 3
contineō, -ēre, -nuī, -tentum: contain, 3
dēbeō, -ēre, -uī, dēbitum: owe, ought, 3
dēdō, -ere, dēdidī: give up, surrender, 7
dēnique: lastly, finally, 7
ēnumerō (1): count up, count out
exemplum, -ī n.: example, 3
Fūfidius, -ī m.: Fufidius
imperō (1): order, command, 4
inaudītus, -a, -um: unheard

indignātiō, -tiōnis f.: outrage, indignity, 4
inermis, -e: unarmed
mille (pl. mīlia): thousand, 6
occīdō, -ere, -cīdī, -cīsum: kill, cut down, 7
passim: here and there, far and wide
plūs, plūris: more; many, 4
postrīdiē: the day after, the next day
prōpōnō, -ere, posuī, positum: set forth, 3
prōscriptio, -ōnis n.: proscription
quattuor: four, 5
quisquis, quidquid: whoever, whatever
sponte: by one's own will, willingly
tabula, -ae f.: tablet, 2
vel: or, either...or, 2
vīvō, -ere, vīxī, vīctum: live, 4

21　in eōs quī: *against those who…*
　　sponte: *willingly*; an abl. as adverb
　　iussit: pf. iubeō
　　animadvertī: *to be punished*; pass. inf.
22　quattuor...interficī: *that…*; ind. disc.
　　with pass. inf. interficiō
　　dēditōrum...cīvium: partitive gen. pl.
23　quōs..occīdit: *whom (one)…*; relative
　　clause, illōs is the antecedent; pf. occīdō
　　quisquis voluit: *whoever…*; relative clause,
　　the antecedent is the missing subject of
　　occīdit; pf. volō
24　eum: *him*; i.e. Sulla
　　quīdam: i.e. a certain man named Fūfidius
　　vīvere...dēbēre: *that…*; ind. disc., inf.
　　debeō governs a complementary inf.
25　ut essent quibus imperāret: *so that there
　　might be (men) whom he could command*; a
　　purpose clause with impf. subj. sum, and a
　　relative clause of purpose with impf. subj.;

　　quibus is an ind. obj. of imperārent
　　nōvō...exemplō: *as…*; 'for…' dat. of
　　purpose; inaudītō, 'unheard (of)' describes
　　something not experienced before
26　quā: *on which (tablet)*
　　eōrum: *of those…*; elsewhere 'their'
　　quī occīdendī essent: *who had to …*; 'were
　　(going) to be…,' a past passive periphrastic
　　(gerundive + sum) expressing necessity
　　(equiv. to occīdendī erat); this relative
　　clause of charactistic governs a subj.
27　cum...orta esset indignātiō: *when..;* cum
　　clause with plpf. dep. subj. orior
　　omnium indignātiō: *his indignation for
　　everyone*; omnium is an objective gen.
28　etiam: *still, even*; modifying neut. plūra
　　caesōrum: *of those…*; gen. pl. PPP caedō

## 27d. Lucius Cornelius Sulla

Nec sōlum in eōs saevīvit quī armīs contrā sē dīmicāverant, sed 30
etiam quiētōs cīvēs propter pecūniae magnitūdinem prōscrīptōrum
numerō adiēcit. Cīvis quīdam innoxius, cui fundus in agrō Albānō
erat, legēns prōscrīptōrum nōmina sē quoque vīdit adscrīptum.
"Vae," inquit, "miserō mihi!" Mē fundus Albānus persequitur."
Neque longē prōgressus ā quōdam quī eum āgnōverat interfectus 35
est.

Sulla, oppressīs inimīcōrum partibus, Fēlīcem sē ēdictō
appellāvit; cumque eius uxor geminōs eōdem partū ēdidisset,
puerum Faustum puellamque Faustam nōminārī voluit. Sed paucīs

---

**adiciō, -icere, -iēcī, -iectum**: add, throw to, 2
**agnoscō, -ere, -nōvī, -nōtum**: recognize, 2
**dīmicō (1)**: fight, struggle, contend, 3
**ēdictum, -ī n.**: proclamation, edict, 2
**ēdō, -ere, -didī, -ditum**: put forth, give out, 5
**faustus, -a, -um**: favorable, 2
**fēlīx (1)**: happy, lucky, prosperous
**fundus, -ī m.**: farm, estate, 2
**geminī, -ae, -a**: twin, 3
**inimīcus, -a, -um**: hostile, unfriendly, 6
**innoxius, -a, -um**: harmless, innocent
**legō, -ere, lēgī, lectum**: read, choose, 7
**longē**: far, 4
**magnitūdō, -tūdinis f.**: size, greatness, 2

**miser, misera, miserum**: sad, gloomy, 2
**nōminō (1)**: call by name, name, mention
**numerus, -ī m.**: number, multitude, 2
**opprimō, -ere, -pressī, -pressum**: oppress, overwhelm, 5
**partus, -ūs m.**: birth, bringing forth
**persequor, -ī, -cūtus sum**: follow, pursue, 2
**progredior, -gredī, progressus sum**: advance
**prōscrībō, -ere, -scrīpsī**: proscribe, outlaw 1
**puella, -ae f.**: girl
**quiētus, -a, -um**: resting, calm, undisturbed, 4
**saeviō, -īre, -iī**: rage, rave, be angry, 2
**scrībō, -ere, scrīpsī, scriptum**: write, 6
**Vae**: woe (exclamation) 2

30 **nec sōlum...sed etiam**: *not only...but also*
  **in eōs**: *against...*
  **armīs**: abl. means
  **contrā sē**: the antecedent of the reflexive is the subject of the main verb: Sulla
  **(in) quiētōs cīvēs**: *(against)*...; parallel to in eōs above
  **prōscrīptōrum**: *of those proscribed*; PPP
32 **numerō**: *to*...; dat. of compound verb
  **cui...erat**: dat. of possession may be translated three ways (1) 'to whom there was,' (2) 'whose....was', or (3) 'who had'
33 **legēns...nōmina**: pres. pple
  **sē...adscrīptum (esse)**: *that*...; ind. disc. with pf. pass. inf. adscrībō
34 **Vae...miserō mihi**: *Woe to*...; dat. of interest

  **persequitur**: *pursues, chases*
35 **prōgressus**: pf. dep. pple, prōgredior, as often is translated as 'having Xed'
  **ā quōdam**: *by a certain man*; abl. of agent
37 **oppressīs...partibus**: abl. abs.; the partēs are 'factions'
  **inimīcōrum**: *rivals*; a substantive; political rivals rather than foreign enemies of Rome
  **ēdictō**: abl. means
38 **appellāvit**: governs a double acc. (acc. obj. and acc. pred.)
  **eōdem partū**: *by*...; abl. of means
39 **puerum...nōminārī**: pres. pass. inf.; i.e. (x) to be called (y); acc. subj. and pred.; Sulla wanted to call the children the masc. and fem. form of the same name
  **voluit**: pf. volō

## 27e. Lucius Cornelius Sulla

post annīs repente contrā omnium exspectātiōnem dictātūram   40
dēposuit. Dēmissīs līctōribus, diū in forō cum amīcīs dēambulāvit.
Stupēbat populus eum prīvātum vidēns, cuius potestās modo tam
metuenda fuerat. Quamquam iam prīvātus erat, nōn sōlum salūs,
sed etiam dignitās manēbat—quī tot cīvēs occīderat. Ūnus
adulescēns fuit quī audēret querī et Sullam redeuntem usque ad   45
forēs domūs exsecrārī/ Atque ille, cuius īram potentissimī virī
maximaeque cīvitātēs nec effugere nec plācāre potuerant, ūnīus
adulēscentis contumēliās aequō animō tulit, id tantum in līmine
dīcēns: "Hic adulēscens efficiet ut nēmō posthāc tāle imperium
dēpōnat."                                                       50

---

**aequō (1)**: equal, make level, 2
**amīcus, -ī m.**: friend, 4
**audeō, -ēre, ausus sum**: dare, venture, 5
**contumēlia, -ae f.**: insult, abuse, reproach
**dēambulō (1)**: take a walk, walk off
**dēmittō, -ere, -mīsī, -missum**: drop, sink
**dēponō, -ere, -posuī**: put down, deposit, 5
**dictātūra, -ae f.**: dictatorship, 2
**dignitās, -tātis f.**: worth, merit, worthiness, 2
**diū**: a long time, long, 3
**efficiō, -ere, -fēcī, -fectum**: make, form, 4
**effugiō, -ere, -fūgī**: flee away, escape, 2
**exsecror, -āre, -ātus sum**: curse utterly
**exspectātio, -tiōnis f.**: awaiting, expectation 1
**foris, -is f.**: door, entrance, 2
**hīc**: here
**īra, īrae f.**: anger, 3
**līctor, līctōris m.**: lictor (bodyguard), 5
**līmen, līminis n.**: threshold, doorway

**maneō, -ēre, mansī**: stay, wait, wait for, 7
**metuō, -ere, -uī**: fear, dread, 3
**modo**: only, merely, simply; just now, 3
**nēmō, nūllīus, nēminī, nēminem, nūllō/ā**: no one, 6
**occīdō, -ere, -cīdī, -cīsum**: kill, cut down, 7
**plācō (1)**: appease, soothe, allay
**posthāc**: after this, hereafter
**potens (1)**: powerful; capable
**potestās, -tātis f.**: power; rule, sovereignty, 4
**prīvātus, -ī m.**: private citizen, 6
**queror, -ī, questus sum**: complain, lament, 3
**repente**: suddenly, unexpectedly
**salūs, -ūtis f.**: safety, refuge; health, 4
**stupeō, -ēre, -uī**: be asonished, astounded 1
**tālis, -e**: such, the sort, 2
**tot**: so many, 2
**usque**: up to, until; all the way, 3

---

40 **paucīs post annīs**: *a few years later*;
'after by a few years' abl. of degree of
difference with the adverb ante
**omnium**: subjective gen.
41 **dēmissīs līctōribus**: abl. abs.
42 **prīvātum**: *as a private citizen*
**vidēns**: pres. pple
**cuius**: *whose*; gen. sg.
**modo**: *just now*
43 **metuenda fuerat**: had to be...; 'had
been (going) to be feared' pass. periphrastic
(gerundive + sum) expressing necessity
**nōn sōlum...sed etiam**: *not only...but also*

45 **quī audēret...**: *who...*; relative clause
of characteristic with impf. subj. audeō
**querī, exsecrārī**: dep. inf. queor, exsecror
**redeuntem**: pres. pple redeō
46 **domūs**: *of...*; gen. sg. 4th decl. domus
**cuius**: gen. sg. quī, quae, quod
47 **potuerant**: plpf. possum
**ūnīus adulēscentis**: subjective gen. sg.;
ūnus is a pronominal adj., –īus is the gen.
48 **aequō animō**: *with a level head*; manner
**tulit**: pf. ferō, 'endure' or 'bear'
**id tantum**: *this alone*; tantum is an adverb
49 **ut...dēpōnat**: *that...*; noun result clause

## 27f. Lucius Cornelius Sulla

Sulla in vīllā voluptātibus dēditus reliquam vītam ēgit. Ibi 51
morbō correptus mortuus est, vir ingentis animī, cupidus
voluptātum, sed glōriae cupidior. Ante victōriam laudandus erat,
sed in eīs quae secūta sunt numquam satis reprehēnsus; urbem
enim et Italiam cīvīlis sanguinis flūminibus inundāvit. Nōn sōlum 55
in vīvōs saeviit, sed nē mortuīs quidem pepercit. Nam Gaiī Mariī,
cuius quaestor fuerat, ērutōs cinerēs in flūmen prōiēcit. Quā
crūdēlitāte factōrum ēgregiōrum glōriam corrūpit.

---

**cinis, cineris m.**: ash
**corripiō, -ere, -uī, -reptum**: snatch, seize
**corrumpō, -ēre, -rūpī, -ruptum**: ruin, spoil 4
**crūdēlitās, -tātis f.**: cruelty, crudeness, 3
**cupidus, -a, -um**: desirous, eager, keen, 3
**dēdō, -ere, dēdidī**: give up, surrender, 7
**ēdō, -ere, -didī, -ditum**: put forth, give out, 5
**ēgregius, -a, -um**: excellent, outstanding, 7
**ēruō, -ere, ēruī, ērutum**: dig up, tear out
**Gaius, -ī m.**: Gaius, 3
**glōria, -ae, f.**: glory, fame, 3
**inundō (1)**: overflow, run over
**laudō (1)**: praise, glorify, 5

**morbus, -ī m.**: disease, sickness, illness, 3
**numquam**: never, 3
**parcō, -ere, pepercī**: spare, refrain (dat.), 3
**proiciō, -icere, -iēcī, -iectum**: project forth 2
**quaestor, -ōris m.**: quaestor (an official), 7
**reliquus, -a, um**: remaining, left, 6
**reprehendō, -ere, -dī, -sum**: blame, rebuke, 3
**saeviō, -īre, -iī**: rage, rave, be angry, 2
**sanguis, sanguinis m.**: blood, 2
**satis**: enough, 5
**vīlla, -ae f.**: villa, cottage, 4
**vīvus, -a, -um**: alive, living, 3

51 **voluptātibus**: *to...*; dat. ind. obj.
   **dēditus**: *having surrendered*; a PPP middle
   (reflexive) in sense
   **ēgit**: pf. agō; agere vītam is a common
   idiom: 'to live life' or 'to spend life'
52 **morbō**: abl. of means
   **mortuus est**: pf. dep. morior
   **ingentis animī**: *of...*; gen. of description
53 **voluptātum**: *for...*; objective gen. pl.
   **glōriae**: *for...*; objective gen. with cupidior
   **cupidior**: comparative adj.
   **laudantus erat**: *had to be...*; 'was going
   to be praised;' past passive periphrastic
   (gerundive + sum)
54 **in eīs**: *among those (victories)*
   **secūta sunt**: pf. dep. sequor

54 **reprehēnsus (erat)**: plpf. pass., add 'erat'
   **cīvīlis sanguinis**: gen. sg.; i.e. civil wars
55 **nōn sōlum...sed**: *not only...but (also)*
56 **in vīvōs**: *against...*
   **nē...quidem**: *not even...*; this pair
   emphasizes the intervening word
   **mortuīs**: *the dead*; a substantive
   **Gaiī Mariī**: gen. poss. with cinerēs
57 **cuius**: gen. sg. relative quī, quae, quod
   **ērutōs**: PPP ēruō
   **prōiēcit**: Sulla is still subject; pf. proiciō
   **Quā crūdēlitāte**: *by this...*; connective
   relative: translate as demonstrative; abl. of
   means
58 **factōrum**: *deeds*; 'things done' gen. pl.; a
   substantive formed from the PPP of faciō

## 28a. Gnaeus Pompeius Magnus

Gnaeus Pompeius bellō cīvīlī annōs vīgintī trēs nātus partēs 1
Sullae secūtus est brevīque tempore sē ducem perītum praebuit.
Imprīmīs mīlitibus cārus erat, quod nūllum labōrem vītābat atque
cum omnibus saltū, cursū, lūctandō certābat. Coāctīs reliquīs eius
exercitūs cui pater praefuerat ad Sullam ex Asiā advenientem 5
contendit, et in itinere trēs hostium exercitūs aut superāvit aut sibi
adiūnxit. Sulla imperātōrem tum salūtāvit semperque maximō
honōre habuit.

Multīs post annīs imperium extraōrdinārium Pompeiō dēlātum
est, ut opprimeret praedōnēs, quī omnia maria īnfesta reddēbant et 10

---

**adiungō, -ere, adiūnxī**: join to, connect
**adveniō, -īre, -vēnī**: come to, approach, 4
**brevis, -e**: short, brief, 5
**cārus, -a, -um**: dear, precious, costly, 4
**certō (1)**: contend, strive, complete, 2
**cōgō, -ere, -ēgī, -āctum**: collect, compel, 6
**contendō, -ere, -ī**: strive; hasten; contend, 3
**cursus, -ūs m.**: course, running, haste, 6
**dēferō, -ferre, -tulī, -lātum**: offer, give over 6
**extraōrdinārius, -a, -um**: uncommon
**Gnaeus, -ī m.**: Gnaeus, 2
**imprīmīs**: in particular, especially, 3
**īnfestus, -a, -um**: hostile, unsafe, 4
**labor, -is m.**: labor, toil, 3
**lūctor, -ārī, -ātus sum**: wrestle, struggle

**mare, maris n.**: sea, 6
**opprimō, -ere, -pressī, -pressum**: oppress, overwhelm, 5
**perītus, -a, -um**: experienced in (gen.), 2
**praebeō, -ēre, -uī, -itum**: present, put forth, 4
**praedo, -ōnis m.**: pirate, plunderer, 5
**praesum, -esse, -fuī**: be over, preside over, 2
**reddō -ere -didī -ditum**: give back, render, 5
**reliquus, -a, um**: remaining, left (over), 6
**saltus, -ūs m.**: leap, jump, spring, 2
**salūtō (1)**: greet, 2
**semper**: always, ever, forever, 3
**vīgintī**: twenty, 6
**vītō (1)**: avoid, evade, shun, 3

1  **bellō cīvīlī**: *in…*; abl. of time when;  cīvīlī
   is 3rd decl. i-stem adj. in the abl.
   **annōs vīgintī (et) trēs**: *…(ago)*; acc. of
   duration
   **nātus**: PPP nascor
   **partēs Sullae**: *factions of Sulla*
2  **secūtus est**: pf. dep. sequor
   **brevī tempore**: *in…*; abl. time when
   **praebuit**: pf. praebeō, governs a double
   acc. (acc. obj. and acc. pred.)
3  **imprīmīs**: elsewhere in prīmīs
   **mīlitibus**: *to…*; dat. of interest
   **quod…**: *because…*; causal quod clause
4  **saltū, cursū**: *in…in…*; abl. of respect
   **lūctandō**: *in…*; abl. of respect, a gerund (-ing)
   **coāctīs reliquīs**: abl. abs., PPP cōgō
   **eius**: *his*; gen. sg. i.e. Pompeius

   **exercitūs**: gen. sg. modifying reliquīs
5  **cui**: *over…*; relative, dat. of compound
   verb; plpf. praesum
   **advenientem**: pres. pple modifying Sullam
6  **trēs hostium exercitūs**: trēs modifies acc.
   pl. exercitūs; hostium is gen. pl.
   **aut…aut**: *either…or*
   **sibi**: *to…*; dat. of compound verb
9  **multīs post annīs**: *many years later*; 'later
   by many years,' abl. of degree of difference
   **Pompeiō**: *to Pompey*; dat. ind. obj.
   **dēlātum est**: pf. pass.
10 **ut…praedōnēs**: *(namely) that…*; ind.
   command
   **reddēbant**: *were rendering, were making*;
   governs a double acc. (acc. obj. and acc.
   pred.)

## 28b. Gnaeus Pompeius Magnus

quāsdam etiam Italiae urbēs dīripuerant. Hoc bellum tantā 11
celeritāte cōnfēcit ut intrā quadrāgintā diēs omnēs praedōnēs aut
interficerentur aut sē dēderent.

Statim in Asiam magnō exercitū missus est contrā Mithridātem,
Ponticum rēgem, quōcum Rōmānī aliquot annōs iam contendēbant. 15
Rēx diū castrīs sē continuit neque pugnandī facultātem dedit. Cum
autem frūmentum dēficere coepisset, fugere cōnātus est. At
Pompeius secūtus hostem tertiā nocte in saltū quōdam intercēpit
lūnāque adiuvante fūdit. Nam cum Rōmānī lūnam ā tergō
habērent, hostēs longīs umbrīs corporum Rōmānōrum dēceptī in 20
umbrās tēla coniēcērunt. Victus Mithridātēs in Pontum profūgit.

---

**adiuvō (1)**: help, assist, 4
**aliquot**: several, 5
**celeritās, celeritātis f.**: speed, 2
**coniciō, -ere, -iēcī, -iectum**: throw, hurl, 5
**cōnor, cōnārī, cōnātus sum**: try, attempt, 7
**contendō, -ere, -ī**: strive; hasten; contend, 3
**contineō, -ēre, -nuī, -tentum**: contain, 8
**decipiō, -ere, -cēpī, -ceptum**: catch, deceive 1
**dēdō, -ere, dēdidī**: give up, surrender, 7
**dēficiō, -ere, -fēcī, -fectum**: fail, give out, 3
**dīripiō, -ere, -uī, reptum**: snatch, ransack, 3
**diū**: a long time, long, 3
**facultās, -tātis f.**: opportunity, skill, ability
**frūmentum, -ī n.**: grain, 3
**fundō, -ere, fūdī, fūsum**: pour, shed, 4
**hīc**: here
**intercipiō, -ere, -cēpī, -ceptum**: catch

**intrā**: within, inside (acc.), 2
**longus -a, -um**: long, 2
**lūna, -ae n.**: moon, 3
**Mithridātēs, -is m.**: Mithridates, 7
**Mithridāticus, -a, -um**: Mithridatic, 2
**Ponticus, -a, -um**: of Pontus, 2
**pontus, -iī m.**: sea, 2
**praedo, -ōnis m.**: pirate, plunderer, 5
**pugnō (1)**: fight, 3
**quadrāgintā**: forty, 5
**saltus, -ūs m.**: leap, jump, spring, 2
**statim**: immediately, on the spot, at once, 5
**tēlum, -ī n.**: projectile, arrow, spear, 6
**tergum, -ī n.**: back, hide, rear
**tertius, -a, -um**: third, 2
**umbra, -ae f.**: shadow, shade, 2

---

11 **tantā celeritāte**: *with...*; abl. of manner
12 **ut...dēderent**: *that...*; result clause with
  impf. subj.
  **aut...aut**: *either...or*
14 **magnō exercitū**: *with...*; abl. of
  accompaniment
15 **quōcum**: cum quō...
  **aliquot annōs**: *for...*; acc. of duration of
  time; aliquot is an indeclinable adj.
16 **castrīs**: *in...*; abl. means ~~of~~ a ~~ce~~ urbe
  **pugnandī**: *for...*; gen. sg., a gerund (-ing)
  **dedit**: pf. dō
17 **cum coepisset**: *when...*; plpf. subj. but
  simple past in sense

**cōnātus est**: pf. dep.
**At**: *but*; a strong adversative
18 **secūtus**: pf. dep. pple, as often, translate
  the pple as 'having Xed'
  **tertiā nocte**: abl. of time when
19 **lūnā adiuvante**: abl. abs. with pres. pple
  **fūdit**: *routed, overcame*; else 'poured'
  **ā tergō**: *from the rear*; i.e. on their backs,
  the moon was behind them
20 **longīs umbrīs**: abl. of means
  **dēceptī**: PPP dēcipiō modifying hostēs
  **in**: *against...; toward...*
21 **victus**: PPP vincō

---

103

## 28c. Gnaeus Pompeius Magnus

Posteā dēsperātīs fortūnīs venēnō vītam finīre frūstrā cōnātus est;　22
adversus enim venēna multīs anteā medicāmentīs corpus
firmāverat. Impetrāvit inde ā mīlite Gallō ut sē gladiō interficeret.
Cum Tigrānēs, rēx Armeniae, celeriter sē dēdisset atque ad　25
genua victōris prōcubuisset, Pompeius eum benignīs verbīs
allocūtus est et diadēma, quod abiēcerat, capitī repōnere iussit.
Inde Rōmānōrum prīmus Iūdaeōs vīcit Hierosolymaque, caput
gentis, cēpit sānctissimamque partem templī iūre victōris ingressus
est.　30

---

**abiciō, -icere, -iēcī, -iectum**: throw away
**alloquor, loquī, -ūtus sum**: speak, address, 3
**Armenia, -ae f.**: Armenia, 2
**benignus, -a, -um**: kind, kindly, 3
**celeriter**: swiftly, quickly, 5
**cōnor, cōnārī, cōnātus sum**: try, attempt, 7
**dēsperō (1)**: despair, feel no hope, 3
**diadēma, -ātis n.**: diadem, headress, crown, 3
**finiō, -īre, -īī**: limit, end, enclose, 2
**firmō (1)**: make strong, strengthen, support, 3
**fortūna, -ae f.**: fortune, chance, luck, 4
**frūstrā**: in vain, for nothing, 4
**genu, -ūs n.**: knee

**gladius, -ī m.**: sword, 6
**Hierosolyma, -ōrum n.**: Jerusalem
**impetrō (1)**: attain (by asking), accomplish, 3
**ingredior, -ī, ingressus sum**: step in, enter, 4
**Iūdaeus, -a, -um**: Judaean
**medicāmentum, -ī n.**: drug, remedy
**prōcumbō, -ere, -cubuī**: fall forward
**repōnō, -ere, -posuī**: place or put back, 2
**sanctus, -a, -um**: sacred, holy, 2
**templum, -ī n.**: temple, 5
**Tigrānēs, -is m.**: Tigranes
**venēnum, -ī n.**: poison, 3
**victor, -ōris m.**: conquerer, vanquisher, 2

22　**dēsperātīs fortūnīs**: abl. abs.
　　**venēnō**: abl. means
　　**cōnātus est**: pf. dep.
23　**venēna**: acc. obj. of preposition adversus
　　**multīs medicāmentīs**: means
24　**ā mīlite Gallō**: *from...*; abl. of source
　　**ut...interficeret**: *that...*; noun result clause
25　**cum...dēdisset...prōcubuisset**: *when...*;
　　plpf. subj.
　　**sē dēdisset**: i.e. surrendered to Pompey
26　**genua**: neuter pl. 4th decl. noun
　　**benignīs verbīs**: abl. means
27　**allocūtus est**: pf. dep. alloquor
　　**quod**: *which...*; the antecedent is neuter

sg. diadēma
**capitī**: *back on...*; dat. of compound; use
the prefix (re-) as a preposition and the dat.
as the object
**iussit**: pf. iubeō
28　**Rōmānōrum**: among...; partitive gen.
　　**prīmus**: *for the first time*; i.e. he was the
first to...
　　**vīcit**: pf. vincō
　　**caput**: i.e. capitol city
　　**Hierosylyma**: acc. pl.; the name refers to a
single city but is plural in form
29　**iūre**: *by the right...*
　　**ingressus est**: pf. dep. ingredior

## 28d. Gnaeus Pompeius Magnus

Regressus in Italiam triumphum ex Asiā ēgit, cum anteā ex Āfricā   31
et ex Hispāniā triumphāvisset. Triumphus illūstrior fuit grātiorque
populō, quod Pompeius nōn armātus, sīcut Sulla, ad Rōmam
subigendam, sed dīmissō exercitū redīsset.

Posteā, ortā inter Pompeium et Caesarem gravī dissēnsiōne,   35
quod hic superiōrem, ille parem ferre nōn poterat, bellum cīvīle
exārsit. Caesar īnfestō exercitū in Italiam vēnit. Pompeius, relictā
urbe ac deinde Italiā ipsā, Thessaliam petīvit et cum eō cōnsulēs
senātūsque magna pars; quem īnsecūtus Caesar apud Pharsālum
aciē fūdit. Victus Pompeius ad Ptolemaeum, Aegyptī rēgem, cui   40

---

**aciēs, -ēī f.**: sharp edge, battle line, army, 6
**Aegyptus, -ī m.**: Egypt, 2
**ardeō, -ēre, arsī, arsum**: be on fire, burn
**armātus, -a, -um**: armed, 5
**dīmittō, -ere, -mīsī, -sum**: dismiss, let go 5
**dissensio, -siōnis f.**: conflict, dissension, 3
**exardeō, -ēre, exārsī**: burn, be on fire
**exerceō, -ēre, -uī, exercitum**: exercise, 3
**fundō, -ere, fūdī, fūsum**: pour, shed, 4
**grātus, -a, -um**: pleasing, grateful, 4
**hīc**: here
**illūstris, -e**: distinguished, illustrious, 2

**īnfestus, -a, -um**: hostile, unsafe, 4
**insequor, -quī, -cūtus sum**: follow, ensue, 3
**Pharsālus, -ī m.**: Pharsalus (Greek town)
**Ptolemaeus, -ī m.**: Ptolemy, 2
**regredior, -ī, aggressus sum**: step back, 3
**sicut**: just as, as, so as, 2
**subigō, -ere, -ēgī**: drive up, conquer, subdue 1
**superus, -a, -um**: upper, higher, above, 3
**Thessalia, -ae f.**: Thessaly (norther Greece) 1
**triumphō (1)**: celebrate a triumph, 4
**Triumphus, -ī m.**: triumph (parade), 4

31 **Regressus**: pf. dep. pple; as often, this
  pple is translated actively: 'having Xed'
  **ēgit**: *conducted*; pf. agō
32 **cum...triumphāvisset**: *when...*; plpf. subj.
  **illustrior, grātior**: comparative adj.; grātus
  has two meanings: (1) 'grateful' or
  (2) 'pleasing'
33 **populō**: *to...*; dat. of reference
  **quod...redīsset**: *because...*; 'on the
  grounds that...' causal quod clause with
  subj. for alleged cause from the character's
  point of view; plpf. subj. redeō
  **ad Rōmam subigendam**: *for...*; perform a
  gerund-gerundive flip and translate this
  noun + gerundive as a gerund (-ing) + obj.;
  subigō (sub + agō)
34 **dīmissō exercitū**: abl. abs.
35 **posteā**: i.e. in 49 BCE
  **ortā...dissaensiōne**: abl. abs., ortā is a pf.
  dep. pple translated actively: 'having Xed'
  **gravī**: abl. sg. 3rd decl. i-stem adj.
36 **quod hic superiōrem (ferre nōn**

  **poterat et) ille parem ferre nōn poterat**:
  *because this one...(and) that one...*; hic,
  'this one' refers to the closest term, Caesar,
  and ille, 'that one,' refers to the farther
  term, Pompey; ferre is inf. ferō, 'endure;'
  supply omitted words (ferre nōn poterat et)
  to create parallel clauses
  **superiōrem, parem**: *a superior...an equal*;
  treat these adjectives as substantives
37 **exārsit**: *burst into flames*; inceptive pf.
  **īnfestō exercitū**: *with...*; accompaniment
  **relictā urbe...ipsā**: abl. abs.
38 **et...-que**: *both...and*
  **cum eō**: i.e. Pompey
39 **senātūs**: gen. sg. 4th decl.
  **quem**: *this one*; a connective relative
  **īnsecūtus**: pf. dep. pple īnsequor
  **apud**: *at...*; a town in northern Greece
40 **aciē**: means
  **fūdit**: *routed, overcame*; 'poured'
  **victus**: PPP vincō
  **cui**: dat. sg. quī, quae, quod

## 28e. Gnaeus Pompeius Magnus

tūtor ā senātū datus erat, profūgit; ille Pompeium interficī iussit.   41
Ita Pompeius sub oculīs uxōris et līberōrum interfectus est, caput
praecīsum, truncus in Nīlum coniectus. Deinde caput ad Caesarem
dēlātum est, quī eō vīsō lacrimās nōn continuit.

Is fuit Pompeiī vītae exitus post trēs cōnsulātūs et totidem   45
triumphōs.

---

**coniciō, -ere, -iēcī, -iectum**: throw, hurl, 5
**cōnsulātus, -ūs m.**: consulship 6
**contineō, -ēre, -nuī, -tentum**: contain, 3
**dēferō, -ferre, -tulī, -lātum**: carry away/off, 6
**exitus, -ī m.**: end, death; departure, 3
**lacrima, -ae f.**: tear, 2
**līberī, -ōrum m.**: children, 3

**Nīlus, -ī m.**: Nile river
**oculus, -ī, m.**: eye
**praecīdō, -ere, -cīdī, -cīsum**: cut off, 3
**totidem**: so many as, as many, 2
**Triumphus, -ī m.**: Triumph, 4
**truncus, -ī m.**: trunk, stem
**tūtor, -ōris m.**: guardian; defender, 2

**Ille**: i.e. Ptolemy
**Pompeium interficī**: *that...*; ind. dis. with
pass. inf. interficiō
**iussit**: pf. iubeō
42 **sub**: *before...*
43 **praecīsum (est)**: 3s pf. pass., add 'est'

caput is neuter sg. subject
**truncus**: i.e. the rest of his body
**coniectus (est)**: 3s pf. pass., add 'est'
44 **eō vīsō**: abl. abs., eō is a demonstrative
pronoun, 'this,'s referring to the caput
45 **Is**: *this*; subject

## 29a. Gaius Julius Caesar

C. Iūlius Caesar, nōbilissimā Iūliōrum familiā nātus, agēns 1
annum sextum et decimum, patrem āmīsit. Ā puerō vidētur
populārem factiōnem in rē pūblicā secūtus esse, eō magis quod
Marius Iūliam, Caesaris amitam, in mātrimōnium dūxisset. Ipse
Cornēliam dūxit uxōrem, fīliam Cinnae, quī Sullae inimīcissimus 5
erat. Cum Sulla victor Caesarem, sīcut multōs aliōs, iussisset
uxōrem repudiāre, ille recūsāvit. Bonīs deinde spoliātus, cum
etiam ad necem quaererētur, mūtātā veste, nocte urbe ēlapsus est.
Quamquam tum quārtānae morbō labōrābat, prope per singulās
noctēs latebrās commūtāre cōgēbātur, et dēnique ā Sullae lībertō 10

---

amita, -ae f.: father's sister, aunt
āmittō, -ere, -mīsī, -missum: lose, let go, 6
C.: Gaius, 5
Cinna, -ae m.: Cinna, 2
cōgō, -ere, -ēgī, -āctum: collect, compel, 6
commūtō (1): change, exchange, 2
Cornēlia, -ae f.: Cornelia, 3
decimus, -a, -um: tenth, 2
dēnique: lastly, finally, 7
ēlābor, -lābī, -lapsum: slip or slide away, 2
factiō, factiōnis f.: faction, party, 6
familia, -ae f.: family, household, 2
inimīcus, -a, -um: hostile, unfriendly, 6
Iūlia, -ae f.: Julia, 2
Iūlius, -ī m.: Julius, 4
labōrō (1): work, toil, labor, strive
latebra, -ae f.: hiding-place, lair
lībertus, -ī m.: freedman (freed slave), 2

magis: more, 7
mātrimōnium, -iī n.: marriage, 7
morbus, -ī m.: disease, sickness, illness, 3
mutō (1): change, alter, 3
necō (1): kill, slay, put to death, 6
populāris, -e: of the people, popular, 4
prope: nearly almost; near, 5
quaerō, -ere, quaesīvī, quaesītum: seek, ask, inquire, 6
quārtāna, -ae f.: a fever, quartan fever
recūsō (1): refuse, give a reason against, 5
repudiō (1): reject, repudiate
sextus, -a, -um: sixth, 2
sicut: just as, as, so as, 2
singulus, -a, -um: one by one, separate, 2
spoliō (1): despoil, plunder, 5
vestis, -is f.: clothing, 3

1 **nōbilissimā...familiā**: *from...*; abl. source
**nātus**: PPP nascor
**agēns**: pres. pple; agō 'spend' or 'live'
2 **sextum et decimum**: single ordinal number
**āmīsit**: pf. āmittō
**Ā puerō**: *from boyhood*
**vidētur**: the passive videor is often translated as the linking verb 'seem'
3 **secūtus esse**: pf. dep. inf. sequor
**eō magis**: *all the more*; a common phrase: eō is abl. of degree of difference 'by this (much)'
4 **ipse**: *he himself*; intensive, i.e. Caesar
5 **dūxit**: i.e. in mātrimōnium
**Sullae**: dat. of special adj.
6 **cum...iussisset**: *when...*; cum clause with

plpf. subj. iubeō
**victor**: *as victor*; nom. apposition
7 **bonīs**: *from...*; abl. of separation; neuter pl. bona is a substantive that means 'goods' 'property,' or 'possessions'
**spoliātus**: modifying Caesar, the subject
**cum...quaererētur**: impf. pass. subj.
**ad necem**: *for...*; expressing purpose
8 **mūtātā veste**: abl. abs.
**nocte**: *at...*; abl. time when
**urbe**: *from...*; abl. separation
9 **morbō**: abl. means with gen. quārtānae
**labōrābat**: *he struggled...*
10 **ā...lībertō**: *by...*; abl. of agent

comprehēnsus est. Eī vix, datā pecūniā, persuāsit ut sē dīmitteret.   11
Postrēmō per propinquōs et affīnēs suōs veniam impetrāvit. Satis
tamen cōnstat Sullam monuisse eōs quī adulēscentī veniam
petēbant eum aliquandō nōbilium partibus exitiō futūrum esse; nam
Caesarī multōs Mariōs inesse.   15
    Stīpendia prīma in Asiā fēcit, ubi in expugnātiōne Mytilēnārum
corōnā cīvīcā dōnātus est. Mortuō Sullā, Rhodum sēcēdere statuit,
ut per ōtium Apollōniō Molōnī, tum clārissimō dīcendī magistrō,
operam daret. Hūc dum trānsit, ā praedōnibus captus est mānsitque
apud eōs prope quadrāgintā diēs. Per omne autem illud spatium ita   20

---

**affinis, -e**: neighboring; related
**aliquandō**: sometimes, at some time, 3
**Apollōnius, -ī m.**: Apollonius
**cīvīcus, -a, -um**: civic, civil, of a citizen
**comprehendō, -ere, dī, -prehensum**: grasp, seize, 5
**cōnstō, -stāre, -stitī**: stand firm; is agreed, 5
**corōna, -ae f.**: crown, garland
**dīmittō, -ere, -mīsī, -sum**: dismiss, let go 5
**dōnō (1)**: give, bestow, 5
**exitium, -ī n.**: (source of) destruction, 2
**expugnātio, -ōnis f.**: taking by assault
**hūc**: to this place, hither, here 1
**impetrō (1)**: attain, accomplish, 3
**insum, -esse, -fuī**: be in, 2
**magister, -ī m.**: Master; helmsman, teacher, 6
**maneō, -ēre, mansī**: stay, wait, wait for, 7

**Molo, Molōnis m.**: Molo, 2
**moneō, -ēre, -uī, monitum**: warn, 4
**Mytilēnae, -ārum f.**: Mytilene (town)
**opera, -ae f.**: effort, exertion, work, 3
**ōtium, -iī n.**: leisure, peace
**postrēmō**: at last, finally, last of all, 3
**praedo, -ōnis m.**: pirate, plunderer, 5
**prope**: nearly almost; near, 5
**propinquus, -a, -um**: near, neighboring
**quadrāgintā**: forty, 5
**Rhodos, -ī f.**: Rhodes (island), 2
**satis**: enough, 5
**sēcēdō, -ere, -cessī**: go away, withdraw, 2
**spatium, -iī n.**: space; span of time
**stipendium, -iī n.**: pay; military service, 3
**vix**: with difficulty, with effort, scarcely, 4

11 **Eī**: *him*; i.e. the freedman; dat. ind. obj. of persuāsit; Caesar is the subject
   **datā pecūniā**: abl. abs.
   **ut...dīmitteret**: *that...*; ind. command
12 **satis**: *sufficiently*; adv.
13 **cōnstat**: *it is agreed*; impersonal verb
   **Sullam monuisse**: *that...*; ind. disc., pf. inf. moneō governing an acc. obj. and ind. disc.
   **eōs quī**: *those who...*
   **adulēscentī**: *for...*; dat. interest; i.e. Caesar
14 **eum...futūrum esse**: *that...*; ind. disc. with fut. inf. sum governed by monuisse
   **nōbilium**: gen. pl. modifying partibus
14 **partibus exitiō**: *as a source of destruction for the factions*; or with the inf. of sum: 'serve as a source of ...;' double dative (dat. of purpose and dat. of interest)

   **nam...inesse**: second ind. disc. governed by monuisse
15 **Caesarī**: *in...*; dat. of compound verb
   **Mariōs**: *Mariuses*; i.e. many with the same character as Marius
16 **fēcit**: *(Caesar) completed...*
17 **corōnā cīvīcā**: *with...*; dōnō, 'bestow,' can govern an acc. and dat. or an abl. of means: 'bestow with...'
   **Mortuō Sullā**: abl. abs., subj. and pred. supply the pple 'being;' mortuus, 'dead,' is an adj. from the PPP of morior
   **statuit**: *he decided*
18 **ut...daret**: *so that...*; purpose, impf. dō
   **dīcendī**: gen. sg. of the gerund (-ing)
20 **apud eōs**: *among them*
   **quadrāgintā diēs**: *for...*; acc. of duration

sē gessit ut praedōnibus pariter terrōrī venerātiōnīque esset. 21
Redēmptus inde ab amīcīs classem contrāxit captōsque praedōnēs
cruce affēcit, quod supplicium saepe inter iocum minātus erat.
Quaestōrī ulterior Hispānia obvēnit. Aedīlis praeter comitium ac
forum etiam Capitōlium ōrnāvit porticibus. Vēnātiōnēs autem 25
lūdōsque apparātissimōs et cum collēgā M. Bibulō et sēparātim
ēdidit. Hīs rēbus patrimōnium effūdit tantumque aes aliēnum
cōnflāvit ut ipse dīceret sibi opus esse mīliēns sēstertium, ut
habēret nihil.

---

**aedīlis, -is m.**: aedile (city manager), 3
**aes, aeris n.**: bronze, 2
**afficiō, -ere, -fēcī, -fectum**: affect, afflict, 2
**aliēnus, -a, -um**: of another, foreign, 5
**amīcus, -ī m.**: friend, 4
**apparātus, -a, -um**: prepared; equipped
**Bibulus, -a, -um**: Bibulus, 4
**Capitōlium, -ī n.**: Capitolium, 5
**classis, -is f.**: fleet, 4
**collēga, -ae m.**: colleague, partner, 5
**comitium, -ī n.**: meeting, assembly, 4
**cōnflō (1)**: blow up; kindle, arouse
**contrahō, -ere, -trāxī**: draw together, 2
**crux, crucis f.**: cross, frame for torture
**ēdō, -ere, -didī, -ditum**: put forth, give out, 5
**effundō, -ere, -fūdī, -fūsum**: pour out, shed, 3
**hīc**: here
**lūdus, -ī m.**: game, sport; school, 6
**M.**: Marcus, 5

**mīliēns**: a thousand times
**minor, -āre, -ātus sum**: threaten, menace
**obveniō, -īre, -vēnī, -ventum**: come to, 2
**ōrnō (1)**: adorn, furnish, 2
**patrimōnium, -ī n.**: inheritance, patrimony
**porticus, -ī m.**: portico, colonnade
**praedo, -ōnis m.**: pirate, plunderer, 5
**praeter**: in addition to, besides; except (acc) 2
**quaestor, -ōris m.**: quaestor (an official), 7
**redimō, -ere, -ēmī, -mptum**: buy/take back, 6
**saepe**: often, 3
**sēparātim**: separately
**sēstertius, ī (gen. pl. ium)**: sesterce (coin)
**supplicium, -ī n.**: punishment, supplication, 5
**terror, terrōris m.**: terror, fright, 4
**ulterior, -ius**: farther
**vēnātio, -ōnis f.**: hunting, the chase
**venerātio, -tiōnis f.**: reverance, veneration

21 **sē gessit**: *behaved*; 'carried himself'
  **ut...esset**: *that...*; result clause, impf. subj.
  sum
  **praedōnibus...venerātiōnīque**: *equally as a terror and source of veneration for the pirates*; or with esset: 'served as a terror...'a double dative (dat. of interest + two instances of dat. of purpose)
22 **redēmptus**: PPP, Caesar is subject
23 **cruce affēcit**: *he crucified*
  **quod supplicium**: *which punishment...*; relative adj.
  **minātus erat**: plpf. dep. minor
24 **Quaestōrī...obvēnit**: *Farther Spain came to (Caesar) as quaestor*; dat. compound

24 **Aedīlis**: *Caesar, as aedile,...*; subject
  **praeter...forum**: *in addition to...*
25 **porticibus**: abl. means
26 **et...et...**: *both...and...*
27 **Hīs rēbus**: *because of...*; abl. of cause
  **aes aliēnum**: *debt*; 'another's bronze'
28 **ut...dīceret**: *that...*; result clause, impf. subj. dīcō
  **ipse**: *he himself*
  **opus esse...**: *that there is a need...*; ind. disc.; opus est, 'there is a need...' is an idiom that governs a dat. of interest (for...) and either an abl. or nom. of the thing needed
  **ut...nihil**: *so that...*; result clause

## 29d. Gaius Julius Caesar

Posteā societātem cum Gnaeō Pompeiō et Marcō Crassō iūnxit, nē  30
quid agerētur in rē pūblicā, quod displicēret ūllī ex tribus. Cōnsul
deinde creātus cum M. Bibulō prīmus omnium cōnsulum īnstituit
ut diurna ācta et senātūs et populī perscrīberentur atque ēderentur.
Aliquot lēgēs prō Pompeiō et Crassō sociīs pertulit, praecipuēque
effēcit ut ipse prōvinciam Galliam obtinēret. Bibulus, cum frūstrā  35
lēgibus obstitisset, per reliquum annī tempus domī abditus, Cūriā
abstinuit. Nōnnūllī igitur, cum tabulās signārent, per iocum
addidērunt nōn Caesare et Bibulō, sed Iūliō et Caesare cōnsulibus.

---

**abdō, -ere, -didī, -ditum**: hide, put away, 2
**abstineō, -ēre, -uī, -tentum**: keep away
**addō, -ere, -didī, -ditum**: bring to, add, 7
**aliquot**: several, 5
**Bibulus, -a, -um**: Bibulus, 4
**Crassus, ī m.**: Crassus, 3
**Cūria, -ae f.**: senate house, Curia, 8
**displiceō, -ere, -uī**: displease, dissatisfy
**diurnus, -a, -um**: by day, during the day
**ēdō, -ere, -didī, -ditum**: put forth, give out, 5
**efficiō, -ere, -fēcī, -fectum**: make, form, 4
**frūstrā**: in vain, for nothing, 4
**Gallia, -ae f.**: Gaul, 3
**Gnaeus, -ī m.**: Gnaeus, 2
**iocus, -ī m.**: joke, 2
**Iūlius, -ī m.**: Julius, 4
**iungō, -ere, iunxī, -iunctum**: join, 2

**legō, -ere, lēgī, lectum**: read, choose, 7
**M.**: Marcus, 5
**Marcus, -ī m.**: Marcus, 4
**nōnnūllus, -a, -um**: some, several, 2
**obstō, -āre, -stitī**: stand in the way, oppose (dat)
**obtineō, -ēre, -uī, -tentum**: hold, maintain, 2
**perferō, -ferre, -tulī, -lātum**: carry, endure, 4
**perscrībō, -ere, -scrīpsī**: write in detail
**praecipuē**: especially, 2
**prōvincia, -ae f.**: province, 7
**reliquus, -a, um**: remaining, left, 6
**signō (1)**: mark out, designate
**societās, -tātis f.**: association, alliance, 5
**socius, -iī m.**: comrade, companion; ally, 7
**tabula, -ae f.**: tablet, 2
**ūllus, -a, -um**: any, 4

30 **nē quid agerētur..**: *so that not anything…*; neg. purpose; quis, quid is indefinite before sī, nisi, num, and nē
31 **quod**: *which…*; the antecedent is quid
  **ūllī**: *anyone*; dat. sg. of reference, ūllus is a pronominal with –īus in gen. and –ī in dat.
  **Cōnsul**: nom. pred. governed by PPP creō
  **tribus**: abl. pl. trēs; i.e. Pompey, Crassus and Caesar, members of the 1st triumvirate
32 **omnium cōnsulum**: partitive gen. pl.
33 **ut…ēderentur**: *that…*; noun result clause impf. pass. subj. ēdō, ēdere
  **diuerna ācta**: *daily actions*; nom. neut. pl.
  **et…et…**: *both…and…*; both gen. sg.
34 **prō**: *on behalf of*
  **sociīs**: in apposition to Pompeiō, Crassō
  **pertulit**: *carried through*; i.e. passed
  **effēcit**: *brought it about*

35 **ut…obtinēret**: *that…*; noun result clause following effēcit
  **cum…obstitisset**: cum clause, plpf. subj. obstō
36 **lēgibus**: dat. of compound verb
  **domī**: *at home*; locative, place where
  **Cūriā**: *from…*; abl. of separation
38 **Caesar et Bibulō (cōnsulibus)**: *in the consulship of Caesar and Bibulus*; 'Caesar and Bibulus (being) consuls;' abl. abs., add the pple 'being;' the Romans dated each year by the two consuls
  **Iūliō et Caesare cōnsulibus**: see above for translation; the joke here is that Iūlius and Caesar are not two different people but one in the same person: Gaius Julius Caesar, who seemingly monopolized the consulship and left Bibulus to play a minor role

## 29e. Gaius Julius Caesar

Caesar, cōnsulātū perāctō, novem annīs Galliam in potestātem populī Rōmānī redēgit. Germānōs quoque aggressus est atque 40
prīmus imperātōrum Rōmānōrum in Britanniam trānsiit. Ipse commentāriōs rērum gestārum cōnfēcit, quibus aliōs ūtī in scrībendā historiā voluit. Sed, ut ait Cicero, "Sānōs quidem hominēs ā scrībendō dēterruit; nihil est enim in historiā pūrā et illūstrī brevitāte commentāriōrum dulcius." 45

Cum intereā Crassus apud Parthōs interfectus esset, et mortua Iulia, Caesaris fīlia, quae nūpta Pompeiō generī socerīque concordiam tenēbat, statim aemulātiō ērūpit. Iam prīdem Pompeiō

---

**aemulātiō, -tiōnis f.**: rivalry, jealousy, envy
**aggredior, -ī, -gressus sum**: go to, attack, 3
**āiō**: say, assert
**brevitās, -tātis f.**: shortness, brevity
**Britannia, -ae f.**: Britain
**commentārius, -ī m.**: commentary, 2
**cōnsulātus, -ūs m.**: consulship 6
**Crassus, ī m.**: Crassus, 3
**dēterreō, -ēre, -uī**: frighten off, prevent, 3
**dulcis, -e**: sweet; pleasant, free
**ērumpō, -ere, -rūpī**: burst, break out, 2
**Gallia, -ae f.**: Gaul, 3
**gener, generī m.**: son-in-law
**Germānī, -ōrum m.**: Germans
**historia, -ae f.**: narrative, story, account, 2
**homō, -inis m./f.**: man, mortal, human, 4

**illūstris, -e**: distinguished, illustrious, 2
**intereā**: meanwhile, meantime
**Iūlia, -ae f.**: Julia, 2
**novem**: nine, 2
**nūbō, -ere, nūpsī, -ptum**: veil 1
**Parthī, -ōrum m.**: Parthians, 2
**peragō, -ere, -ēgī, -actum**: drive through 1
**potestās, -tātis f.**: power; rule, sovereignty, 4
**prīdem**: long before, long ago
**pūrus, -a, -um**: clean, pure, free from dirt, 1
**redigō -ere -ēgī -āctum**: drive back, 3
**sanus, -a, -um**: sound, whole, healthy
**scrībō, -ere, scrīpsī, scriptum**: write, 6
**socer, socerī m.**: father-in- law
**statim**: immediately, on the spot, at once, 5
**ūtor, ūtī, ūsus sum**: use, employ, enjoy, 5

39 **cōnsulātū perāctō**: abl. abs.
  **novem annīs**: *within…*; abl. time within
40 **aggressus est**: pf. dep. aggredior
41 **trānsiit**: pf. trānseō
  **imperātōrum Rōmānōrum**: *of Roman commanders*
  **ipse**: *he himself*; intensive
42 **rērum gestārum**: *of things done*; 'things having been carried out,' PPP gerō
  **quibus**: *which…*; abl. object of inf. ūtor
  **ūtī**: pres dep. inf. ūtor
  **in scrībendā historiā**: Perform a gerund-gerundive flip and translate the gerundive + noun as a gerund (-ing) + obj.
43 **ut**: *as…*; clause of comparison
44 **ā scrībendō**: *from…*; abl. of separation abl. sg. of a gerund (-ing)
  **enim**: *for…*; or 'indeed,' postpositive:

translate first in the sentence
  **pūrā et illūstrī brevitāte**: *than…*; abl. of comparison
45 **commentāriōrum**: *of the commentaries*; Caesar's work is called the *Commentariī*
  **dulcius**: nom. pred. neut. comparative adj.
46 **Cum…interfectus esset**: *when…*; cum clause with plpf. pass. subj.
  **apud**: *among…*
  **mortua (esset)**: *had died*; dep. morior
47 **nūpta**: PPP nūbō
  **Pompeiō**: *for Pompey*; dat. of interest with nūpta; i.e. married to Pompey
  **generī socerīque**: *for…*; dat. interest
  **Iam prīdem…erant**: *had long before now been*; translate as plpf. progressive

111

suspectae Caesaris opēs erant, et Caesarī Pompeiāna dignitās
gravis. Dēnique Caesar, ut sē tuērētur, postulāvit ut ex lēge ante    50
lātā sibi absentī alterum cōnsulātum petere licēret. Hoc inimīcī,
Pompeiō probante, negāvērunt atque iussērunt Caesarem ante
certam diem exercitum prōvinciamque trādere.

Iniūriā incēnsus, ad Rubicōnem flūmen, quī prōvinciae fīnis
erat, cum exercitū prōcessit. Ibi paulum morātus, ut fāma fert,    55
"Etiam nunc," inquit, "regredī possumus; quod sī hoc flūmen
trānsierimus, omnia armīs agenda erunt." Postrēmō exclāmāvit:
"Iacta est ālea." Tum, exercitū flūmen trāductō bellōque cīvīlī

---

absum, -esse, āfuī: be away, be absent, 5
ālea, -ae f.: die, one of 2 dice; game of dice
alter, -era, -erum: other, second, 7
certus, -a, -um: certain, reliable, sure, 6
cōnsulātus, -ūs m.: consulship 6
dēnique: lastly, finally, 7
dignitās, -tātis f.: worth, merit, worthiness, 2
exclāmō (1): shout out, shout, 2
exerceō, -ēre, -uī, exercitum: exercise, 3
fāma, -ae f.: fame, report, rumor, reputation, 7
fīnis, -is m./f.: end, border; territory, 3
hīc: here
iaciō, -ere, iēcī, iactum: throw, cast, 2
incendō, -ere, -ī, -ēnsum: kindle, burn, 7
inimīcus, -a, -um: hostile, unfriendly, 6
iniūria, -ae f.: wrong, insult, injustice, 5
licet, -ēre, -uit: it is allowed, it is permitted, 3

moror, -ārī, -ātus sum: delay, linger; detain
negō (1): deny, say that…not, refuse, 4
ops, opis f.: power; pl. resources, influence, 6
paulus, -a, -um: little, small, 6
Pompeiānus –a -um: Pompeian, of Pompey 2
postrēmō: at last, finally, last of all, 3
postulō (1): demand, claim, request, ask, 5
probō (1): approve, 4
prōcēdō, -ere, -cessī, -cessum: proceed, 4
prōvincia, -ae f.: province, 7
regredior, -ī, aggressus sum: step back, 3
Rubico, -ōnis m.: Rubicon river, 1
suspiciō, -ere, -spexī, -spectum: look at;
suspect, mistrust
trādō, -dere, -didī, -ditum: hand over, give, 7
trādūcō, -ere, -duxī, -ductum: lead over, 3
tueor, tuērī: look over or after, guard, 2

49 iam prīdem… …erant: *had long before
now been*; past progressive
suspectae: *mistrusted*; pred. adj.
Caesarī: *for…*; dat. of interest
50 (erat) gravis: nom. pred., supply erat
ut…tuērētur: *so that…*; purpose; impf.
pass. subj. tueor
ut…licēret: *that it…*; ind. command
51 lātā: *passed*; PPP ferō: ferre lēgem is an
idiom for proposing or passing a law
sibi: *for…*; dat. of interest, i.e. Caesar
absentī: *while…*; dat. sg. pres. pple absum
inimīcī: *rivals*; nom. subj.
52 Pompeiō probante: *although…*; abl. abs.
Caesarem…trādere: *that…*; ind. disc.
54 iniūriā: abl. means
incēnsus: i.e. angered; PPP, Caesar subject

fīnis: *the border*; the river is the borderline
between the province Cisalpine Gaul
(Northern Italy) and the rest of Italy
55 paulum: *a little*; adverbial acc. (inner acc.)
31 morātus: pf. dep. pple moror, as often,
translate as 'having Xed'
ut fāma fert: *as the story reports*
56 regredī: dep. inf. regredior
quod sī: *but if…*; 'as for this' acc. respect
56 sī trānsierimus,…erunt: *if…we cross,
…will*; fut. more vivid (sī fut. (pf.), fut.);
translate the fut. pf. as pres. with fut. sense
57 agenda erunt: *will have to be…*; 'will be
(going) to be done'; fut. passive periphrastic
58 exercitū…trāductō: abl. abs.

## 29g. Gaius Julius Caesar

inceptō, Brundisium profectus est, quō Pompeius cum magnā parte
senātūs profūgerat. Pompeium trānsīre in Ēpīrum prohibēre frūstrā  60
cōnātus, iter in Hispāniam fēcit, ubi validissimās Pompeiī cōpiās
vīcit.
    Deinde in Ēpīrum profectus, Pompeium Pharsālicō proeliō
superāvit et fugientem ad Aegyptum persecūtus est. Ptolemaeum
rēgem, quī Pompeium interficī iusserat īnsidiāsque Caesarī  65
tendēbat, vīcit atque rēgnum Cleopātrae frātrīque minōrī permīsit.
Pharnacem, Mithridātis fīlium, quī occāsiōne temporum ad
rebellandum ūtēbātur, tam citō fūdit ut celeritātem victōriae posteā

---

**Aegyptus, -ī m.**: Egypt, 2
**Brundisium, -ī n.**: Brundisium, Brindisi
**celeritās, celeritātis f.**: speed, 2
**cito**: quickly, speedily
**Cleopatra, -ae f.**: Cleopatra
**cōnor, cōnārī, cōnātus sum**: try, attempt, 7
**cōpia, -ae f.**: abundance, supply; troops, 5
**Ēpīrus, -ī m.**: Epirus, 3
**frūstrā**: in vain, for nothing, 4
**fundō, -ere, fūdī, fūsum**: pour, shed, 4
**incipiō, -ere, incēpī, inceptum**: begin, 5
**insidiae, -ārum f.**: ambush, trap, 2
**Mithridātēs, -is m.**: Mithridates, 7

**occāsio, -ōnis f.**: opportunity, right moment, 2
**parvus, -a, -um**: small, 4
**permittō -ere -mīsī -missum**: send through,
entrust, 3
**Pharnaces, -is m.**: Pharnaces
**Pharsālicus, -a, -um**: of Pharsalus
**prohibeō, -ēre, -uī, -itum**: keep off, prohibit
**Ptolemaeus, -ī m.**: Ptolemy, 2
**rebellō (1)**: wage war against, rebel
**tendō, -ere, tendī, tentum**: stretch, strive
**ūtor, ūtī, ūsus sum**: use, employ, enjoy, 5
**validus, -a, -um**: strong, stout, vigorous

59 **bellō...inceptō**: abl. abs. PPP incipiō
    **Brundisium**: place to which
    **quō...**: *to where*; an adverb introducing a
    relative clause
60 **trānsīre**: *(from) crossing*; governed by
    prohibēre; Pompeium is obj. of prohibēre
61 **cōnātus**: pf. dep. pple cōnor; as often
    translate as 'having Xed'
    **cōpiās**: *troops*; elsewhere 'supplies'
62 **vīcit**: pf. vincō
63 **profectus**: pf. dep. pple proficīscor, as
    often translate as 'having Xed'
64 **persecūtus est**: pf. dep. persequor
    **interficī**: pass. inf.

65 **iusserat**: plpf. iubeō
    **Caesarī**: *for...*; dat. of interest
66 **tendēbat**: *was laying out*
    **vīcit**: pf. vincō
    **Cleopātrae...minōrī**: *to...*; dat. ind. obj.;
    minōrī here means 'lesser (by birth)' or
    simply 'younger'
    **ad rebellandum**: *for...*; expressing purpose
    acc. sg. of a gerund (-ing)
68 **ūtēbātur**: deponent with abl. obj. (means)
    **fūdit**: *routed, overcame*; 'poured'
    **ut...significārent**: *that...*; result clause
    with impf. subj.

tribus verbīs significāret, "Vēnī, vīdī, vīcī." Deinde Scīpiōnem et
Iubam, Numidiae rēgem, quī reliquiās Pompeiānārum partium in 70
Āfricā coēgerat, dēvīcit. Postrēmō Pompeiī fīliōs in Hispāniā
superāvit; quod proelium tam ācre tamque dubium fuit ut Caesar
equō dēscenderet cōnsistēnsque ante suōs cēdentēs fortūnam
increpāret, quod sē in eum exitum servāsset, dēnūntiāretque
mīlitibus vēstīgiō sē nōn recessūrum.   Verēcundiā magis quam 75
virtūte aciēs restitūta est.   Rōmam inde rediit, ubi quater
triumphāvit.

---

**ācer, ācris, ācre**: sharp; fierce, keen, 4
**aciēs, -ēī f.**: sharp edge, battle line, army, 6
**cēdō, -ere, cessī, cessum**: move; withdraw, give up, 4
**cōgō, -ere, -ēgī, -āctum**: collect, compel, 6
**cōnsistō, -ere, -stitī**: stand still, stop
**dēnuntiō, (1)**: declare, order 2
**dēscendō, -ere, -ndī**: climb down
**dēvincō, -ere, -vīcī**: conquer, overcome, 2
**dubius, -a, -um**: doubtful, wavering, 1
**equus, -ī m.**: horse, 3
**exitus, -ī m.**: end (of life), death; departure, 3
**fortūna, -ae f.**: fortune, chance, luck, 4
**increpō, -āre, -uī**: chide, rebuke; rustle

**Iuba, -ae m.**: Iuba (king of Numidians)
**magis**: more, 7
**Numidia, -ae f.**: Numidia, 3
**Pompeiānus, -a, -um**: Pompeian, of P., 2
**postrēmō**: at last, finally, last of all, 3
**quater**: four times
**recēdō, -ere, -cessī, -cessum**: go back, withdraw
**reliquus, -a, um**: remaining, left (over), 6
**servō (1)**: save, keep, preserve, 7
**significō (1)**: show, point out, indicate
**triumphō (1)**: celebrate a triumph, 4
**verecundia, -ae f.**: modesty, shame, shyness 1
**vēstīgium, -ī n.**: footstep; footprint, track, 2

69  **tribus verbīs**: abl. means; abl. pl. trēs
    **Vēnī, vīdī, vīcī**: three 1s pf. veniō, videō, vincō with asyndeton (no conjunctions) in order to suggest speed and decisiveness
    **Scīpiōnem**: *Scipio (Metellus)*; a senator defeated along with Cato in Thapsus (N. Africa) in 46 BC
70  **reliquiās**: *the survivors*; 'remaining factions' fem. pl. because of fem. pl. partēs
71  **coēgerat**: plpf. cōgō, 'gather'
    **dēvīcit**: pf. dēvincō
72  **quod proelium**: *which…*; relative adj.
    **ācre**: neuter nom. sg. ācer
    **ut…dēscenderet…dēnūntiāretque**: *that…*; result clause with impf. subj.
73  **equō**: *from…*; abl. of separation
    **cōnsistēns**: *standing together*; pres. pple

**ante suōs**: *before his (men)*
**cēdentēs**: pres. pple cēdō, 'withdraw'
**fortūnam**: *his fortune*
74  **quod…servā(vi)sset**: *because…*; or 'on the grounds that…' causal quod clause with subj. for alleged cause from the character's point of view
    **in eum exitium**: *for this end*
75  **vēstīgiō**: *from…*; abl. of separation
    **sē…recessūrum (esse)**: *that…would…*; ind. disc.with fut. inf. recēdō
    **Verēcundiā, virtūte**: *because of…*; or 'by' both abl. of cause
    **magis quam**: *more than*
76  **resitūta est**: *was restored*
    **Rōmam**: place to which
    **rediit**: pf. redeō

## 29i. Gaius Julius Caesar

Bellīs cīvīlibus cōnfectīs, conversus iam ad administrandam rem pūblicam, fastōs corrēxit annumque ad cursum sōlis accommodāvit. Senātum supplēvit, comitiīsque cum populō dīvīsīs, 80 sibi sūmpsit iūs nōminandae dīmidiae partis candidātōrum. Eōs quī lēge Pompeiī dē ambitū damnātī erant restituit atque admīsit ad honōrēs etiam prōscrīptōrum līberōs. Omnēs medicīnam Rōmae professōs et līberālium artium doctōrēs cīvitāte dōnāvit. Iūs labōriōsissimē ac sevērissimē dīxit. Dē repetundīs damnātōs etiam 85 ē senātū mōvit. Peregrīnārum mercium portōria īnstituit. Lēgem praecipuē sūmptuāriam exercuit, dispositīs circā macellum custōdibus quī obsōnia vetita retinērent.

---

**accommodō (1)**: fit, adapt, adjust
**administrō (1)**: manage, direct; help, 3
**admittō, -ere, mīsī, missum**: admit, allow
**ambitus, -ūs m.**: bribery, canvassing for votes
**ars, artis f.**: skill, craft, art, 7
**candidātus, -ī m.**: candidate
**circā**: about, around, 4
**comitium, -ī n.**: meeting, assembly, 4
**convertō, -ere, -ī, -versum**: turn, reverse, 6
**corrigō, -ere, -rēxī, -rēctum**: correct, reform 1
**cursus, -ūs m.**: course, running, haste, 6
**custōs, custōdis m.**: guard, doorkeeper, 3
**damnō (1)**: condemn, punish, convict, 3
**dīmidius, -a, -um**: half, one-half
**dispōnō, -ere**: arrange distribute
**dīvidō, -ere, -vīsī, -vīsum**: divide, separate, 7
**doctor, -ōris m.**: instructor
**dōnō (1)**: give, bestow, 5
**exerceō, -ēre, -uī**: exercise, employ, 3
**fastī, -ōrum m.**: list of days; calendar
**labōriōsus, -a, -um**: toilsome, wearisome
**legō, -ere, lēgī, lectum**: read, choose, 7

**līber, lībera, līberum**: free, 4
**līberālis, -e**: of or befitting a free man, 2
**macellum, -ī n.**: market, meat-market
**medicīna, -ae f.**: art of healing, medicine
**merx, mercis f.**: goods, merchandise
**moveō, -ēre, -vī, mōtum**: move, arouse, 5
**nōminō (1)**: call by name, name, mention
**obsōnium, -ī n.**: food; relish; side-dish
**peregrīnus, -a, -um**: foreign; foreigner, 5
**portōrium, -ī n.**: toll, tax, duty
**praecipuē**: especially, 5
**profiteor, -ērī, professus sum**: profess, 2
**prōscrībō, -ere, -scrīpsī**: proscribe, outlaw 1
**repetundae, -ārum f.**: extortion
**retineō, -ēre, -uī, -tentum**: hold back, 3
**sevērus, -a, -um**: serious, stern, strict
**sōl, sōlis m.**: sun, 3
**sumō, sumere, -mpsī, -mptum**: take (up), 5
**sumptuārius, -a, -um**: of expense, luxury
**suppleō, -ēre, -ēvī**: fill up, fill out; supply 1
**vetitus, -a, -um**: forbidden, prohibited

---

78 **bellīs...cōnfectīs**: abl. abs.
   **conversus**: *having turned (his attention)*
   **ad administrandum rem pūblicam**: *for...*;
    translate gerundive as a gerund (-ing) + obj.
80 **comitiīs...dīvīsīs**: abl. abs.
81 **sibi**: *for...*; dat. ind. obj.
   **iūs**: *the right*; 'privilege,' neuter acc. sg.
   **nōminandae...partis**: *of...*; see line 78
   **Eōs quī**: *those who...*
   **Lēge Pompeiī**: *by a law of Pompey*

83 **honōrēs**: *political offices;* 'honors'
   **prōscrīptōrum**: *of those proscribed*
   **Rōmae**: *at Rome*; locative, place where
84 **professōs**: *having professed*; pf. dep. pple
   **cīvitāte dōnāvit**: *bestow with citizenship*
85 **iūs...dīxit**: *dispensed justice*
   **Dē repetundīs damnātōs**: *those*
    *condemned for extortion*
87 **dispositīs...custōdibus**: abl. abs.
88 **quī...retinērent**: *who would...*; purpose

## 29j. Gaius Julius Caesar

Dē ōrnandā īnstruendāque urbe multa cōgitābat, imprīmīs
ingēns Mārtis templum extruere theātrumque summae 90
magnitūdinis sub Tarpeiō monte.　Habēbat in animō etiam haec:
iūs cīvīle ad certum modum redigere atque ex ingentī cōpiā lēgum
optima quaeque in paucissimōs librōs cōnferre; bibliothēcās
Graecās Latīnāsque quās maximās posset īnstituere; siccāre
Pomptīnās palūdēs; ēmittere Fūcīnum lacum; viam mūnīre ā marī 95
Superō per Āpennīnī dorsum ad Tiberim; perfodere Isthmum
Corinthium; Dācōs, quī sē in Pontum et Thrāciam effūderant,
coercēre; mox Parthīs īnferre bellum per Armeniam.

---

Āpennīnus, -ī m.: Apennine Mtns. 1
Armenia, -ae f.: Armenia, 2
bibliothēca, -ae f.: library
certus, -a, -um: certain, reliable, sure, 6
coerceō, -ēre, -cuī, -citum: restrain, confine 1
cogitō (1): think, ponder, turn over
cōnferō, -ferre: bring together, collect, 4
cōpia, -ae f.: abundance, supply; troops, 5
Corinthius, -ī m.: Corinth, 2
Dācī, -ōrum m.: Dacians (Hungary)
dorsum, -ī n.: back, ridge
effundō, -ere, -fūdī, -fūsum: pour, shed, 3
ēmittō, -ere, -mīsī, -missum: send/cast out, 3
extruō, -ere, -truxī: build, heap
Fūcīnus, -ī m.: Fucinus
Graecus, -a, -um: Greek, 4
imprīmīs: in particular, especially, 3
īnferō, -ferre, -tulī, -lātum: bring in, wage, 5
īnstuō, -ere, -ūxī, -uctum: build, draw up
Isthmus, -ī m.: Isthmus
lacus, -ūs m.: lake, 3

liber, librī m.: book
magnitūdō, -tūdinis f.: size, greatness, 2
mare, maris n.: sea, 6
Mārs, Mārtis m.: Mars, 2
modus, ī n.: manner, form; measure, 6
mox: soon, 4
mūniō, -īre, -īvī, -ītum: fortify, build, 5
ōrnō (1): adorn, furnish, 2
palūs, palūdis f.: swamp, marsh, 2
Parthī, -ōrum m.: Parthians, 2
perfodiō, -ere, -fōdī: dig through, transfix
Pomptīnus, -a, -um: Pomptine (in Latium)
pontus, -ī m.: sea, 2
quisque, cuiusque: each one, 3
redigō -ere -ēgī -āctum: drive back, reduce, 3
siccō (1): dry, 2
Tarpeius, -a, -um: Tarpeian
templum, -ī n.: temple, 5
theātrum, -ī n.: theater
Thrācia, -ae f.: Thrace

---

89 **dē ōrnandā īnstruendāque urbe**: *about...*
perform a flip and translate the noun +
gerundives as gerunds (-ing) + obj.
**multa**: *many (things)*; substantive, acc. pl.
**imprīmīs**: elsewhere in prīmīs
90 **(eōs) ingēns...extruere...monte**:
*(namely) that they...*; ind. disc. in apposition
to multa; supply an acc. subj. for extruere
**summae magnitūdinis**: *of...*; gen.of
description modifying theātrum
91 **sub**: *at the foot of...*
**habēbat in animō**: i.e. he intended
92 **redigere...cōnferre...īnferre**: *namely*

to reduce...to gather...; series of infinitives
up to line 98 in apposition to haec
**ad certum modum**: *to a certain limit*
**cōpiā**: *supply*; lēgum is gen. pl. of lēx
93 **optima quaeque**: *each (of) the best*
*things;* neuter acc. pl.
**paucissimōs**: *very few*; superlative
94 **quās...posset**: *as large as possible*; impf.
subj. possum; subj. of a subordinate verb in
inf. clause (~ind. disc.)
95 **marī Superī**: *Adriatic Sea*; 'Upper Sea'
**Parthīs**: *on...*; dat. of compound verb
98 **īnferre bellum**: *to carry on war*

## 29k. Gaius Julius Caesar

Eum tālia agentem et meditantem mors praevēnit. Dictātor
enim in perpetuum creātus, agere īnsolentius coepit; senātum ad    100
sē venientem sedēns excēpit et quendam ut assurgeret monentem
īrātō vultū respexit. Cum Antōnius, comes Caesaris in omnibus
bellīs et tum cōnsulātūs collēga, capitī eius in sellā aureā sedentis
prō rōstrīs diadēma, īnsigne rēgium, imposuisset, id ita ab eō est
repulsum ut nōn offēnsus vidērētur. Quārē amplius sexāgintā vīrī,    105
Cassiō et Brūtō ducibus, in eum coniūrāvērunt atque cōnstituērunt
eum Īdibus Mārtiīs in senātū interficere.

---

amplus, -a, -um: more, full, spacious, 2
Antōnius, -ī m.: Antonius, 5
assurgō, -ere, -surrexī: rise up, stand
aureus, -a, -um: gold, golden, 2
Cassius, -ī m.: Cassius
collēga, -ae m.: colleague, partner, 5
comes, -itis m. f.: companion, comrade, 3
coniūrō (1): swear together, conspire, 4
cōnsulātus, -ūs m.: consulship 6
diadēma, -ātis n.: diadem, headress, crown, 3
excipiō, -ere, -cēpī, -ceptum: take out, receive, 5
Īdūs, -uum: Ides, 3
impōnō, -ere, -posuī: place upon, impose, 2
īnsigne, -is n.: badge, decoration, mark
īnsolēns (1): insolent; unusual
īrātus, -a, -um: angry, 6

Mārtius, -a, -um: of Mars, 4
meditor, -ārī, -ātus sum: reflect, think
moneō, -ēre, -uī, monitum: warn, 4
mors, mortis, f.: death, 6
offendō, -ere, -dī, -sum: meet; offend, 2
perpetuus, -a, -um: constant, everlasting
praeveniō, -īre, -vēnī: come before, precede 1
quārē: For what reason? Why? 1
rēgius, -a, -um: royal, of the king or queen, 6
repellō, -ere, -ppulī, -pulsum: drive away, 2
respiciō, -ere, -spexī, -spectum: look to, 3
rōstra, -ōrum n.: speaker's platform, 2
sedeō, sedēre, sēdī: sit, sit down; set, 7
sella, -ae f.: chair, 2
sexāgintā: sixty
tālis, -e: such, the sort, 2
vultus, -ūs m.: expression, face, 2

99  eum: him; i.e. Caesar
    talia: such things; neuter pl.
    agentem, meditantem: pres. pple, agō,
    'do' and meditor
100 Dictātor: nom. pred. with PPP creō
    in perpetuum: in perpetuity, forever
    īnsolentius: comparative adv.
    agere: to behave, act
101 sedēns: (while)...; nom. pres. pple
    excēpit: he welcomed, he greeted
    quendam: a certain man; acc. sg. quīdam
    ut assurgeret: that...; ind. command
    monentem: pres. pple. moneō, 'warn'
102 īrātō vultū: with...; abl. of manner
    Cum...imposuisset: when...; plpf. subj.
    Comes...et collēga: nom. apposition
103 capitī: on...; caput, dat. of compound
    eius: his; gen. possession, is, ea, id

sedentis: pres. pple modiyfing eius
104 prō: in front of...
    id: it; i.e. the neuter sg. diadēma
    ab eō: abl. agent, i.e. Caesar
    ut...vidērētur: that...; result, impf. subj.
    videor, 'seem'
    offēnsus: predicated nom.
105 Quārē: for this reason; connective
    relative, abl. of cause
    amplius: more (than)
106 Cassiō...ducibus: abl. abs., subject and
    predicate, supply pple 'being'
    in eum: against...
107 eum: him; object of interficere
    Īdibus Mārtiīs: on...; abl. of time when
    i.e. March 15th; Īdūs is a plural noun

## 291. Gaius Julius Caesar

Quamquam prōdigia eum dēterrēbant et harūspex Spūrinna
monēbat ut cavēret perīculum quod nōn ultrā Mārtiās Īdūs
prōferrētur, statuit tamen eō diē senātum habēre. Dum Cūriam    110
intrat, Spūrinnam irrīsit, quod sine ūllā suā noxā Īdūs Mārtiae
adessent. "Vēnērunt quidem," inquit Spūrinna, "sed nōn praeteriērunt."
Caesarem assidentem coniūrātī speciē officiī circumstetērunt; ūnus
deinde quasi aliquid rogātūrus propius accessit et, cum Caesar    115
renueret, ab ūtrōque humerō togam apprehendit. Dum Caesar
clāmat, "Ista quidem vīs est!" Casca eum adversum vulnerat

---

**accēdō, -ere, -cessī, -cessum**: approach, 2
**adsum, -esse, -fuī**: be present, assist,, 2
**aliquī, -qua, -quod**: some, any, definite, 3
**apprehendō, -ere, -dī**: seize, take hold of
**assidō, -ere, -sēdī**: take a seat, be seated
**Casca, -ae m.**: Casca, 2
**caveō, -ēre, cāvī**: beware, be on guard
**circumstō, -āre, -stetī**: surround, beset
**clāmō (1)**: cry, shout out, 6
**coniūrō (1)**: swear together, conspire, 4
**Cūria, -ae f.**: senate house, Curia, 8
**dēterreō, -ēre, -uī**: frighten off, prevent, 3
**harūspex, -spicis m.**: haruspex, soothesayer 1
**humerus (umerus), -ī m.**: shoulder
**Īdūs, -uum**: Ides, 3
**intrō (1)**: go into, enter, 2
**irrīdeō, -ēre, -rīsī**: laugh at, mock
**iste, ista, istud**: that (of yours), those, 2
**Mārtius, -a, -um**: of Mars, 4

**moneō, -ēre, -uī, monitum**: warn, 4
**noxa, -ae f.**: harm, injury, 2
**officium, -iī, n.**: duty, 4
**praetereō, -īre, -īvī**: go past, pass, pass by
**prōdigium, -ī n.**: omen, portent, 3
**prōferō, -ferre, -tulī, -lātum**: extend, bring, 4
**prope**: nearly almost; near (acc.), 5
**quāsī**: as if, just as, as though, 2
**renuō, -ere, -uī**: deny, nod back, reject, 1
**rogō (1)**: ask, 3
**sine**: without, 5
**species, -ēī f.**: sight, look, appearance, 3
**Spūrinna, -ae f.**: Spurinna, 3
**toga, -ae f.**: toga, 5
**ūllus, -a, -um**: any, 4
**ultrā**: beyond, more than, besides (acc) 1
**uterque, utraque, utrumque**: each, both, 6
**vulnerō (1)**: wound, injure, 3

109 **ut cavēret**: *that…*; ind. command
  **quod…prōferrētur**: *which…*; impf. pass.
  subj.; subj. of a subordinate clause in an
  ind. command
  **Mārtiās Īdūs**: acc. pl. object of ultrā
110 **statuit**: *decided*
  **eō diē**: *on…*; abl. of time when, eō is a
  demonstrative adj.
  **habēre**: *to hold*
111 **quod…adessent**: *because…*; or 'on the
  grounds that…' causal quod clause with
  subj. for alleged cause from the character's
  point of view
  **suā**: *for himself;* suā is a possessive equiv.

  to an objective gen.
  **Īdūs Mārtiae**: nom. subj.
113 **Vēnērunt**: Īdūs Mārtiae is the subject
  **assidentem**: pres. pple
  **coniūrātī**: *those sworn*; PPP, nom. subject
114 **speciē officiī**: *with the appearance…*;
  abl. of manner and objective gen.;
115 **quasi…rogātūrus**: *as if about to…*; fut.
  pple rogō
  **proprius**: comparative adv. of prope
116 **ab ūtrōque humerō**: i.e. by…
117 **Ista quidem vīs est**: "This is Violence!"
  **adversum**: *facing opposite*

# 29m. Gaius Julius Caesar

paulum infrā iugulum. Caesar Cascae bracchium arreptum
graphiō trāiēcit cōnātusque prōsilīre aliō vulnere tardātus est.    120
Deinde ut animadvertit undique sē strictīs pūgiōnibus petī, togā
caput obvolvit et tribus et vīgintī plagīs cōnfossus est.   Cum
Marcum Brūtum, quem fīliī locō habēbat, in sē irruentem vīdisset,
dīxisse fertur: "Tu quoque, mī fīlī!" *possibly his > on*
Percussōrum autem nēmō ferē trienniō amplius supervīxit.    125
Damnātī omnēs variīs cāsibus periērunt, pars naufrāgiō, pars
proeliō; nōnnūllī sēmet interfēcērunt eōdem illō pūgiōne, quō
Caesarem cōnfōderant.

---

amplus, -a, -um: more, full, spacious, 2
animadvertō, -ere, -vertī: notice; punish, 4
arripiō, -ere, -uī, -reptum: snatch, grab, 2
bracchium, -ī n.: arm
Casca, -ae m.: Casca (cognomen), 2
cāsus, -ūs m.: misfortune, mishap; fall, 2
cōnfodiō, -ere, -fodī, -fossum: dig, stab, 2
cōnor, cōnārī, cōnātus sum: try, attempt, 7
damnō (1): condemn, punish, convict, 3
ferē: almost, nearly, closely, 7
graphium, -ī n.: stylus, s writing-stylus
infrā: below, underneath
irruō, -ere, -ruī: rush in on on, 2
iugulum, -ī n.: throat
locō (1): put, place, 2
Marcus, -ī m.: Marcus, 4
naufrāgium, -ī n.: shipwreck
nēmō, nūllīus, nēminī, nēminem, nūllō/ā: no one, 6
nōnnūllus, -a, -um: some, several, 2

obvolvō, -ere, -vī: wrap around, cover over
paulus, -a, -um: little, small, 6
percussor, -ōris m.: murderer, assassin, 2
pereō, -īre, periī: pass away, perish, 3
plaga, -ae f.: blow, strike
prōsiliō, -īre, -uī: leap or jump forward, 2
pūgio, pūgiōnis m.: short dagger, 2
stringō, -ere, -inxī, -ictum: draw, pull out
supervīvō, -ere, -vīxī: survive, live beyond
tardō (1): make slow, hinder, delay
toga, -ae f.: toga, 5
trāiciō, -ere, -iēcī, -iactum: stab, pierce
triennium, -ī n.: three years
tū: you, 6
undīque: from everywhere, from all sides, 2
varius, -a, -um: various, 3
vīgintī: twenty, 6
vulnus, -eris n.: wound, blow, 4

119 **paulum**: *a little*; adverbial acc.
   **Cassae**: gen. possession with bracchium
   **arreptum trāiecit**: English prefers two finite verbs 'grabbed and pierced,' while Latin often prefers to make the first action a PPP and the second a finite verb.
120 **graphiō**: abl. means
   **cōnātus**: pf. dep. pple cōnor, as often translate this pple as 'having Xed'
   **aliō vulnere**: *by…*; abl. means
121 **ut**: *when…, as…*; ut + indicative
   **sē…petī**: *that…*; ind. disc., pass. inf. petō
   **strictīs pūgiōnibus**: abl. means (not abs.) with PPP stringō

122 **tribus et vīgintī**: single number, abl. trēs
   **cum…vīdisset**: plpf. subj., Caesar is subject
123 **locō**: i.e. in the role; fīliī is gen. sg.
   **habēbat**: *held*; i.e. considered, i.e. Caesar in sē: *upon…; against…*
124 **dīxisse**: *to…*; pf. active inf. dīco
   **fertur**: *he is reported*; common idiom
   **mī fīlī**: voc. direct address; -ius nouns have –ī in the voc. case
125 **trienniō**: *than…*; abl. of comparison
   **amplius**: *more*
126 **pars…pars…**: *some…others…*
127 **sēmet**: *themselves*; emphatic form of sē
   **quō**: *by which…*; relative, abl. of means

## 29n. Gaius Julius Caesar

Quō rārior in rēgibus et prīncipibus virīs moderātiō, hōc
laudanda magis est. Caesar victōriā cīvīlī clēmentissimē ūsus est;  130
cum enim scrīnia dēprehendisset epistulārum ad Pompeium
missārum ab eīs quī vidēbantur aut in dīversīs aut in neutrīs fuisse
partibus, legere noluit, sed combussit, nē forte in multōs gravius
cōnsulendī locum darent. Cicerō hanc laudem eximiam Caesarī
tribuit, quod nihil oblīvīscī solēret nisi iniūriās.  135

---

**clēmēns, -entis**: mild, gentle, kind
**comburō, -ere, -ussī, -ustum**: burn up
**consulō, -ere, -uī, consultum**: consult, 3
**dēprehendō, -ere, -sī**: seize upon, discover, 2
**dīversus, -a, -um**: different, contrary, 3
**epistula, -ae f. (1)**: letter, epistle
**eximius, -a, -um**: exempt, excepted
**hīc**: here
**iniūria, -ae f.**: wrong, insult, injustice, 5
**laudō (1)**: praise, glorify, 5
**laus, laudis f.**: praise, glory, merit, 4
**legō, -ere, lēgī, lectum**: read, choose, 7

**magis**: more, 7
**moderātiō, -ōnis f.**: moderation
**neuter, -tra, -trum**: neither, 2
**nisi**: if not, unless, 7
**nōlō, nōlle, nōluī**: not...wish, be unwilling, 4
**oblīviscor, -scī, oblītus sum**: forget
**rārus, -a, -um**: unusual, scattered, set apart
**scrīnium, -ī n.**: case, chest, box
**soleō, -ēre, -itus sum**: be accustomed, 4
**tribō, -ere, -uī, tribūtum**: assign, bestow, 3
**ūsus, -ūs m.**: use, practice; advantage

---

129 **Quō rārior...hōc...magis**: *the more
unusual...the more...*; 'by how (much)
more unusual...by this (much) more...'
the relative quō and demonsrative hōc are
abl. of degree of difference with comp. adj.
and adv. respectively; these correlatives
are often left out in English translation
**in**: *among...*
**prīncipibus**: *the foremost*; else 'leaders'
**moderātiō (est)**: subject, supply verb
130 **laudanda est**: *has to be..., must be...*;
passive perirphastic (gerundive + sum)
expressing obligation or necessity;
the subject is fem. sg. moderātiō
**ūsus est**: pf. dep., ūtor governs an abl. obj.
**clēmentissimē**: superlative adv.
131 **cum...dēprehendisset**: *when...*; plpf.
subj., Caesar is subject
**enim**: *for...*; or 'indeed,' translate first
132 **missārum**: PPP mittō modifying gen. pl.
epistulārum
**ab eīs**: *by those*; abl. of agent

**vidēbantur**: *seemed*; passive videor is
often translated as 'seem'
**aut in dīversīs (partibus) aut in neutrīs
partibus**: *either...or...*; the partēs are
political 'factions' and dīversus can mean
'opposing'
**fuisse**: pf. inf. sum
133 **legere, combussit**: add epistulās as obj.
**nē...darent**: *so that by chance they might
not give an opportunity of advising more
harshly against many men*; i.e. not bias
Caesar's opinion of men who sided with
Pompey against Caesar during the civil war
and whose names are mentioned in the
letters; neg. purpose clause
134 **Caesarī**: dat. ind. obj.
**quod...solēret**: *(namely) that he...*; quod
clause in apposition to laudem; the subj.
indicates ind. disc. (equiv. to subj. of a
subordinate clause in ind. disc.)
**oblīvīscī**: pres. dep. inf. oblīvīscor
**nisi**: *except*

## 30a. Marcus Tullius Cicero

Marcus Tullius Cicerō, equestrī genere, Arpīnī, quod est 1
Volscōrum oppidum, nātus est. Nōndum adultus, ā patre Rōmam
missus est, ut celeberrimōrum magistrōrum scholīs interesset atque
eās artēs disceret, quibus aetās puerīlis ad hūmānitātem solet
īnformārī; quod magnō successū magnāque admīrātiōne et 5
praeceptōrum et cēterōrum discipulōrum fēcit; cum enim fāma dē
Cicerōnis ingeniō et doctrīnā ad aliōs perlāta esset, multī repertī
esse dīcuntur quī eius videndī et audiendī grātiā scholās adīrent.

Cum nūllā rē magis ad summōs in rē pūblicā honōrēs viam
mūnīrī posse intellegeret quam arte dīcendī et ēloquentiā, tōtō 10

---

**adeō**: to such a degree, so, 2
**admīrātiō, -nis f.**: admiration, astonishment, 3
**adultus, -a, -um**: grown up, mature
**aetās, aetātis f.**: age, lifetime, time, 7
**Arpīnum, -ī n.**: Arpinum
**ars, artis f.**: skill, craft, art, 7
**celeber, -ris, -re**: renowned, famous
**cēterī, -ae, -a**: the remaining, rest, others, 4
**discipulus, -ī m.**: student, pupil
**discō, -ere, didicī, --**: learn, learn how
**doctrīna, -ae f.**: instruction, teaching, 2
**ēloquentia, -ae f.**: eloquence, 5
**equester, -stris, -stre**: equestrian, 3
**fāma, -ae f.**: fame, report, rumor, reputation, 7
**genus, -eris n.**: birth, race; kind, family, 4
**grātia, -ae f.**: thanks; *grātiā*, for the sake of, 3
**honor, -ōris m.**: honor; offering, sacrifice, 3
**hūmānitās, -tātis f.**: culture, refinement, 2
**īnformō (1)**: give form, shape, mold

**ingenium, -ī n.**: intellect, talent; character, 5
**intellegō, -ere, -lēxī, -lēctum**: realize, understand, 2
**intersum, -esse, -fuī**: take part in, be in
**magis**: more, 7
**magister, -ī m.**: Master; helmsman, teacher, 6
**Marcus, -ī m.**: Marcus, 4
**mūniō, -īre, -īvī, -ītum**: fortify, build, 5
**nōndum**: not yet, 3
**oppidum, -ī, n.**: town, fortified town
**perferō, -ferre, -tulī, -lātum**: carry; endure, 4
**praeceptor, -ōris m.**: instructor, teacher
**puerīlis, -e**: of a boy or child, childish
**reperiō -īre -pperī -pertum**: find, discover, 3
**schola, -ae f.**: school, place of learning, 3
**soleō, -ēre, -itus sum**: be accustomed, 4
**successus, -ūs m.**: success, advancement, 1
**Tullius, -ī m.**: Tullius, 5
**Volscī, -ōrum m.**: Volscians, Volsci, 4

---

1 **equestrī genere**: *of...*; abl. quality
**Arpīnī**: *at...*; locative, place where
2 **nātus est**: pf. dep. nascor
3 **ut...interesset...disceret**: *so that...might*; purpose clause with impf. subj.
**scholīs**: *in...*; dat. of compound verb
4 **eās**: *those*; a demonstrative adj.
**quibus**: *by which...*; artēs are antecedent
**ad...**: *for...*; expressing purpose
5 **quod**: *this*; acc. obj., a connective relative
**et...et...**: *both...and*
6 **cum enim...perlāta esset**: *for when...*; plpf. pass. subj. perferō
7 **repertī esse**: pf. pass. inf. following dīcuntur; the final '-ī' agrees with multī

**dīcuntur**: *are said*
8 **quī...adīrent**: *who...*; relative clause of characteristic with impf. subj. ad-eō
**eius videndī...grātiā**: *for the sake of...*; + gen.; translate this noun + gerundive as a gerund (-ing) and obj. 'him'
9 **cum...intellegerent**: *since he...*; causal
**nūllā rē magis...quam**: *by no thing more than by...*; all ablatives are abl. of means
**ad...honōrēs**: *to...political offices*
**viam...posse**: *that a path is able to be built...*; ind. disc., possum
10 **dīcendī**: gen. sg. of a gerund (-ing)

---

121

## 30b. Marcus Tullius Cicero

animō in eius studium incubuit; in quō quidem ita versātus est ut 11
nōn sōlum eōs quī in forō et iūdiciīs causās dīcerent studiōsē
sectārētur, sed prīvātim quoque dīligentissimē sē exercēret.
Prīmum ēloquentiam et lībertātem adversus Sullānōs ostendit.
Erat enim Rōscius quīdam, dē parricīdiō accūsātus, quem ob 15
potentiam Chrysogonī, Sullae lībertī, quī in eius adversāriīs erat,
nēmō alius dēfendere audēbat; Cicerō tamen tantā ēloquentiae vī
eum dēfendit, ut iam tum in arte dīcendī nēmō eī pār esse vidērētur.
Posteā Athēnās studiōrum grātiā petiit, ubi Antiochum
philosophum studiōsē audīvit. Inde ēloquentiae causā Rhodum sē 20

---

**accūsō** (1): accuse, blame, reprimand, 3
**adversārius, -ī m.**: opponent, adversary
**Antiochus, -ī m.**: Antioch
**ars, artis f.**: skill, craft, art, 7
**Athēnae, -ārum f.**: Athens, 2
**audeō, -ēre, ausus sum**: dare, venture, 5
**Chrysogonus, -ī m.**: Chrysogonus
**dēfendō, -ere, -ndī, dēfēnsum**: defend, 6
**dīligēns, -ntis**: diligent, careful, industrious, 2
**ēloquentia, -ae f.**: eloquence, 5
**exerceō, -ēre, -uī, exercitum**: exercise, 3
**grātia, -ae f.**: gratitude; favor, thanks; grātiā, for the sake of + gen. 3
**incumbō, -ere, -cubuī**: lie on, recline, lean
**iūdicium, -ī n.**: judgment; trial, court, 3
**lībertās, -tātis f.**: freedom, liberation, 2

**lībertus, -ī m.**: freedman, 2
**nēmō, nūllīus, nēminī, nēminem, nūllō/ā**: no one, 6
**ob**: on account of, because of, 5
**ostendō, -ere, ostendī**: show, display, 7
**parricīdium, -iī n.**: parricide, treason 1
**philosophus, -ī m.**: philosopher, 2
**potentia, -ae f.**: power, might, strength, 3
**prīvātim**: privately, in private
**Rhodos, -ī f.**: Rhodes (island), 2
**Rōscius, -ī m.**: Roscius
**sector, -ārī, -ātus sum**: follow, attend
**studiōsus, -a, -um**: eager, zealous, anxious, 2
**studium, -ī n.**: zeal, desire, pursuit, 5
**Sullānus, -a, -um**: of Sulla
**versor, -ārī, versātus**: be engaged, involved 1

11 **tōtō animō...incubuit**: *inclined with all his attention*
   **in...studium**: *toward...*
   **in quō**: studium is the antecedent
   **versātus est**: pf. dep. versor
   **ut...sectārētur...exercēret**: *that...*; result, impf. subj.
12 **nōn sōlum...sed**: *not only...but (also)*
   **eōs quī**: *those who*
   **causās dīceret**: *plead cases*; an idiom; relative clause of characteristic with impf. subj.
   **studiōsē**: adv
13 **dīligentissimē**: superlative adv.
14 **Prīmum**: *first (of all)*; adv.
   **Sullānōs**: *supporters of Sulla*
15 **Erat**: *There was*
   **quem...audēbat**: *whom...*; relative

16 **Chrysogonī**: gen. sg.
   **lībertī**: gen. in apposition to Chrysogonī
   **in...**: *among..*
   **eius**: *his*; Roscius
17 **tantā...vī**: abl. of manner, irreg. vīs
   **ut...vidērētur**: *that...*; result; impf. subj. videor, 'seem'
18 **dīcendī**: gen. sg. of a gerund (-ing)
   **eī**: to him; dat. of special adj. pār
   **pār**: nom. pred. of linking inf. esse
19 **Athēnās**: place to which
   **grātiā**: *for the sake of...*; + preceding gen.
20 **causā**: *for the sake of...*; + preceding gen.
   **Rhodum**: *to...*; acc. place to which

122

## 30c. Marcus Tullius Cicero

contulit, ubi Molōnem Graecum rhētorem tum disertissimum,  21
magistrum habuit. Quī cum Cicerōnem dīcentem audīvisset,
flēvisse dīcitur, quod per hunc Graecia ēloquentiae laude
prīvārētur.

Rōmam reversus, quaestor Siciliam habuit. Nūllīus vērō  25
quaestūra aut grātior aut clārior fuit; cum enim magna tum esset
annōnae difficultās, initiō molestus fuit Siculīs, quōs cōgeret
frūmenta in urbem mittere; posteā vērō, dīligentiam et iūstitiam et
cōmitātem eius expertī, honōrēs quaestōrī suō maiōrēs quam ūllī
umquam praetōrī dētulērunt. Ē Siciliā reversus Rōmam, in causīs  30
dīcendīs ita flōruit, ut inter omnēs causārum patrōnōs et esset et
habērētur prīnceps.

---

**annōna, -ae f.**: year's crop, grain; price
**cōgō, -ere, -ēgī, -āctum**: collect, compel, 6
**comitās, -tātis f.**: friendliness, kindliness, 4
**conferō, -ferre**: bring together, collect, 4
**dēferō, -ferre, -tulī, -lātum**: offer, give over 6
**difficultās, -tātis f.**: touble, difficulty
**diligentia, -ae f.**: diligence, attentiveness, 2
**disertus, -a, -um**: eloquent, well-spoken
**ēloquentia, -ae f.**: eloquence, 5
**experior, -īrī, expertus sum**: experience; test, prove, 2
**fleō, -ēre, -ēvī, flētum**: weep, lament, cry, 3
**floreō, -ēre, -uī**: bloom, flower, flourish
**frūmentum, -ī n.**: grain, 3
**Graecia, -ae f.**: Greece, 2
**Graecus, -a, -um**: Greek, 4
**grātus, -a, -um**: pleasing, grateful, 4
**hīc**: here

**initium, -ī n.**: beginning, initiation, entrance 2
**iūstitia, -ae f.**: justice, fairness
**laus, laudis f.**: praise, glory, merit, 4
**magister, -ī m.**: Master; helmsman, teacher, 6
**maior, maius**: greater, larger; older, 4
**molestus, -a, -um**: troublesome, annoying, 2
**Molo, Molōnis m.**: Molon (a person) 2
**patrōnus, -a, -um**: patron
**praetor, -ōris m.**: praetor, 3
**prīvō (1)**: deprive of, rob, strip from, 3
**quaestor, -ōris m.**: quaestor (an official), 7
**quaestūra, -ae f.**: quaestorship, 2
**revertor, -ī reversus sum**: turn back, return, 2
**rhētor, -is m.**: teacher of rhetoric, orator
**Sicilia, -ae f.**: Sicily, 6
**Siculī, -ōrum m.**: Sicilians
**ūllus, -a, -um**: any, 4
**umquam**: ever

21  **sē contulit**: *carried himself*; i.e. proceeded
22  **magistrum**: *as a teacher*; apposition
    **Quī**: *This one*; a connective relative, Molon
    **dīcentem**: pres. pple dīcō
23  **flēvisse**: pf. inf. fleō
    **dīcitur**: Qūi is still subject
    **quod...prīvārētur**: *because...*; subj. for alleged cause from a character's viewpoint
    **per hunc**: *through this one*; i.e. Cicero
    **laude**: *from the...*; abl. of separation
25  **quaestor**: *as quaestor*
    **Nūllīus**: *of no one*; gen. sg. nēmō

**vērō**: *indeed*; 'in truth' abl. as adverb
26  **cum...esset**: *since...*; causal; impf. sum
27  **initiō**: *in the beginning*; abl. of time when
    **quōs cōgeret**: *whom he compelled...*; causal relative clause (quōs = 'cum eōs + subj.')
29  **expertī**: *(the Sicilians) having experienced*
    **quaestōrī suō**: *to their quaestor*; ind. obj.
30  **reversus**: *having returned*
    **in causīs dīcendīs**: dicere causam means 'to plead a case;' translate this noun + gerundive as a gerund (-ing) + obj.
31  **ut...habērētur**: *that...was held*; result

## 30d. Marcus Tullius Cicero

Cōnsul deinde factus, L. Sergiī Catilīnae coniūrātiōnem ēgregiā
virtūte, cōnstantiā, cūrā compressit. Catilīna reī familiāris, quam
profūderat, inopiā et dominandī cupiditāte incēnsus erat   35
indignātusque quod in petītiōne cōnsulātūs repulsam passus esset;
coniūrātiōne igitur factā, senātum interimere, cōnsulēs trucīdāre,
urbem incendere, dīripere aerārium cōnstituerat. Cicerō autem in
senātū, praesente Catilīnā, vehementem ōrātiōnem habuit et
cōnsilia eius patefēcit; tum ille, incendium suum ruīnā sē   40
restīnctūrum esse minitāns, Rōmā profūgit et ad exercitum, quem
parāverat, profectus est, signa illātūrus urbī. Sed sociī eius, quī in
urbe remānserant, comprehēnsī in carcere necātī sunt.

---

**aerārium, -ī n.**: treasury, 2
**carcer, -eris m.**: prison, 2
**Catilīna, -ae m.**: Catiline, 5
**comprehendō, -ere, dī, -prehensum**: grasp, seize, 5
**comprimō, -ere, -pressī**: suppress, restrain
**coniūrātio, -ōnis f.**: conspiracy, pact, 2
**cōnstantia, -ae f.**: steadfastness, constancy
**cōnsulātus, -ūs m.**: consulship, 6
**cupiditās, -tātis f.**: desire, 2
**cūra, -ae f.**: care, concern, worry, 5
**dīripiō, -ere, -uī, reptum**: snatch, ransack, 3
**dominor, -āre, -ātus sum**: be lord or master 1
**ēgregius, -a, -um**: excellent, outstanding, 7
**exerceō, -ēre, -uī, exercitum**: exercise, 3
**familiāris, -e**: of the family; close friend
**incendium, -ī n.**: burning fire
**incendō, -ere, -ī, -ēnsum**: kindle, burn, 7
**indignor, -ārī, -ātus sum**: be angered, 3
**inferō, -ferre, -tulī, -lātum**: bring in, wage, 5

**inopia, -ae f.**: poverty, need; lack of
**interimō, -ere, -ēmī, -emptum**: take away, 2
**minitor, -āre, -ātus sum**: threaten, menace
**necō (1)**: kill, slay, put to death, 6
**ōrātio, -iōnis f.**: speaking, speech, language, 3
**patior, -ī, passus sum**: suffer; allow (+ inf), 7
**patefaciō, -ere, -fēcī,**: open, disclose
**petītiō, -ōnis f.**: seeking (political office)
**praesēns, -ntis**: present, instant
**prōfundō, -ere, -fūdī, -fūsum**: pour out, 2
**remaneō, ēre, mansī, mansum**: remain
**repulsa, -ae f.**: rejection
**restinguō, -ere, restinxī**: put out, quench, 2
**ruina, -ae f.**: ruins, downfall, 3
**Sergius, -ī m.**: Sergius, 1
**signum, -ī n.**: sign, signal; military standard, 6
**socius, -iī m.**: comrade, companion; ally, 7
**trucīdō (1)**: slaughter, massacre, 2
**vehemēns, -entis**: violent, vehement, strong

---

33 **Cōnsul**: nom. pred. following PPP faciō
   **L. Sergiī Catilīnae**: *of Lucius Sergius Catilina* (called Catilina or just Catiline)
   **ēgregiā virtūte...cūrā**: *with...*; manner
34 **reī familiāris**: *of family wealth*; or 'of family resouces,' gen. sg. with inopiā
35 **prōfūderat**: i.e. spent lavishly
   **inopiā et cupiditāte**: *because of...*; cause
   **dominandī**: gen. pl. of a gerund (-ing)
   **incēnsus erat**: plpf. pass.; i.e. angered
36 **indignātus**: PPP indignor
   **quod...passus esset**: *because...*; with

plpf. dep. subj. patior, 'suffer,'
37 **coniūrātiōne factā**: abl. abs.
38 **cōnstituerat**: *had decided*; + infs.
39 **praesente Catilīnā**: abl. abs., pres. pple
   **habuit**: *delivered*
40 **eius**: *his*; i.e. Catiline's
   **ille**: *that one*; i.e. Catiline
   **sē restīnctūrum esse**: *that..*; ind disc. fut.
41 **Rōmā**: *from...*; abl. separation
42 **profectus est**: pf. dep. proficīscor
   **signa**: *military standards*; Catiline's army
   **illātūrus**: *intending to bring...into*; fut. pple

## 30e. Marcus Tullius Cicero

Neque eō magis ab inceptō Catilīna dēstitit, sed īnfestīs signīs Rōmam petēns, exercitū Antōniī, Cicerōnis collēgae, opprimitur.  45 Quam ātrōciter dīmicātum sit exitus docuit; nēmō hostium bellō superfuit; nam quem locum quisque in pugnandō cēperat, eum mortuus tegēbat. Catilīna longē ā suīs inter hostium cadāvera repertus est—pulcherrima mors, sī prō patriā sīc concidisset! Senātus populusque Rōmānus Cicerōnem 'patrem patriae'  50 appellāvit.

Paucīs post annīs Cicerōnī diem dīxit Clōdius, tribūnus plēbis, quod cīvēs Rōmānōs indictā causā necāvisset. Senātus maestus,

---

**Antōnius, -ī m.**: Antonius, 5
**ātrōciter**: fiercely, cruelly, harshly
**cadāver, -is n.**: corpse, dead body
**Catilīna, -ae m.**: Catiline, 5
**Clōdius, -ī m.**: Clodius, 2
**collēga, -ae m.**: colleague, partner, 5
**concidō, -ere, -cidī**: fall, fall in battle
**dēsistō, -ere, -stitī**: cease; stand apart
**dīmicō (1)**: fight, struggle, contend, 3
**doceō, -ēre, docuī, doctum**: teach, tell, 4
**exerceō, -ēre, -uī, exercitum**: exercise, 3
**exitus, -ī m.**: end, death; departure, 3
**incipiō, -ere, incēpī, inceptum**: begin, 5
**indīcō, -ere, -dīxī, -dictum**: declare, appoint 3
**īnfestus, -a, -um**: hostile, unsafe, 4
**longē**: far, 4

**maestus, -a, -um**: grief-stricken, gloomy
**magis**: more, 7
**mors, mortis, f.**: death, 6
**necō (1)**: kill, slay, put to death, 6
**nēmō, nūllīus, nēminī, nēminem, nūllō/ā**: no one, 6
**opprimō, -ere, -pressī, -pressum**: oppress, overwhelm, 5
**pugnō (1)**: fight, 3
**pulcher, -ra, -rum**: pretty, beautiful, 2
**quisque, cuiusque**: each one, 3
**reperiō -īre -pperī -pertum**: find, discover, 3
**sīc**: thus, in this way, 6
**signum, -ī n.**: sign, signal; military standard, 6
**supersum, -esse, -fuī**: survive, be left, over; 2
**tegō, -ere, texī, tectum**: cover; conceal, 2

---

44 **neque**: *not…*; modifies dēstitit
  **eō magis**: *what is more*; a common phrase: eō is abl. of degree of difference 'by this (much)'
  **ab inceptō**: *from the thing undertaken*; abl. of separation, a PPP as substantive
45 **Antōniī**: gen. sg.
  **collēgae**: gen. in apposition to Antōniī; Antonius was fellow consul with Cicero
46 **Quam…sit**: *How fiercely it was fought*; ind. question; pf. pass. subj.; impersonal
  **bellō**: abl. means or place where
47 **quem locum…tegēbat**: *whatever position each had taken in fighting, (each) was covering this (position)—(when) dead*; i.e. no one retreated; the antecedent of relative adj. quem locum is the demonstrative eum (locum); mortuus is PPP of morior

48 **ā suīs (virīs)**: *from…*; abl. separation
49 **pulcherrima mors, sī concidisset**: *(it would have been), if he had…*; past contrary to fact condition (sī plpf. subj. plpf. subj.); the apodosis is missing; superlative adj. of pulcher, 'noble'
  **prō**: *on behalf of….*
51 **appellāvit**: governs a double acc.
52 **paucīs post annīs**: *a few years later*; 'after by a few years,' degree of difference
  **diem dīxit**: *appointed a day*; i.e. for a trial
53 **quod…necāvisset**: *on the charge that…*; 'because;' plpf. subj. of alleged cause
  **indictā causā**: *although the case had been appointed*; concessive; i.e. Cicero executed conspirators before their trial

## 30f. Marcus Tullius Cicero

tamquam in pūblicō lūctū, veste mūtātā, prō eō dēprecābātur.
Cicerō, cum posset armīs salūtem suam dēfendere, māluit ex urbe 55
cēdere quam suā causā caedem fierī. Proficīscentem omnēs bonī
flentēs prōsecūtī sunt. Deinde Clōdius ēdictum prōposuit, ut Marcō
Tulliō ignī et aquā interdīcerētur; illīus domum et vīllās incendit.
Sed vīs illa nōn diūturna fuit; mox enim tōtus ferē populus
Rōmānus ingentī dēsīderiō Cicerōnis reditum flāgitāre coepit, et 60
māximō omnium ōrdinum studiō Cicerō in patriam revocātus est.
Nihil per tōtam vītam Cicerōnī itinere, quō in patriam rediit, accidit
iūcundius. Obviam eī redeuntī ūniversī iērunt; domus eius pūblicā
pecūniā restitūta est.

---

**accidō, -ere, accidī**: happen, fall to, 2
**caedēs, -is f.**: slaughter, killing, 4
**cēdō, -ere, cessī, cessum**: move; withdraw, give up, 4
**Clōdius, -ī m.**: Clodius, 2
**dēfendō, -ere, -ndī, dēfēnsum**: defend, 6
**dēprecor, -ārī, -ātus sum**: pray to avert harm
**dēsīderium, -ī n.**: longing, desire, want
**diūturnus, -a, -um**: long-lasting, long
**ēdictum, -ī n.**: proclamation, edict, 2
**ferē**: almost, nearly, closely, 7
**fiō, fierī, factus sum**: be made, occur, 3
**flāgitō (1)**: demand urgently, entreat, 2
**fleō, -ēre, -ēvī, flētum**: weep, lament, cry, 3
**ignis, ignis, m.**: fire, 3
**incendō, -ere, -ī, -ēnsum**: kindle, burn, 7
**interdīcō -ere -dīxī**: forbid, prohibit
**iūcundus, -a, -um**: pleasant, agreeable

**lūctus, ūs m.**: mourning, grief, sorrow
**M.**: Marcus, 5
**mālō, malle, maluī**: prefer, 5
**mox**: soon, 4
**mutō (1)**: change, alter, 3
**obviam**: in the way of, to meet (dat) 1
**ōrdō, ōrdinis m.**: arrangement, order, rank, 3
**prōpōnō, -ere, posuī, positum**: to set forth, 3
**prōsequor, -quī, -cūtus sum**: pursue, escort 1
**reditus, -ūs m.**: return, coming back
**revocō (1)**: call back, summon back, revoke, 3
**salūs, -ūtis f.**: safety, refuge; health, 4
**studium, -ī n.**: zeal, desire, pursuit, 5
**tamquam**: as if, as much as, so to speak, 6
**Tullius, -ī m.**: Tullius, 5
**ūniversus, -a, -um**: entire, whole, 2
**vestis, -is f.**: clothing, 3
**vīlla, -ae f.**: villa, cottage, 4

54 **veste mūtātā**: abl. abs.
**prō eō**: *on behalf of...*
**dēprecābātur**: impf. dep. dēprecor
55 **cum posset...**: *although...*; concessive cum clause with impf. subj. possum
56 **cēdere**: *to withdraw*
**quam...**: *(rather) than*; comparative clause
**suā causā**: *for his own sake*; suā is equiv. to the gen. obj. of the preposition causā
56 **proficīscentum**: *the one...*; i.e. Cicero, pres. pple, add the pronoun as antecedent
**bonī**: *good men*; i.e. the senatorial class
57 **prōsecūtī sunt**: pf. dep. prōsequor
**ut...interfīcerētur**: *that...*; ind. command

in apposition to ēdictum
**Marcō Tulliō**: dat. ind. obj., i.e. Cicero
58 **ignī et aquā**: *from...*; abl. separation, i.e. from offers of shelter and food
**illīus**: gen. poss. ille; i.e. Cicero
59 **vīs**: *violence*
**ingentī dēsīderiō**: *with...*; abl. manner
61 **māximō...studiō**: abl. means
62 **Cicerōnī**: *to Cicero*; dat.with accidit
**itinere, quō**: *on the journey on which...*
63 **iūcundius**: neut. comparative adj.
**redeuntī**: dat. sg. redeō, pres. pple

## 30g. Marcus Tullius Cicero

Gravissimae inimicītiae illā tempestāte inter Caesarem et 65
Pompeium ortae sunt, ut rēs nisi bellō compōnī nōn posse
vidērētur. Cicerō quidem summō studiō ēnitēbātur ut eōs inter sē
reconciliāret et ā bellī cīvīlis calamitātibus dēterrēret; sed cum
neutrum ad pācem ineundam movēre posset, Pompeium secūtus
est. Tamen ā Caesare victōre veniam accēpit. Cum Caesar occīsus 70
esset, Octāviānō, Caesaris hērēdī, fāvit Antōniōque adversātus est,
atque effēcit ut ille ā sēnātū hostis iūdicārētur.

Sed Antōnius, initā cum Octāviānō societāte, Cicerōnem, iam
diū sibi inimīcum, prōscrīpsit. Quā rē audītā, Cicerō trānsversīs

---

adversor, -ārī, -ātus sum: oppose (dat)
Antōnius, -ī m.: Antonius, 5
calamitās, -itātis f.: loss, calamity, 2
compōnō, -ere, -posuī: arrange; collect
dēterreō, -ēre, -uī: frighten off, prevent, 3
diū: a long time, long, 3
efficiō, -ere, -fēcī, -fectum: make, form, 4
ēnitor, -ī, ēnīsus sum: struggle, strive
faveō, -ēre, fāvī: favor, be propitious (dat) 2
hērēs, hērēdis, m./f.: heir, heiress, 2
ineō, -īre, -īī, -itum: go into, enter, 4
inimicitia, -ae f.: hostility, enmity
inimīcus, -a, -um: hostile, unfriendly, 6

iūdicō (1): judge, decide, assess, 3
moveō, -ēre, -vī, mōtum: move, arouse, 5
neuter, -tra, -trum: neither, 2
nisi: if not, unless, 7
occīdō, -ere, -cīdī, -cīsum: kill, cut down, 7
Octāviānus, -ī m.: Octavian (C's nephew), 2
prōscrībō, -ere, -scrīpsī: proscribe, outlaw 1
reconciliō (1): win back, recover, 2
societās, -tātis f.: association, alliance, 5
studium, -ī n.: zeal, desire, pursuit, 5
tempestās, -tātis f.: weather; storm, time 2
trānsvertō, -ere, -tī, -versum: turn, change

---

65 illā tempestāte: *at that time*; abl. time
  when; tempestās may mean 'time'
66 ortae sunt: pf. dep. ōrior
  ut...vidērētur: *so that...*; result; impf.
  subj videor, 'seem'
  rēs: *the situation, the circumstances*
  nisi: *except*
  compōnī: pass. inf. following inf. possum
67 summō studiō: abl. manner
  ut...dēterrēret: *so that...might*; purpose
  inter sē: *to one another*
68 ā...: *from...*; abl of separation
  dēterrēret: supply eōs as object
  cum...posset: *when...*; impf. subj.
69 neutrum: i.e. neither Pompey or Caesar
  ad...ineundam: *toward...*; translate this

gerundive (in-eō) as a gerund (-ing) + obj.
70 ā Caesare: *from...*
  victōre: *as victor*; abl. of apposition
  cum...occīsus esset: plpf. subj. occīdō
71 Antoniō: *Mark Antony*
  adversātus est: pf. dep. adversor
  effēcit: *brought it about*
72 ut...iūdicārētur: *that...*; noun result
  clause; hostis is nom. pred.
73 initā...societāte: abl. abs., PPP ineō
74 sibi: *to himself*; i.e. to Antony
  quā rē audītā: *this...*; abl. abs., with a
  connective relative (translate the relative as
  a demonstrative, 'this')
  trānsversīs itineribus: abl. abs.; iter can
  mean 'route' as well as 'journey'

## 30h. Marcus Tullius Cicero

itineribus in vīllam, quae ā marī nōn longē aberat, fūgit indeque 75
nāvem cōnscendit, in Macedoniam trānsitūrus. Cum, aliquotiēns in
altum prōvectus, ventīs adversīs relātus esset, neque iactātiōnem
maris patī posset, taedium tandem et fugae et vītae eum cēpit;
aliquandō regressus ad vīllam, "Moriar," inquit, "in patriā saepe
servātā." Adventantibus percussōribus, servī parātī ad dīmicandum 80
erant; sed ipse eōs dēpōnere lectīcam et quiētōs patī quod sors
inīqua cōgeret iussit. Prōminentī ex lectīcā et immōtam cervīcem
praebentī caput praecīsum est. Manūs quoque praecīsae sunt;
caput relātum est ad Antōnium iussūque eius inter duās manūs in
rōstrīs positum. 85

---

**absum, -esse, āfuī**: be away, be absent, 5
**adventō (1)**: approach, come to
**aliquandō**: sometimes, at some time, 3
**aliquotiēns**: several times
**altus, -a, -um**: high, lofty, tall, 2
**Antōnius, -ī m.**: Antonius, 5
**cervix, cervicis f.**: neck
**cōgō, -ere, -ēgī, -āctum**: collect, compel, 6
**cōnscendō, -ere, -ndī, -nsum**: climb, mount 1
**dēpōnō, -ere, -posuī**: put down, deposit, 5
**dīmicō (1)**: fight, struggle, contend, 3
**fuga, -ae f.**: flight, haste, exile, speed, 2
**iactātio, -ōnis f.**: tossing, shaking; motion
**immōtus, -a, -um**: unmoved, immovable
**inīquus, -a, -um**: uneven, unequal, not fair, 2
**iussus, -ūs m.**: order, *iussū* by order, 2
**lectīca, -ae f.**: litter, couch-sedan, 2
**longē**: far, 4
**Macedonia, -ae f.**: Macedonia

**manus, -ūs f.**: hand; group, 7
**mare, maris n.**: sea, 6
**nāvis, nāvis, f.**: ship, boat, 2
**patior, -ī, passus**: suffer, endure; allow, 7
**percussor, -ōris m.**: murderer, assassin, 2
**praebeō, -ēre, -uī, -itum**: present, put forth, 4
**praecīdō, -ere, -cīdī, -cīsum**: cut off, 3
**promineō, -ēre**: extend, jut out, overhang
**quiētus, -a, -um**: resting, calm, undisturbed, 4
**referō, -ferre, -tulī**: report, bring back, 7
**regredior, -ī, aggressus sum**: step back, 3
**rōstra, -ōrum n.**: speaker's platform, 2
**saepe**: often, 7
**servō (1)**: save, keep, preserve, 7
**servus, -ī, m.**: slave, 6
**sors, sortis f.**: lot, casting of lots, 3
**taedium, -iī n.**: weariness, disgust, loathing
**tandem**: finally, at last, at length, in the end, 6
**vīlla, -ae f.**: villa, cottage, 4

75 **in**: *toward...*
   **aberat**: impf. absum
76 **trānsitūrus**: *intending to...*; fut. pple
   **in altum**: *into the deep*; i.e. open sea
77 **ventīs adversīs**: *by...*; abl. of means
   **relātus esset**: cum clause plpf. subj. referō
78 **patī**: dep. inf. patior, 'endure'
   **posset**: impf. subj. possum; cum clause
   **fugae, vītae**: *for...*; objective gen. sg.
79 **regressus**: pf. dep. pple regredior
   **Moriar**: either (1) 1s fut. dep. or (2)
   jussive 1s pres. subj. ('let me...')
80 **servātā**: PPP; supply agent 'by me'

**Adventantibus percussoribus**: abl. abs.
**parātī**: predicative nom. PPP, parō
   **ad dīmicandum**: *for...*; + gerund (-ing)
81 **eōs...patī**: *that...*; ind. disc., dep. patior
   **lectīcam**: Cicero is transported along the
   road in a litter carried by slaves
   **quod...cōgeret**: *because...*; alleged cause
82 **prōminentī, praebentī**: *for him...*; dat. of
   interest with two dat. sg. pres. pples
85 **positum (est)**: *was placed*; caput is subject
   the body parts were nailed to the platform

## 30i. Marcus Tullius Cicero

Quamdiū rēs pūblica lībera stābat, Cicerō in eam cūrās   86
cōgitātiōnēsque ferē omnēs suās cōnferēbat et plūs operae pōnēbat
in agendō quam in scrībendō. Cum autem omnia potestāte ūnīus
C. Iūliī Caesaris tenērentur, nōn sē angōribus dēdidit nec indignīs
homine doctō voluptātibus. Vītāns cōnspectum forī urbisque, rūra   90
peragrābat abdēbatque sē, quantum licēbat, et sōlus erat. Cum
animus autem nihil agere nōn poterat, sē ad philosophiam referre
cōnstituit atque ita honestissimē molestiās dēpōnere. Huic studiō
Cicerō adulēscēns multum temporis tribuerat, et iam senex omnem
cūram ad scrībendum convertit. Eō modō plūra brevī tempore,   95
ēversā rē pūblicā, scrīpsit, quam multīs annīs, eā stante, scrīpserat.

---

**abdō, -ere, -didī, -ditum**: hide, put away, 2
**angor, -ōris m.**: anguish, vexation, trouble
**brevis, -e**: short, brief, 5
**C.**: Gaius, 5
**cōgitātio, -tiōnis f.**: thinking over, reflection 1
**cōnferō, -ferre**: bring together, collect, 4
**cōnspectum, -ī n.**: sight, look; view
**convertō, -ere, -ī, -versum**: turn, reverse, 6
**cūra, -ae f.**: care, concern, worry, 5
**dēdō, -ere, dēdidī**: give up, surrender, 7
**dēpōnō, -ere, -posuī**: put down, deposit, 5
**doceō, -ēre, docuī, doctum**: teach, tell, 4
**ēvertō, -ere, ēvertī, ēversum**: overturn
**ferē**: almost, nearly, closely, 7
**hīc**: here
**homō, -inis m./f.**: man, mortal, human, 4
**honestus, -a, -um**: respectable, honorable
**indignus, -a, -um**: unworthy, undeserving
**Iūlius, -ī m.**: Julius, 4

**līber, lībera, līberum**: free, 4
**licet, -ēre, -uit**: it is allowed, permitted, 3
**modo**: only, merely, simply; just now, 3
**molestia, -ae f.**: trouble, annoyance
**opera, -ae f.**: effort, exertion, work, 3
**peragrō (1)**: pass through, traverse
**philosophia, -ae f.**: philosophy
**plūs, plūris**: more; many, 4
**potestās, -tātis f.**: power; rule, sovereignty, 4
**quamdiū**: how long?; as long as, 2
**quantus, -a, -um**: how much, how great, 3
**referō, -ferre, -tulī**: report, bring back, 7
**rūs, rūris n.**: country; fields, estate, 1
**scrībō, -ere, scrīpsī, scriptum**: write, 6
**senex, senis m.**: old man, 2
**stō, stāre, stetī, stātum**: stand, 3
**studium, -ī n.**: zeal, desire, pursuit, 5
**tribō, -ere, -uī, tribūtum**: assign, bestow, 3
**vītō (1)**: avoid, evade, shun, 3

86  **in eam**: *on it*; i.e. the republic
    **plūs operae**: *more effort*; 'more of effort,'
88  **agendō, scrībendō**: abl. sg. gerund (-ing)
    **cum...tenērentur**: *since...*
    **potestāte**: abl. means
    **ūnīus**: *of one man*; gen. sg. pronomial ūnus
89  **angōribus**: dat. ind. obj.
90  **homine doctō**: *of...*; abl. of respect
    governed by dat. pl. adj. indignus
    **voluptātibus**: dat. ind. obj.
    **vītāns**: nom. pres. pple; Cicero is subject
    **forī urbisque**: objective gen. sg.
91  **quantum**: *as much as*; + impers. licēbat

92  **nihil agere**: *to do anything*
93  **cōnstituit**: *decided*
    **huic studiō**: *to...*; dat. ind. obj.
94  **adulēscēns...**: *as a youth...*
    **multum temporis**: *much time*; partitive gen
95  **ad scrībendum**: acc. gerund (-ing)
    **eō modō**: *in this way*; abl.of manner
    **plūra**: neut. acc. pl., add the word 'things'
96  **ēversā rē pūblicā**: abl. abs.
    **multīs annīs**: *within...*; abl. of time within
    **eā stante**: *while...*; abl. abs., eā = rē pūblicā

|  | 1st Declension | | 2nd Declension (m.) | | 2nd Declension (n.) | |
|---|---|---|---|---|---|---|
| Nom. | copia | copiae | legatus | legatī | proelium | proelia |
| Gen. | copiae | copiārum | legatī | legatōrum | proeliī | proeliōrum |
| Dat. | copiae | copiīs | legatō | legatīs | proeliō | proeliīs |
| Acc. | copiam | copiās | legatum | legatōs | proelium | proelia |
| Abl. | copiā | copiīs | legatō | legatīs | proeliō | proeliīs |

|  | 3rd Declension (m/f) | | 3rd Declension (n.) | |
|---|---|---|---|---|
| Nom. | mīles | mīlites | iter | itinera |
| Gen. | mīlitis | mīlitum | itineris | itinerum |
| Dat. | mīlitī | mīlitibus | itinerī | itineribus |
| Acc. | mīlitem | mīlitēs | iter | itinera |
| Abl. | mīlite | mīlitibus | itinere | itineribus |

|  | 4th Declension (m/f) | | 4th Declension (n.) | |
|---|---|---|---|---|
| Nom. | manus | manūs | cornū | cornua |
| Gen. | manūs | manuum | cornūs | cornuum |
| Dat. | manuī | manibus | cornū | cornuibus |
| Acc. | manum | manūs | cornū | cornua |
| Abl. | manū | manibus | cornū | cornuibus |

|  | 5th Declension (m/f) | |
|---|---|---|
| Nom. | rēs | rēs |
| Gen. | reī | rērum |
| Dat. | reī | rēbus |
| Acc. | rem | rēs |
| Abl. | rē | rēbus |

### Selected Pronouns

| Nom. | is | *he* | ea | *she* | id | *it* |
|---|---|---|---|---|---|---|
| Gen. | eius | *his* | eius | *her* | eius | *its* |
| Dat. | eī | *to/for him* | eī | *to/for her* | eī | *to/for it* |
| Acc. | eum | *him* | eam | *her* | id | *it* |
| Abl. | eō | *with/from him* | eā | *with/from her* | eō | *with/from it* |

| Nom. | eī | *they* | eae | *they* | ea | *they* |
|---|---|---|---|---|---|---|
| Gen . | eōrum | *their* | eārum | *their* | eōrum | *their* |
| Dat. | eīs | *to/for them* | eīs | *to/for them* | eīs | *to/for them* |
| Acc. | eōs | *them* | eās | *them* | ea | *them* |
| Abl. | eīs | *with/from them* | eīs | *with/from them* | eīs | *with/from them* |

| Nom. | quī | quae | quod | quī | quae | quae | *who, which, that* |
|---|---|---|---|---|---|---|---|
| Gen. | cuius | cuius | cuius | quōrum | quārum | quōrum | *whose, of whom/which* |
| Dat. | cuī | cuī | cuī | quibus | quibus | quibus | *to whom/which* |
| Acc. | quem | quam | quod | quōs | quās | quae | *whom, which, that* |
| Abl. | quō | quā | quō | quibus | quibus | quibus | *by/with/from whom/which* |

| Nom. | ille | illa | illud | *that* | hic | haec | hoc | *this* |
|------|------|------|-------|--------|-----|------|-----|--------|
| Gen. | illīus | illīus | illīus | *of that* | huius | huius | huius | *of this* |
| Dat. | illī | illī | illī | *to/for that* | huic | huic | huic | *to/for this* |
| Acc. | illum | illam | illud | *that* | hunc | hanc | hoc | *this* |
| Abl. | illō | illā | illō | *with/from that* | hōc | hāc | hōc | *b/w/f this* |

| Nom. | illī | illae | illa | *those* | hī | hae | haec | *these* |
|------|------|-------|------|---------|-----|------|------|---------|
| Gen. | illōrum | illārum | illōrum | *of those* | hōrum | hārum | hōrum | *of these* |
| Dat. | illīs | illīs | illīs | *to those* | hīs | hīs | hīs | *to these* |
| Acc. | illōs | illās | illa | *those* | hōs | hās | haec | *these* |
| Abl. | illīs | illīs | illīs | *with/from those* | hīs | hīs | hīs | *with/from these* |

|  | reflexive pronoun | | possessive reflexive adjective | | | | | |
|------|------|------|------|------|------|------|------|------|
| Nom. | --- | | suus | sua | suum | suī | suae | sua |
| Gen. | suī | | suī | suae | suī | suōrum | suārum | suōrum |
| Dat. | sibi | | suō | suae | suō | suīs | suīs | suīs |
| Acc. | sē | | suum | suam | suum | suōs | suās | sua |
| Abl. | sē | | suō | suā | suō | suīs | suīs | suīs |

## Adjectives and Adverbs

| Decl. | Positive | Comparative | Superlative |
|-------|----------|-------------|-------------|
| 1st/2nd | altus, -a, -um | altior, altius | altissimus, -a, -um |
| | *high* | *higher* | *highest, very high, most high* |
| | altē | altius | altissimē |
| | *deeply* | *more deeply* | *very highly, most highly* |
| 3rd | fortis, forte | fortior, fortius | fortissimus, -a, -um |
| | *brave* | *braver, more brave* | *bravest, very brave, most brave* |
| | fortiter | fortius | fortissimē |
| | *bravely* | *more bravely* | *very bravely, most bravely* |

## Irregular Adjectives and Adverbs

| Positive | Comparative | Superlative |
|----------|-------------|-------------|
| bonus, -a, -um | melior, melius | optimus, -a, -um |
| *good* | *better* | *best* |
| magnus, -a, -um | maior, maius | maximus, -a, -um |
| *great* | *greater* | *greatest* |
| parvus, -a, -um | minor, minus | minimus, -a, -um |
| *small* | *smaller* | *smallest* |
| multus, -a, -um | ---, plus | plurimus, -a, -um |
| *much* | *more* | *most* |

## amō, amāre, amāvī, amātum: to love

| | active | translation | | passive | | translation |
|---|---|---|---|---|---|---|
| **Indicative** | | | | | | |
| Pres. | amō | amāmus | *I love* | amor | amāmur | *I am loved* |
| | amās | amātis | | amāris | amāminī | |
| | amat | amant | | amātur | amantur | |
| Impf. | amābam | amābāmus | *I was loving* | amābar | amābāmur | *I was being loved* |
| | amābās | amābātis | | amābāris | amābāminī | |
| | amābat | amābant | | amābātur | amābantur | |
| Fut. | amābō | amābimus | *I will love* | amābor | amābimur | *I will be loved* |
| | amābis | amābitis | | amāberis | amābiminī | |
| | amābit | amābunt | | amābitur | amābuntur | |
| Perf. | amāvī | amāvimus | *I have loved* | amāta sum | amātae sumus | *I have been loved* |
| | amāvistī | amāvistis | | amāta es | amātae estis | *was loved* |
| | amāvit | amāvērunt | | amāta est | amātae sunt | |
| Plpf. | amāveram | amāverāmus | *I had loved* | amāta eram | amātae erāmus | *I had been loved* |
| | amāverās | amāverātis | | amāta erās | amātae erātis | |
| | amāverat | amāverant | | amāta erat | amātae erant | |
| Fut. Pf | amāverō | amāverimus | *I will have* | amāta erō | amātae erimus | *I will have been* |
| | amāveris | amāveritis | *loved* | amāta eris | amātae eritis | *loved* |
| | amāverit | amāverint | | amāta erit | amātae erunt | |
| **Subjunctive** | | | | | | |
| Pres. | amem | amēmus | *same as* | amer | amēmur | *same as* |
| | amēs | amētis | *indicative* | amēris | amēminī | *indicative* |
| | amet | ament | | ametur | amentur | |
| Impf. | amārem | amārēmus | | amārer | amārēmur | |
| | amārēs | amārētis | | amārēris | amārēminī | |
| | amāret | amārent | | amāretur | amārentur | |
| Perf. | amāverim | amāverīmus | | amāta sim | amātae sīmus | |
| | amāverīs | amāverītis | | amāta sīs | amātae sītis | |
| | amāverit | amāverint | | amāta sit | amātae sint | |
| Plpf. | amāvissem | amāvissēmus | | amāta essem | amātae essēmus | |
| | amāvissēs | amāvissētis | | amāta essēs | amātae essētis | |
| | amāvisset | amāvissent | | amāta esset | amātae essent | |

**Imperative**

| | amā | amāte | *love!* |
|---|---|---|---|

**Participle**

| | | | |
|---|---|---|---|
| Pres. | amāns (amantis) | | *loving* |
| Perf. | | amātus, -a, -um | *having been loved* |
| Fut. | amātūrus, -a, -um | *going to love* | amandus, -a, -um | *going to be loved* |

**Infinitive**

| | | | |
|---|---|---|---|
| Pres. | amāre | *to love* | amārī | *to be love* |
| Perf. | amāvisse | *to have loved* | amātum esse | *to have been loved* |
| Fut. | amātūrum esse | *to be going to love* | | |

## videō, vidēre, vīdī, visum: to see

| | active | | translation | passive | | translation |
|---|---|---|---|---|---|---|
| **Indicative** | | | | | | |
| Pres. | videō | vidēmus | *I see* | videor | vidēmur | *I am seen* |
| | vidēs | vidētis | | vidēris | vidēminī | |
| | videt | vident | | vidētur | videntur | |
| Impf. | vidēbam | vidēbāmus | *I was seeing* | vidēbar | vidēbāmur | *I was being seen* |
| | vidēbās | vidēbātis | | vidēbāris | vidēbāminī | |
| | vidēbat | vidēbant | | vidēbātur | vidēbantur | |
| Fut. | vidēbō | vidēbimus | *I will see* | vidēbor | vidēbimur | *I will be seen* |
| | vidēbis | vidēbitis | | vidēberis | vidēbiminī | |
| | vidēbit | vidēbunt | | vidēbitur | vidēbuntur | |
| Perf. | vīdī | vīdimus | *I have seen* | vīsa sum | vīsae sumus | *I have been seen* |
| | vīdistī | vīdistis | | vīsa es | vīsae estis | *was seen* |
| | vīdit | vīdērunt | | vīsa est | vīsae sunt | |
| Plpf. | vīderam | vīderāmus | *I had seen* | vīsa eram | vīsae erāmus | *I had been seen* |
| | vīderās | vīderātis | | vīsa erās | vīsae erātis | |
| | vīderat | vīderant | | vīsa erat | vīsae erant | |
| Fut.pf. | vīderō | vīderimus | *I will have* | vīsa erō | vīsae erimus | *I will have been* |
| | vīderis | vīderitis | *seen* | vīsa eris | vīsae eritis | *seen* |
| | vīderit | vīderint | | vīsa erit | vīsae erunt | |
| **Subjunctive** | | | | | | |
| Pres. | videam | videāmus | same as | videar | videāmur | same as |
| | videās | videātis | indicative | videāris | videāminī | indicative |
| | videat | videant | | videatur | videantur | |
| Impf. | vidērem | vidērēmus | | vidērer | vidērēmur | |
| | vidērēs | vidērētis | | vidērēris | vidērēminī | |
| | vidēret | vidērent | | vidērētur | vidērentur | |
| Perf. | vīderim | vīderīmus | | vīsa sim | vīsae sīmus | |
| | vīderīs | vīderītis | | vīsa sīs | vīsae sītis | |
| | vīderit | vīderint | | vīsa sit | vīsae sint | |
| Plpf. | vīdissem | vīdissēmus | | vīsa essem | vīsae essēmus | |
| | vīdissēs | vīdissētis | | vīsa essēs | vīsae essētis | |
| | vīdisset | vīdissent | | vīsa esset | vīsae essent | |

### Imperative
| | | | |
|---|---|---|---|
| | vidē | vidēte | *see!* |

### Participle
| | active | translation | passive | translation |
|---|---|---|---|---|
| Pres. | vidēns (videntis) | *seeing* | | |
| Perf. | | | vīsus, -a, -um | *having been seen* |
| Fut. | vīsūrus, -a, -um | *going to see* | videndus, -a, -um | *going to be seen* |

### Infinitive
| | active | translation | passive | translation |
|---|---|---|---|---|
| Pres. | vidēre | *to see* | vidērī | *to be seen* |
| Perf. | vīdisse | *to have seen* | vīsum esse | *to have been seen* |
| Fut. | vīsūrum esse | *to be going to see* | | |

## dūcō, dūcere, dūxī, ductum: to lead

| | active | translation | passive | translation |
|---|---|---|---|---|

**Indicative**

| | active | | translation | passive | | translation |
|---|---|---|---|---|---|---|
| Pres. | dūcō | dūcimus | *I lead* | dūcor | dūcimur | *I am led* |
| | dūcis | dūcitis | | dūceris | dūciminī | |
| | dūcit | dūcunt | | dūcitur | dūcuntur | |
| Impf. | dūcēbam | dūcēbāmus | *I was leading* | dūcēbar | dūcēbāmur | *I was being led* |
| | dūcēbās | dūcēbātis | | dūcēbāris | dūcēbāminī | |
| | dūcēbat | dūcēbant | | dūcēbātur | dūcēbantur | |
| Fut. | dūcam | dūcēmus | *I will lead* | dūcar | dūcēmur | *I will be led* |
| | dūcēs | dūcētis | | dūcēris | dūcēminī | |
| | dūcet | dūcent | | dūcetur | dūcentur | |
| Perf. | dūxī | dūximus | *I have led* | ducta sum | ductae sumus | *I have been led* |
| | dūxistī | dūxistis | | ducta es | ductae estis | *was led* |
| | dūxit | dūxērunt | | ducta est | ductae sunt | |
| Plpf. | dūxeram | dūxerāmus | *I had led* | ducta eram | ductae erāmus | *I had been led* |
| | dūxerās | dūxerātis | | ducta erās | ductae erātis | |
| | dūxerat | dūxerant | | ducta erat | ductae erant | |
| Fut. Pf | dūxerō | dūxerimus | *I will have* | ducta erō | ductae erimus | *I will have been* |
| | dūxeris | dūxeritis | *led* | ducta eris | ductae eritis | *led* |
| | dūxerit | dūxerint | | ducta erit | ductae erunt | |

**Subjunctive**

| | active | | | passive | | |
|---|---|---|---|---|---|---|
| Pres. | dūcam | dūcāmus | same as | dūcar | dūcāmur | same as |
| | dūcās | dūcātis | indicative | dūcāris | dūcāminī | indicative |
| | dūcat | dūcant | | dūcatur | dūcantur | |
| Impf. | dūcerem | dūcerēmus | | dūcerer | dūcerēmur | |
| | dūcerēs | dūcerētis | | dūcerēris | dūcerēminī | |
| | dūceret | dūcerent | | dūceretur | dūcerentur | |
| Perf. | dūxerim | dūxerīmus | | ducta sim | ductae sīmus | |
| | dūxerīs | dūxerītis | | ducta sīs | ductae sītis | |
| | dūxerit | dūxerint | | ducta sit | ductae sint | |
| Plpf. | dūxissem | dūxissēmus | | ducta essem | ductae essēmus | |
| | dūxissēs | dūxissētis | | ducta essēs | ductae essētis | |
| | dūxisset | dūxissent | | ducta esset | ductae essent | |

**Imperative**

| | dūc | ducite | *lead!* |
|---|---|---|---|

**Participle**

| | | | |
|---|---|---|---|
| Pres. | ducēns (dūcentis) | *leading* | |
| Perf. | | ductus, -a, -um | *having been led* |
| Fut. | ductūrus, -a, -um | *going to lead*   ducendus, -a, -um | *going to be led* |

**Infinitive**

| | active | translation | passive | translation |
|---|---|---|---|---|
| Pres. | dūcere | *to lead* | dūcī | *to be lead* |
| Perf. | dūxisse | *to have led* | ductum esse | *to have been led* |
| Fut. | ductūrum esse | *to be going to lead* | | |

## capiō, capere, cēpī, captum: to take

| | active | translation | | passive | translation |
|---|---|---|---|---|---|

**Indicative**

Pres.
| | | | | | |
|---|---|---|---|---|---|
| capiō | capimus | *I take* | capior | capimur | *I am taken* |
| capis | capitis | | caperis | capiminī | |
| capit | capiunt | | capitur | capuntur | |

Impf.
| | | | | | |
|---|---|---|---|---|---|
| capiēbam | capiēbāmus | *I was taking* | capiēbar | capiēbāmur | *I was being taken* |
| capiēbās | capiēbātis | | capiēbāris | capiēbāminī | |
| capiēbat | capiēbant | | capiēbātur | capiēbantur | |

Fut.
| | | | | | |
|---|---|---|---|---|---|
| capiam | capiēmus | *I will take* | capiar | capiēmur | *I will be taken* |
| capiēs | capiētis | | capiēris | capiēminī | |
| capiet | capient | | capietur | capientur | |

Perf.
| | | | | | |
|---|---|---|---|---|---|
| cēpī | cēpimus | *I have taken* | capta sum | captae sumus | *I have been taken* |
| cēpistī | cēpistis | | capta es | captae estis | *was taken* |
| cēpit | cēpērunt | | capta est | captae sunt | |

Plpf.
| | | | | | |
|---|---|---|---|---|---|
| cēperam | cēperāmus | *I had taken* | capta eram | captae erāmus | *I had been taken* |
| cēperās | cēperātis | | capta erās | captae erātis | |
| cēperat | cēperant | | capta erat | captae erant | |

Fut. Pf
| | | | | | |
|---|---|---|---|---|---|
| cēperō | cēperimus | *I will have* | capta erō | captae erimus | *I will have been* |
| cēperis | cēperitis | *taken* | capta eris | captae eritis | *taken* |
| cēperit | cēperint | | capta erit | captae erunt | |

**Subjunctive**

Pres.
| | | | | | |
|---|---|---|---|---|---|
| capam | capāmus | same as | capar | capāmur | same as |
| capās | capātis | indicative | capāris | capāminī | indicative |
| capat | capant | | capatur | capantur | |

Impf.
| | | | | |
|---|---|---|---|---|
| caperem | caperēmus | caperer | caperēmur |
| caperēs | caperētis | caperēris | caperēminī |
| caperet | caperent | caperetur | caperentur |

Perf.
| | | | | |
|---|---|---|---|---|
| cēperim | cēperīmus | capta sim | captae sīmus |
| cēperīs | cēperītis | capta sīs | captae sītis |
| cēperit | cēperint | capta sit | captae sint |

Plpf.
| | | | | |
|---|---|---|---|---|
| cēpissem | cēpissēmus | capta essem | captae essēmus |
| cēpissēs | cēpissētis | capta essēs | captae essētis |
| cēpisset | cēpissent | capta esset | captae essent |

**Imperative**
| | | |
|---|---|---|
| cape | capite | *take!* |

**Participle**
Pres. capiēns (capientis) *taking*
Perf. captus, -a, -um *having been taken*
Fut. captūrus, -a, -um *going to take* capiendus, -a, -um *going to be taken*

**Infinitive**
| | | | | |
|---|---|---|---|---|
| Pres. | capere | *to take* | capī | *to be take* |
| Perf. | cēpisse | *to have taken* | captum esse | *to have been taken* |
| Fut. | captūrum esse | *to be going to take* | | |

## audiō, audīre, audīvī, audītum: to hear

|  | active | translation | passive | translation |
|---|---|---|---|---|

**Indicative**

| Pres. | audīō | audīmus | *I hear* | audior | audīmur | *I am heard* |
|---|---|---|---|---|---|---|
|  | audīs | audītis |  | audīris | audīminī |  |
|  | audiit | audiunt |  | audītur | audiuntur |  |

| Impf. | audiēbam | audiēbāmus | *I was hearing* | audiēbar | audiēbāmur | *I was being heard* |
|---|---|---|---|---|---|---|
|  | audiēbās | audiēbātis |  | audiēbāris | audiēbāminī |  |
|  | audiēbat | audiēbant |  | audiēbātur | audiēbantur |  |

| Fut. | audiam | audiēmus | *I will hear* | audiar | audiēmur | *I will be heard* |
|---|---|---|---|---|---|---|
|  | audiēs | audiētis |  | audiēris | audiēminī |  |
|  | audiet | audient |  | audiētur | audiēntur |  |

| Perf. | audīvī | audīvimus | *I have heard* | audīta sum | audītae sumus | *I have been heard* |
|---|---|---|---|---|---|---|
|  | audīvistī | audīvistis |  | audīta es | audītae estis | *was heard* |
|  | audīvit | audīvērunt |  | audīta est | audītae sunt |  |

| Plpf. | audīveram | audīverāmus | *I had heard* | audīta eram | audītae erāmus | *I had been heard* |
|---|---|---|---|---|---|---|
|  | audīverās | audīverātis |  | audīta erās | audītae erātis |  |
|  | audīverat | audīverant |  | audīta erat | audītae erant |  |

| Fut.pf | audīverō | audīverimus | *I will have* | audīta erō | audītae erimus | *I will have been* |
|---|---|---|---|---|---|---|
|  | audīveris | audīveritis | *heard* | audīta eris | audītae eritis | *heard* |
|  | audīverit | audīverint |  | audīta erit | audītae erunt |  |

**Subjunctive**

| Pres. | audiam | audiāmus | same as | audiar | audiāmur | same as |
|---|---|---|---|---|---|---|
|  | audiās | audiātis | indicative | audiāris | audiāminī | indicative |
|  | audiat | audiant |  | audiātur | audiantur |  |

| Impf. | audīrem | audīrēmus |  | audīrer | audīrēmur |  |
|---|---|---|---|---|---|---|
|  | audīrēs | audīrētis |  | audīrēris | audīrēminī |  |
|  | audīret | audīrent |  | audīretur | audīrentur |  |

| Perf. | audīverim | audīverīmus |  | audīta sim | audītae sīmus |  |
|---|---|---|---|---|---|---|
|  | audīverīs | audīverītis |  | audīta sīs | audītae sītis |  |
|  | audīverit | audīverint |  | audīta sit | audītae sint |  |

| Plpf. | audīvissem | audīvissēmus |  | audīta essem | audītae essēmus |  |
|---|---|---|---|---|---|---|
|  | audīvissēs | audīvissētis |  | audīta essēs | audītae essētis |  |
|  | audīvisset | audīvissent |  | audīta esset | audītae essent |  |

**Imperative**

| audī | audīte | *hear!* |
|---|---|---|

**Participle**

| Pres. | audiēns (audientis) | *hearing* |  |  |
|---|---|---|---|---|
| Perf. |  |  | audītus, -a, -um | *having been heard* |
| Fut. | audītūrus, -a, -um | *going to hear* | audiendus, -a, -um | *going to be heard* |

**Infinitive**

| Pres. | audīre | *to hear* | audīrī | *to be heard* |
|---|---|---|---|---|
| Perf. | audīvisse | *to have heard* | audītum esse | *to have been heard* |
| Fut. | audītūrum esse | *to be going to hear* |  |  |

|  | sum, esse, fuī, futūrum: to be | | translation |  | possum, posse, potuī, -- : to be able, can | | translation |
|---|---|---|---|---|---|---|---|
| **Indicative** | | | | | | | |
| Pres. | sum | sumus | *I am* | | possum | possumus | *I am able, can* |
|  | es | estis | | | potes | potestis | |
|  | est | sunt | | | potest | possunt | |
| Impf. | eram | erāmus | *I was* | | poteram | poterāmus | *I was able, could* |
|  | erās | erātis | | | poterās | poterātis | |
|  | erat | erant | | | poterat | poterant | |
| Fut. | erō | erimus | *I will be* | | poterō | poterimus | *I will be able* |
|  | eris | eritis | | | poteris | poteritis | |
|  | erit | erunt | | | poterit | poterunt | |
| Perf. | fuī | fuimus | *I have been,* | | potuī | potuimus | *I have been able,* |
|  | fuistī | fuistis | *I was* | | potuistī | potuistis | *I was able, could* |
|  | fuit | fuērunt | | | potuit | potuērunt | |
| Plpf. | fueram | fuerāmus | *I had been* | | potueram | potuerāmus | *I had been able* |
|  | fuerās | fuerātis | | | potuerās | potuerātis | |
|  | fuerat | fuerant | | | potuerat | potuerant | |
| Fut. Pf. | fuerō | fuerimus | *I will have been* | | potuerō | potuerimus | *I will have been able* |
|  | fueris | fueritis | *been* | | potueris | potueritis | |
|  | fuerit | fuerint | | | potuerit | potuerint | |
| **Subjunctive** | | | | | | | |
| Pres. | sim | sīmus | same as | | possim | possīmus | same as |
|  | sīs | sītis | indicative | | possīs | possītis | indicative |
|  | sit | sint | | | possit | possint | |
| Impf. | essem | essēmus | | | possem | possēmus | |
|  | essēs | essētis | | | possēs | possētis | |
|  | esset | essent | | | posset | possent | |
| Perf. | fuerim | fuerīmus | | | potuerim | potuerīmus | |
|  | fuerīs | fuerītis | | | potuerīs | potuerītis | |
|  | fuerit | fuerint | | | potuerit | potuerint | |
| Plpf. | fuissem | fuissēmus | | | potuissem | potuissēmus | |
|  | fuissēs | fuissētis | | | potuissēs | potuissētis | |
|  | fuisset | fuissent | | | potuisset | potuissent | |
| **Imperative** | | | | | | | |
|  | xxx | | | | xxx | | |
| **Infinitive** | | | | | | | |
| Pres. | esse | | *to be* | | posse | | *to be able* |
| Perf. | fuisse | | *to have been* | | potuisse | | *to have been heard* |
| Fut. | futūrum esse* | | *to be going to be* | | ---- | | |

* *fore* is a common indeclinable alternative for futūrum esse.

|  | **eō, īre, i(v)ī, itūrum: to go** | | | **sequor, sequī, secūtus-a-um sum: to follow** | | |
|---|---|---|---|---|---|---|
|  | active | | translation | deponent | | translation |
| **Indicative** | | | | | | |
| Pres. | eō | īmus | *I go* | sequor | sequimur | *I follow* |
|  | īs | ītis |  | sequeris | sequiminī |  |
|  | it | eunt |  | sequitur | sequuntur |  |
| Impf. | ībam | ībāmus | *I was going* | sequēbar | sequēbāmur | *I was following* |
|  | ībās | ībātis |  | sequēbāris | sequēbāminī |  |
|  | ībat | ībant |  | sequēbātur | sequēbantur |  |
| Fut. | ībō | ībimus | *I will go* | sequar | sequēmur | *I will follow* |
|  | ībis | ībitis |  | sequēris | sequēminī |  |
|  | ībit | ībunt |  | sequētur | sequentur |  |
| Perf. | iī | iimus | *I have gone,* | secūta sum | secūtae sumus | *I have followed* |
|  | īstī | īstis | *went* | secūta es | secūtae estis |  |
|  | iit | iērunt |  | secūta est | secūtae sunt |  |
| Plpf. | ieram | ierāmus | *I had gone* | secūta eram | secūtae erāmus | *I had followed* |
|  | ierās | ierātis |  | secūta erās | secūtae erātis |  |
|  | ierat | ierant |  | secūta erat | secūtae erant |  |
| Fut. Pf. | ierō | ierimus | *I will have gone* | secūta erō | secūtae erimus | *I will have* |
|  | ieris | ieritis |  | secūta eris | secūtae eritis | *followed* |
|  | ierit | ierint |  | secūta erit | secūtae erunt |  |
| **Subjunctive** | | | | | | |
| Pres. | eam | eāmus | same as | sequar | sequāmur | |
|  | eās | eātis | indicative | sequāris | sequāminī | |
|  | eat | eant |  | sequātur | sequantur | |
| Impf. | īrem | īrēmus |  | sequerer | sequerēmur | |
|  | īrēs | īrētis |  | sequerēris | sequerēminī | |
|  | īret | īrent |  | sequerētur | sequerentur | |
| Perf. | ierim | ierimus |  | secūta sim | secūtae sīmus | |
|  | ieris | ieritis |  | secūta sīs | secūtae sītis | |
|  | ierit | ierunt |  | secūta sit | secūtae sint | |
| Plpf. | īssem | īssēmus |  | secūta essem | secūtae essēmus | |
|  | īssēs | īssētis |  | secūta essēs | secūtae essētis | |
|  | īsset | īssent |  | secūta esset | secūtae essent | |
| **Imperative** | | | | | | |
|  | ī | īte | *go!* | sequere | sequitor | *follow!* |
| **Participle** | | | | | | |
| Pres. | iēns (euntis) | | *going* | sequēns (gen. sequentis) | | *following* |
| Perf. | --- | | | secūtus, -a, -um | | *having followed* |
| Fut. | itūrus, -a, -um | | *going to go* | secūtūrus, -a, -um | | *going to follow* |
| **Infinitive** | | | | | | |
| Pres. | īre | | *to go* | sequī | | *to follow* |
| Perf. | īsse | | *to have gone* | secūtum esse | | *to have followed* |
| Fut. | itūrum esse | | *to be going to go* | secūtūrum esse | | *to be going to follow* |

**volō, velle, voluī: to wish, want**

|  | active |  | translation |  |
|---|---|---|---|---|
| **Indicative** |  |  |  |  |
| Pres. | volō | volumus | *I wish* | ← Irregular Present Indicative |
|  | vīs | vultis |  |  |
|  | vult | volunt |  |  |
| Impf. | volēbam | volēbāmus | *I was wishing* |  |
|  | volēbās | volēbātis |  |  |
|  | volēbat | volēbant |  |  |
| Fut. | volam | volēmus | *I will wish* |  |
|  | volēs | volētis |  |  |
|  | volet | volent |  |  |
| Perf. | voluī | voluimus | *I have wished* |  |
|  | voluistī | voluistis |  |  |
|  | voluit | voluērunt |  |  |
| Plpf. | volueram | voluerāmus | *I had wished* |  |
|  | voluerās | voluerātis |  |  |
|  | voluerat | voluerant |  |  |
| Fut. Pf. | voluerō | voluerimus | *I will have wished* |  |
|  | volueris | volueritis |  |  |
|  | voluerit | voluerint |  |  |
| **Subjunctive** |  |  |  |  |
| Pres. | velim | velimus | same as indicative | ← Irregular Present Subjunctive |
|  | velis | velitis |  |  |
|  | velit | velint |  |  |
| Impf. | vellem | vellēmus |  | ← Irregular Imperfect Subjunctive |
|  | vellēs | vellētis |  |  |
|  | vellet | vellent |  |  |
| Perf. | voluerim | voluerīmus |  |  |
|  | voluerīs | voluerītis |  |  |
|  | voluerit | voluerint |  |  |
| Plpf. | voluissem | voluissēmus |  |  |
|  | voluissēs | voluissētis |  |  |
|  | voluisset | voluissent |  |  |
| **Imperative** |  |  |  |  |
|  | xxxx | xxxx | *wish!* |  |

**Participle**

| Pres. | volēns (gen. volentis) | *wishing* |
|---|---|---|
| Perf. | xxxx |  |
| Fut. | xxxx |  |

**Infinitive**

| Pres. | velle | *to wish* | ← Irregular Infinitive |
|---|---|---|---|
| Perf. | voluisse | *to have wished* |  |
| Fut. | xxxx |  |  |

## Uses of the Subjunctive in the Fabulae Ab Urbe Condita

Below is a list of subjunctives common in Caesar's *Gallic War* and Cicero's *1st Catilinarian*. The superscript denotes how many times each subjunctive occurs in *Fabulae Ab Urbe Condita*. The most common subjunctives in this book are cum-clauses[27] and purpose clauses[15] which use imperfect and pluperfect subjunctive. Some uses of the subjunctive, notably conditions (if-then clauses) and relative clause of characteristic, are not found in the book.

|  | how to identify | special translation | example |
|---|---|---|---|
| 1. Purpose, adverbial or relative | *ut/nē* (neg.) | may/might would | *ut Aeneas mitteret*<br>*so that Aeneas **might send*** |
| 2. Result, adverbial or noun clause | **tantus, tam, ita** + *ut/ut nōn* | none | *ut Aeneas mitteret*<br>*that Aeneas **sent*** |
| 3. Cum-Clauses | *Cum* + subjunctive | none | *Cum Aeneas mitteret*<br>*When Aeneas **sent*** |
| 4. Indirect Question | interrogatives: e.g. *quis, cūr* | none | *nōvit quōs Aeneas mitteret*<br>*he learned whom Aeneas **sent*** |
| 5. Indirect Command | commanding verb + *ut/nē* (neg.) | none | *persuāsit ut Aeneas mitteret*<br>*he persuaded that Aeneas **send*** |
| 6. Relative Clause of Characteristic | *quī, quod* + subj. | none/would | *quōs Aeneas mitteret*<br>*the sort whom Aeneas would **send*** |
| 7. Verb in Subordinate Clause in Ind. Disc. | any subordinate verb in an acc. + inf. construction | none | *eōs, sī id mitteret, lēgere*<br>*that they read it, if he **sent** it* |
| 8. Optative Subj. (subj. of wish) | main verb (neg. nē) often with utinam/ut | May....! would that...! | Utinam eōs mittat?<br>*Would that he **may** see* |
| 9. Jussive Subj. | main verb (neg. nē) often in 3s or 3p | let/should | Aeneas mittat<br>**Let** Aeneas send... |
| 10. Quod clause | quod + subjunctive | none | quod Aeneas mitteret<br>*because Aeneas **sent**...* |
| 11. Future-Less-Vivid | sī pres. subj., pres. subj. | should/would | *sī sit, mittat*<br>*if he **should** be...he **would send*** |
| 12. Pres. Contrafactual | sī impf. subj., impf. subj. | were/would | *sī esset, mitteret*<br>*if he **were**... he **would send*** |
| 13. Past Contrafactual | sī plpf. subj., plpf. subj. | had/would have | *sī fuisset, mīsisset*<br>*if he **had** been... **would have*** |

## Alphabetized Core Vocabulary List
## (Words 8 or More Times)

This is an alphabetized list of the running core vocabulary found at the beginning of this commentary. To use this book properly, readers should review and memorize the running core vocabulary as they read the stories. If they encounter a word in the text that is not found in the corresponding vocabulary, it is most likely in the running core vocabulary and the list below.

ā, ab, abs: (away) from, out of, 87

ac: and, and also, 17

accipiō -ere -cēpī -ceptum: receive, accept, 12

ad: to, toward; near, 108

adulēscens, -ntis m./f.: youth, 9

adversus, -a, -um: opposite, facing (acc) 13

Aenēās, -ae m.: Aeneas, 7

Āfrica, -ae f.: Africa, 12

ager, agrī m.: land, field, territory, 19

agō, agere, ēgī, āctum: drive, lead, spend, 26

Albānus, -a, -um: of Alba Longa, Albans, 10

alius, -a, -ud: other, another, else, 29

animus, -ī m.: soul, spirit, breath; pride, 17

annus, -ī m.: year, 36

ante: before, in front of ; adv. before, 8

anteā: before, earlier, formerly, previously, 9

appellō (1): call (by name), name, 17

apud: among, in the presence of , 9

aqua, -ae f.: water, 8

arma, -ōrum n.: arms, equipment, tools, 14

Asia, -ae f.: Asia Minor, 9

at: but; mind you; but, you say, 9

atque: and, and also, and even, 43

audiō, -īre, -īvī, -ītum: to hear, listen to, 10

aut: or , 17

autem: however, moreover, 16

auxilium, -ī n.: help, aid, assistance, 11

bellum, -ī, n.: war, 53

bonus, -a, -um: good, kind, useful, 9

Brūtus, -ī m.: Brutus, 13

**Caesar, -is m.**: Caesar, 31

**capiō, -ere, cēpī, captum**: to take, seize, 25

**captīvus, -ī m.**: captive, 10

**caput, capitis, n.**: head; life, 18

**Carthāginiēnsis, -is m.**: Carthaginian, 14

**Carthāgō, Carthāginis f.**: Carthage, 12

**castra, -ōrum n.**: camp, 12

**causa, -ae f.**: reason, legal case; causā, for the sake of, 8

**Cicerō, Cicerōnis m.**: Cicero. 19

**cīvilis, -e**: civil, of a citizen, 10

**cīvis, -is m/f**: citizen, fellow citizen, 12

**cīvitās. cīvitātis f.**: city-state; citizenship, 16

**clārus, -a, -um**: clear, distinguished, famous 8

**coepī, coepisse, coeptum**: begin, 13

**conciliō (1)**: win over, unite, 9

**concordia, -ae f.**: harmony, agreement, 8

**condō, -ere, condidī, -ditum**: to found, store away, hide, 6

**conficiō, -ere**: to finish (off), accomplish, 10

**coniūnx, -iugis m/f**: husband, wife, spouse, 9

**cōnsilium, -iī n.**: plan, advice; council, 14

**constituō, -ere, -uī, -ūtum**: decide, establish, 13

**cōnsul, -is m.**: consul, 33

**contrā**: against , 11

**corpus, corporis, n.**: body, 10

**creō (1)**: to create, 21

**cum**: with (+ abl.); when, since, although, 127

**cupiō, -ere, -īvī, -ītum**: desire, long for, 8

**dē**: (down) from, about, concerning (abl.), 29

**deinde**: then, thereupon, 31

**deus, -ī m.**: god, divinity, deity, 10

**dīcō, -ere, dīxī, dictum**: say, speak, tell, 37

**dictātor, -oris m.**: dictator, 16

**diēs, -ēī m./f.**: day, time, season, 24

**dō, dare, dedī, datum**: give, put; grant, 36

**domus, -ī f.**: house, home, dwelling, 9

**dūcō, -ere, dūxī, ductum**: lead, draw, 10

**dum**: while, as long as, until, 16

**duo, duae, duo**: two, 19

**dux, ducis m/f.**: leader, guide, chieftain, 28

**ē, ex**: out from, from, out of (+ abl.), 58
**ego**: I, 14
**enim**: for, indeed, in truth, 24
**et**: and, also, even, 179
**etiam**: besides, also, even, 29
**Etrūscus, -a, -um**: Etruscan, 13
**exercitus, -ūs m.**: army, 37

**Fabius, -ī m.**: Fabius, 9
**Fabricius, -ī m.**: Fabricius, 10
**faciō, -ere, fēcī, factum**: make, do, 67
**ferō, ferre, tulī, lātum**: carry, bear, endure, 22
**ferōx, -ōcis**: fierce, savage, 8
**fīlia, -iae f.**: daughter, child, 12
**fīlius, -iī m.**: son, child, 22
**fīnitimus, -a, -um**: neighboring, bordering, 10
**flūmen, -inis n.**: river, stream, 12
**forte**: by chance, 11
**forum, -ī n.**: forum, 8
**frāter, -tris m.**: brother, 10
**fugiō, -ere, fūgī**: to flee, hurry away, 11

**Gallus, -a, -um**: Gaul, Gaul, 17
**gēns, gentis f.**: clan, race, nation, herd, 9
**gerō, -ere, gessī, gestum**: carry (on), wage, 15
**gravis, -e**: heavy, serious, severe; venerable, 8

**habeō, -ēre, habuī, -itum**: have, hold, 26
**Hannibal, -is m.**: Hannibal, 10
**hic, haec, hoc**: this, that; he, she, it, 62
**Hispānia, -ae f.**: Hispania, 16
**honor, -ōris m.**: honor; offering, sacrifice, 8
**hostis, -is m./f.**: stranger, enemy, foe, 26

**iam**: now, already, soon, 28
**ibi**: there, in that place, 13
**īdem, eadem, idem**: the same, 8
**igitur**: therefore, then, accordingly, 14
**ille, illa, illud**: that (famous); he, she, it, 32
**imperātor, -ōris m.**: commander, 10
**imperium, -iī n.**: power to command, rule, 23
**impetus, -ūs m.**: attack, onset, assault, 8

**in**: in (+ abl.) , into (+ acc.), 256
**inde**: from there, then, afterward, 30
**ingēns (1):** huge, immense, vast, 8
**inquam, inquis, inquit**: to say, 19
**īnstituō, -ere, -uī, -ūtum**: set up, establish, 12
**inter**: between, among (+ acc.), 27
**interficiō, -ere, -fēcī, -fectum**: kill, slay, 26
**ipse, ipsa, ipsum**: -self; the very, 29
**is, ea, id**: this, that; he, she, it, 167
**ita**: so, thus, 33
**Ītalia, -ae f.**: Italy, 17
**itaque**: and so, 12
**iter, itineris n.**: way, road, journey, 11
**iubeō, iubēre, iussī, iussum**: to order, command, 36
**iūs, iūris n.**: justice, law, right, 20
**iuvenis, -is m.**: youth, young man, 11

**L.**: Lucius, 13
**Latīnus, -a, -um**: Latin, 20
**lēgātus, -ī m.**: ambassador, envoy, legate, 21
**legō, -ere, lēgī, lectum**: read, choose, 7
**lēx, lēgis f.**: law, regulation, decree, 11
**līberī, -ōrum m.**: children, 9
**locus -ī m. (pl. loca)**: place, region, situation 16

**magnus, -a, -um**: great, large; important, 27
**Marius, -ī m.**: Marius, 24
**māter, mātris f.**: mother, 11
**maximus, -a, -um**: greatest; especially, 15
**medius, -a, -um**: middle of, 8
**mīlēs, mīlitis m.**: soldier, 16
**mittō, -ere, mīsī, missum**: to send, let go, 26
**mons, montis m.**: mountain, mount, 11
**morior, morī, mortuum**: to die; *mortuus*, dead 13
**multitūdō, -tūdinis f.**: multitude, 10
**multus, -a, -um**: much, many, abundant, 24

**nam**: for, 12
**nascor, nascī, nātus sum**: be born, grow, 14
**nē**: lest, that not, no, not, 12
**nec**: and not, nor; nec...nec (neither...nor), 16

**neque:** and not; neither...nor, 14
**nihil:** nothing, 12
**nōbilis, -e:** noble, 10
**nōmen, nōminis, n.:** name, 19
**nōn:** not, by no means, not at all, 47
**novus, -a, -um:** new, 19
**nox, noctis, f.:** night, 10
**nūllus, -a, -um:** none, no, not any, 12

**omnis, omne:** every, all, 59
**opus, -eris n.:** work, deed, toil, 9
**orior, orīrī, ortus sum:** arise, spring up, 8

**pār, paris:** equal, similar, even, 8
**parō (1):** prepare, make (ready), 13
**pars, partis, f.:** part; direction; faction, 26
**pater, patris, m.:** father, 40
**patria, -ae f.:** fatherland, country, 9
**paucī, -ae, -a:** little, few, scanty, 10
**pāx, pācis f.:** peace, 31
**pecūnia, -ae f.:** money, 8
**per:** through, over, across, 28
**perīculum, -ī n.:** risk, danger, peril, 8
**persuādeō, -ēre, -suāsī, -suāsum:** persuade, 9
**petō, -ere, -īvī, petītum:** to seek, head for, 20
**plebs, plēbis, f.:** common people, masses, 31
**Pompeius, -ī m.:** Pompey, 26
**pōnō, -ere, posuī, positum:** put, place, 9
**populus, -ī m.:** people; population, 35
**Porsena, -ae m.:** Lars Porsena, 8
**possum, posse, potuī:** be able, can, avail, 33
**post:** after, behind (+ acc.); afterward, next, 15
**posteā:** after this, afterwards, 26
**prīmus -a -um:** first, 30
**princēps, -cipis m.:** leader; foremost, first 9
**prō:** before, in front of, for, 11
**proelium, -iī n.:** battle, 19
**proficīscor, -ī, profectus sum:** set out, depart, 16
**profugiō, -īre, -īvī, -ītum:** flee, escape, 8
**propter:** on account of, because of, 8

**pūblicus, -a, -um**: public, of the people 19
**puer, puerī, m.**: boy, 15
**pugna, -ae f.**: fight, 10
**Pyrrhus, -ī m.**: Pyrrhus (King of Epirus), 8

**quamquam**: although, 8
**que**: and, 149
**quī, quae, quod (quis? quid?)**: who, which, that, 253
**quīdam, quaedam, quoddam**: certain, 22
**quidem**: indeed, in fact, assuredly, certainly, 10
**Quīnctius, -iī m.**: Quinctius, 5
**quoque**: also, 18

**redeō, -īre, -īvī**: go back, return, come back, 22
**rēgia, -ae f.**: palace, 9
**rēgnō (1)**: to rule, reign, 17
**rēgnum, -ī n.**: kingdom, realm, power, 21
**Rēgulus, -ī m.**: Regulus, 9
**relinquō, -ere, -līquī, -lictum**: leave behind, 10
**Remus, -ī m.**: Remus, 12
**rēs, reī, f.**: thing, matter, affair, business, 55
**restituō, -ere, -uī, -ūtum**: replace, restore, 9
**rēx, rēgis m.**: king; *adj.* ruling, royal, 83
**Rōma, -ae f.**: Rome, 54
**Rōmānus, -a, -um**: Roman, 91
**Rōmulus, -ī m.**: Romulus, 22

**Sabīnus, -a, -um**: Sabine, 6
**sacer, sacra, sacrum**: sacred, holy, 8
**Scīpiō, Scīpiōnis m.**: Scipio, 27
**sē**: himself, herself, itself, themselves, 89
**sed**: but, moreover, however, 46
**senātus, -ūs f.**: senate, 38
**sequor, -ī, secūtus sum**: follow, attend, pursue, 17
**Servius, -ī m.**: Servius, 13
**Sex.**: Sextus, 5
**Sextus, -ī m.**: Sextus, 4
**sī**: if (only), whether, in case that, 18
**sōlus, -a, -um**: alone, only, lone, sole, 13
**spēs, -eī f.**: hope, 8
**statuō, -ere, -uī, -ūtum**: decide, establish, set up, 8

**sub**: under, 8
**Sulla, -ae m.**: Sulla, 23
**sum, esse, fuī, futūrum**: to be, 412
**summus, -a, -um**: highest, greatest, top of, 8
**superō (1)**: to overcome, defeat, 12
**suus, -a, -um**: his, her, its, their (own), 38

**tam**: so, so much, so very, such, 8
**tamen**: nevertheless, however, 22
**tantus, -a, -um**: so great, so much, so large, 14
**Tarquinius, -ī m.**: Tarquinius, 46
**tempus, -poris n.**: time, 17
**teneō, tenēre, tenuī, tentum**: to hold, keep, 8
**Tiberis, is m.**: Tiber, 13
**tōtus -a, -um**: whole, entire, 12
**trānseō, -īre, -iī (īvī), -itum**: pass (by), 14
**trēs, tria**: three, 12
**tribūnus, -ī m.**: tribune, officer, 11
**tum**: then, at that time, 34
**Turnus, -ī m.**: Turnus, 9

**ubi**: where, when, 17
**ūnus, -a, -um**: one, 18
**urbs, urbis, f.**: city, 59
**ut**: as, when (+ ind.); so that, in order that, 76
**uxor, uxōris f.**: wife, spouse, 10

**veniō, -īre, vēnī, ventum**: come, go, 29
**verbum, -ī n.**: word, speech, 8
**vērus, -a, -um**: true, real, 8
**via, -ae, f.**: way, road, 9
**victor, -ōris m.**: conquerer, vanquisher, 9
**victoria, -ae f.**: victory, 9
**videō, vidēre, vīdī, vīsum**: to see, 27
**vincō, -ere, vīcī, victum**: conquer, defeat, 19
**vir, virī m.**: man, male, 20
**virgō, virginis f.**: maiden, virgin, 11
**virtūs, -ūtis f.**: valor, manhood, excellence, 12
**vīs, vīs, f.**: force, power; *pl.* vīrēs, strength, 13
**vīta, -ae f.**: life; livelihood, 9
**vocō (1)**: call, name; invite, summon, 9
**volō, velle, voluī**: will, wish, be willing, 18
**voluptās, -tātis f.**: pleasure, delight, 8